KB131906

성격이란 무엇인가

성격이란 무엇인가

1판 1쇄 발행 2015. 7. 27.
1판 7쇄 발행 2022. 7. 1.

지은이 브라이언 리틀
옮긴이 이창신

발행인 고세규
편집 강미선 | **디자인** 안희정
발행처 김영사
등록 1979년 5월 17일(제406-2003-036호)
주소 경기도 파주시 문발로 197(문발동) 우편번호 10881
전화 마케팅부 031)955-3100, 편집부 031)955-3200 | **팩스** 031)955-3111

값은 뒤표지에 있습니다. ISBN 978-89-349-7164-1 03180

홈페이지 www.gimmyoung.com **블로그** blog.naver.com/gybook
인스타그램 instagram.com/gimmyoung **이메일** bestbook@gimmyoung.com

좋은 독자가 좋은 책을 만듭니다.
김영사는 독자 여러분의 의견에 항상 귀 기울이고 있습니다.

이 도서의 국립중앙도서관 출판시도서목록(CIP)은 서지정보유통지원시스템 홈페이지
(http://seoji.nl.go.kr)와 국가자료공동목록시스템(http://www.nl.go.kr/kolisnet)에서
이용하실 수 있습니다.(CIP제어번호 : CIP2015018113)

하버드대 최고의 심리학 명강의

성격이란 무엇인가

브라이언 리틀
BRIAN R. LITTLE

이창신 옮김

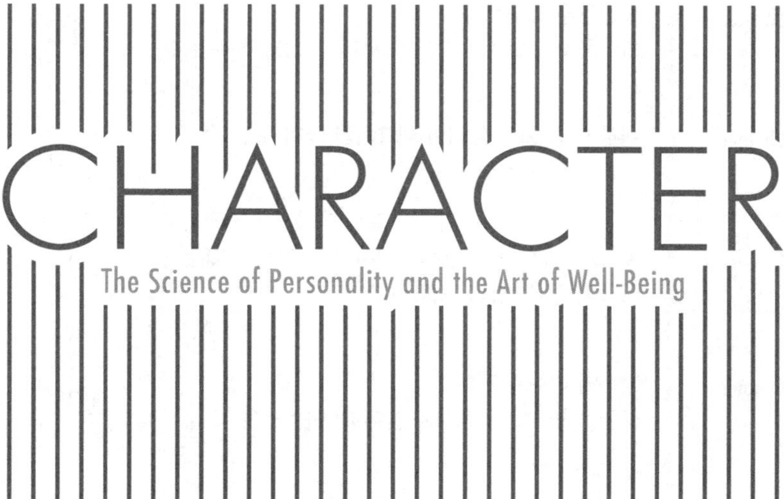

김영사

| 차례 |

| 들어가는 말 |

이 책은 인간 의식의 기원에 뿌리를 두었지만 오늘 아침 식사 때의 대화만큼이나 흔한 질문을 탐구한다. 대단히 사적인 질문이며 '나', 바로 '나 자신'에 관한 질문이다. 나는 정말 내향적인가? 왜 나는 직원의 사기는 북돋우면서 우리 아이들과는 전혀 소통하지 못할까? 왜 나는 가정과 직장에서 전혀 다른 사람이 되는가? 나는 중요한 문제들을 정말 잘 처리하는가? 겉보기에는 무척 행복한데, 사실은 문제가 있는 게 아닐까? 내가 알고 보면 또라이라는 말도 안 되는 소문은 혹시 사실일까?

이런 질문 중에는 '우리', 그러니까 내 삶에서 다른 사람, 특히 내게 중요한 사람에 해당하는 질문도 있다. 전남편은 왜 그렇게 행동할까? 새 직장 동료를 믿어도 될까? 할머니는 왜 어머니보다 훨씬 행복하셨을까? 눈앞의 가족보다 인터넷 '친구들'과 더 많은 시간을 보내는 딸아이는 문제가 없을까.

우리는 성격심리학 분야에서 최근의 성과를 바탕으로, 그리고 성격을 이해하는 몇 가지 중요한 방법을 이용해, 이런 질문들에 답하고자 한다. 먼저 나와 다른 사람들을 이해하는 인식의 특수 안경인 '개인 구성개념'부터 살펴볼 것이다. 다음으로 성격의 여러 특성과 목표, 우리가 몰입하는 것, 그리고 일상에서 개인의 전후 사정, 즉 개인적 맥락을 살펴보려 한다. 그러면서 이런 요소들이 삶의 방향을 설정할 때 어떻게 도움이 되고, 그 요소들을 이해하면 과거와 미래의 삶의 흐름을 고찰하는 데 어떤 도움이 되는지 살펴볼 것이다.

성격심리학은 1930년대에 전문 학문 분야로 떠올랐지만, 그 뿌리는 기원전 4세기 그리스의 철학 이론과 의학 이론으로 거슬러 올라간다. 고대 이론 중에서도 점액, 흑담즙, 혈액, 황담즙 같은 다양한 체액이 어떻게 그에 해당하는 네 가지 기질인 점액질, 우울질, 다혈질, 담즙질을 유발하는지를 강조한 이론은 꽤나 위세를 떨쳤다. 지금이야 그렇게 생각하는 사람이 없지만, 지난 수 세기 동안은 성격을 주로 그런 식으로 이해했다. 따라서 내가 중세 사람인데 또라이라는 소문이 화제가 되었다면, 그 소문이 말이 되든 안 되든, 또라이인 이유는 황담즙 과잉 탓이고, 그건 타고난 체질이라 어쩔 수 없다고 결론이 났을 것이다. 오늘날에도 성격을 그런 식으로 보는 비슷한 이론이 있는데, 개인의 '유형'을 강조하는 이론이 그것이다. 사람들은 특정한 테스트로 자신을 '유형화' 한다. 이를테면 '나는 A유형으로, 외향적인 사람이다'라는 식이다. 그리고 그런 생각이 과학적으로 근거가 있는지 궁금해한다. 이 책은 그 문제를 자세히 다룰 것이며, 아마도 깜짝 놀랄 만한 답을 내놓을 것이다.

심리학 강의를 들은 사람이라면 무의식적인 동기와 충동을 행동의 근원으로 강조하는 성격 이론을 자주 보았을 것이다. 20세기 초에 영향력을 떨친 지그문트 프로이트와 카를 융의 이론은 지금도 임상심리학과 문학에서 그 영향력이 여전하지만 성격심리학 전문가들 사이에서는 인기가 많이 시들었다. 그동안 자신의 성격에서 가장 중요한 부분이 무의식적인 힘, 그중에서도 주로 성적인 힘이라고 생각했다면, 앞으로 이어질 내용이 무척 당혹스러울 것이다. 우리가 모르는 힘이 우리 행동에 영향을 끼칠 수도 있지만 그런 힘이 이 책의 주된 관심사는 아니다. 그보다는 우리 삶이 큰 목표, 포부, 개인적 과제처럼 삶에 의미를 부여하는 스스로 정한 모험에 더 큰 영향을 받는다는 사실을 보여줄 것이다. 이런 식으로 성격을 바라본다면 삶을 돌아보고 미래를 고민하기가 한결 쉬워진다. 우리는 스스로 조절할 수 없는 힘에 농락당하는 수동적인 존재만은 아니다. 아침에 눈을 떠 간밤에 내가 얼마나 바보 같았는지 한심해질 때면 그렇게 느껴질 수는 있겠지만.

성격을 이해하는 또 하나의 방법은 20세기 중반에 널리 퍼진 칼 로저스Carl Rogers, 에이브러햄 매슬로Abraham Maslow 같은 사람들의 인본주의 심리학을 이용하는 것이다. 성격을 결정하는 무의식적인 요소를 강조하는 이론과 달리, 인본주의 심리학자들은 인간의 행동에서 더욱 능동적이고 성장지향적인 측면을 강조했다. 개인적으로나 집단적으로나 스스로 미래를 만들어가는 인간의 능력을 깊이 신뢰했던 이 세대는 인간의 잠재력을 중시하는 이런 관점을 열렬히 환영했다. 심리학에 나타난 이런 요란한 인본주의는 아쉽게도 상당 부분이 엄격한 과학의 뒷받침을 받지 못했다. 뒷받침은커녕 과학적 객관성 자체가 인간 본성을 제대로 이해하는 데 걸림돌로 여겨졌다. 이런 관점은 소위 새로운 시대(뉴에이지)에 더욱 두드러졌다.

오늘날에는 의미 있는 삶을 살아가는 우리 능력을 좀 더 낙천적으로 바라보는 이런 견해를 긍정심리학이라는 이론으로 연구하면서 개인의 삶, 공동체, 조직, 국가를 풍요롭게 하는 요소를 탐구한다.[1] 긍정심리학은 엄격한 과학적 방법을 동원해 인간의 삶의 질을 이해하고, 인본주의 심리학의 미심쩍은 과도함을 멀리한다. 이 책은 긍정심리학 서적은 아니지만, 긍정심리학이 다루는 삶의 질, 행복, 삶의 의미를 고민하고, 특히 그와 같은 삶의 바람직한 측면에 성격이 어떤 식으로 영향을 미치는지 탐구한다. 성격학에서 배운 내용을 우리 삶에 적용하는 간단한 10단계 방법이나 정형화한 공식 따위는 없다. 그보다는 삶의 질을 높이는 기술, 그러니까 내 삶을 고민하는 나만의 독특한 방법을 고안해야 한다.

여기서는 독자들이 성격심리학이든 심리학이든 이 분야에 사전 지식이 있다고 가정하지 않겠다. 다만 성격이 우리 삶에 어떻게 영향을 미치는지 알고 싶어 한다고 가정하겠다. 하지만 독자 중에는 심리학 수업을 받은 사람도 있을 테고, 따라서 1970년대에 스탠퍼드 대학 교수였던 월터 미셸Walter Mischel이 쓴 책 한 권으로 성격심리학에 한바탕 위기가 닥쳤던 일을 아는 사람도 있을 것이다. 성격에서 잘 변하지 않는 고정된 특성과 관련한 모든 개념에 도전한 《성격과 평가Personality and Assessment》라는 책이다. 미셸은 성격에 일반적이고 고정된 특성이 있다는 증거가 희박하며, 일상적 행동의 상당 부분은 우리가 마주치는 상황과 그 상황을 해석하는 방식에 달렸다고 주장했다. 어떤 사람은 이를 성격심리학 전체에 대한 공격으로 보았고, 심리학을 전공하는 학생들 한 세대는 행동의 기원을 성격심리학이 아닌 다른 곳에서 찾으라고 배웠다. 독자 중에도 그렇게 배운 탓에 성격심리학에 접근하기가 조심스러운 사람도 있을 것이다.

오늘날에는 상황이 급변했다. 성격심리학personality psychology은 인기가 대단히 높아졌고, 광범위한 성격학science of personality으로 확장되어 신경세포에서 삶의 여러 사연에 이르기까지 매우 다양한 요소를 연구할 뿐 아니라 생화학, 경제학, 전기 문학 같은 전혀 다른 분야까지 파고든다. 성격 특성 연구는 이처럼 분야를 넓히면서 다시 살아났다. 이 책은 성격에서 일관되게 나타나는 특성이 건강, 행복, 성공적 삶에 어떻게 큰 영향을 미치는지 보여줄 것이다. 아울러 그러한 성격 특성은 신경생물학적 기반이 있어서, 일부는 유전적 요인으로 결정된다는 이야기도 할 것이다. 그러나 그게 전부가 아니다. 성격은 단순히 생물적 기질을 발현하는 것보다 훨씬 더 복잡하다. 이와 관련해 고정된 특성과 '자유 특성'의 차이도 소개할 것이다. 자유 특성은 이를테면 내향적인 사람이 지나치게 외향적인 사람처럼 행동할 때 나오는 특성인데, 단지 회식 자리에서만 나타나지는 않는다. 성질이 고약한 사람이 10월 어느 주말에 작정하고 상냥하게 행동할 수도 있다. 독자 중에도 그런 경우가 있을 것이다. 사람은 왜 이런 식으로 성격을 벗어나 행동하고, 그래서 어떤 결과가 나오는가?

오늘날의 성격학은 성격 특성 심리학의 부활 외에도 네 가지 주요 분야에서 진전을 이루었다. 첫째, 생물적 요소가 성격에 미치는 영향, 즉 일차적 본성에 대한 이해가 지난 10년 사이에 비약적으로 발전했다. 선천적 성격과 후천적 성격을 구분하는 해묵은 이분법은 타고난 성격을 어떻게 길들일 수 있는가 하는 좀 더 복잡하고 흥미로운 관점에 자리를 내주었다. 둘째, 환경이 성격에 미치는 영향에 대한 인식도 바뀌었다. 우리 삶에 녹아 있는 사회적, 물리적, 상징적 요소들은 제2의 본성을 만든다. 아이팟 재생 목록에서 우리 도시의 '성격'에 이르기까지 이러한 요소들은 우리 성격을 드러내기도 하고 새로 만들기도 한다. 셋째, 심리학자가 성격과 동기의 연관 관계를 탐색하는 방법이 몰라보게 달라졌다. 나는 이러한 변화를 가리켜 '제3의 본성'이라는 말을 만들어 썼다. 제3의 본성은 일상에서 개인이 몰두하거나 목표하는 것에서 나온다. 이 새로운 관점에서는 유전자도 환경처럼 우리에게 영향을 미치지만, 우리는 그런 것들의 노예가 아니다. 우리는 스스로 정한 핵심 목표로 두 가지 본성을 넘어설 수 있다. 성격의 미묘하고 흥미로운 면이 가장 분명하게 드러나는 부분도 바로 인간만이 가진 이 능력이다. 넷째, 성격을 다룬 일부 고전적 이론이 병리학을 주로 다루는 것과 대조적으로, 새로운 성격학은 창의성, 회복탄력성, 인간의 번영 같은 긍정적 속성에도 똑같이 주목하는데, 이 점에서 긍정심리학의 관심사와 겹친다. 성격학은 기이하고 대담한 사람, 한마디로 이상한 사람뿐 아니라 평범한 사람도 모두 탐구한다.

이 책은 성격학 연구의 이 같은 진전을 기초로, 우리가 자신과 타인을 바라보는 시각에 영향을 미치는 요소를 살펴본다. 우리가 첫인상으로 짐작하는 타인의 성격은 대개 엉터리인가? 창조적인 사람은 기본적으로 사회 부적응자인가? 윌리엄 제임스William James의 말처럼, 서른 살이 되면 인격이 석고처럼 굳어지는가? 삶을 스스로 조절할 수 있다는 믿음은 마냥 좋은 것인가? 강인하고 건강한 사람과 관상동맥 질환 발병 위험이 높은 사람을 성격 유형으로 구분할 수 있는가? 우리 고유한 성격은 하나의 통일된 자아로 이루어지는가, 여러 자아의 연합체로 이루어지는가? 만약 후자라면, 우리는 여러 소자아 중 어떤 것들을 결합하는가? 유전자로 이미 행복하게 살도록 정해진 사람도 있을까? 인간이 잘사는 좀 더 확실한 길은 무엇인가? 행복 추구인가, 무언가를 추구하는 행복인가?

이 책은 이런 질문을 다루면서 인간 본성과 다양한 삶의 질을 바라보는 새로운 관점을 제시한다. 그리고 성격학의 개인적이고 좀 더 은밀한 영향을 살펴볼 틀도 제공할 것이다. 그러다 보면 우리의 일상적 행동 중 이해하기 어려웠던 부분을 명확히 알게 될 뿐 아니라, 자신과 타인을 조금 덜 당혹스럽고 조금 더 흥미로운 시선으로 바라보게 될 것이다.

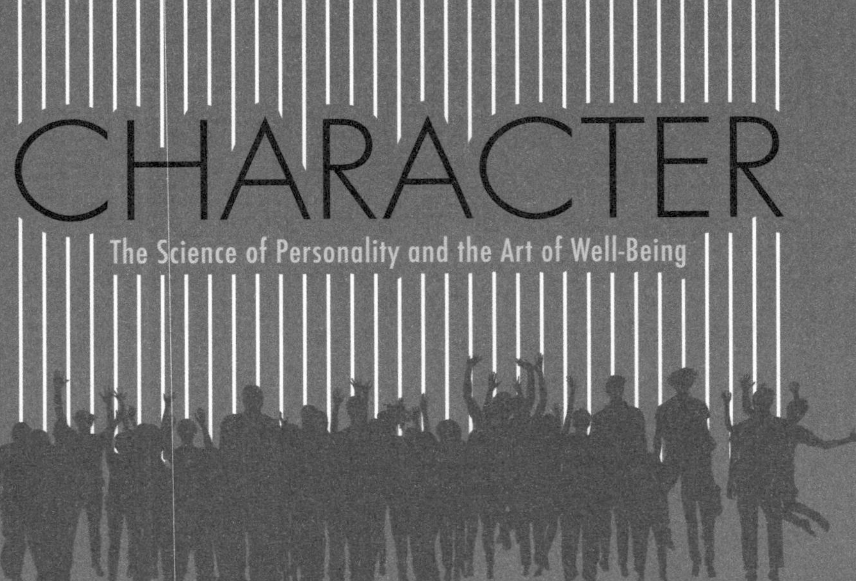
CHARACTER
The Science of Personality and the Art of Well-Being

CHAPTER 1

첫인상을 의심하라 :

타인을 바라보는 방식은 어떻게 내 삶을 바꾸는가

누구나 어느 면에서는 다른 모든 사람과 똑같고,
다른 몇몇 사람과 똑같으며,
다른 누구와도 똑같지 않다.

클라이드 클럭혼 · 헨리 머리, 《본성, 사회, 문화에 나타난 성격》(1953).

우리가 게를 별다른 말도 없이, 미안하다는 말 한마디 없이
갑각류로 분류해버리는 것을 게가 안다면
게는 개인적 분노에 휩싸일 게 분명하다. 그리고 말할 것이다.
"나는 그딴 부류가 아니야. 나는 나 자신, 오직 나 자신이라고."

윌리엄 제임스, 《종교적 체험의 다양성》(1902).

내가 린제이 교수의 왼쪽 신발이 '내향적'이라고 말하면
다들 신발에 문제가 있다는 듯 일제히 신발을 쳐다본다. (…)
신발을 보지 말고 나를 보라. 그 말을 책임져야 할 사람은 나다.

조지 켈리, 《인간의 자기 대안 구성》(1958).

당신은 자신을 어떤 사람이라고 생각하는가? 당신의 어머니, 배우자, 동료, 아니면 식당에서 맞은편에 앉은 낯선 사람은 어떤 사람 같은가? 자신과 타인을 그렇게 생각하는 '이유'는 무엇인가? 당신은 사람들을 '유형화'하는 성격 테스트를 해봤지만 당신이나 주변 사람을 설명하기에는 부족하다는 생각이 든다. 성격 유형보다 주변 상황이 행동을 결정한다고 들은 적도 있지만, 정말인지 궁금하다. 하지만 성격에 관한 호기심을 해결하기에 유형은 너무 단순하고 상황은 너무 무정해 보인다. 나와 타인을 바라보는 새로운 방법이 아쉽다.

그렇다면 우선 성격심리학자들이 '개인 구성개념[personal construct : 부분적인 사례를 관찰한 뒤 그것을 개인적으로 재구성해 만든 개념으로 이 책에서는 겉모습이나 행동을 보고 그 사람에 대해 주관적으로 해석해 구성한 정보를 가리킨다. 이 정보는 비슷한 상황을 해석하는 도구가 된다. - 옮긴이]'이라 부르는, 당신이 당신 스스로와 타인을 바라보는 전형적인 방식부터 자세히 들여다보자. 타인을 이해하는 방식을 보면 타인뿐 아니라 자신을 어떻게 생각하는지도 알 수 있다. 그리고 개인 구성개념은 그 사람의 삶의 질에도, 일상에서 느끼고 행동하는 방식에도 중요한 영향을 미친다. 개인 구성개념은 잣대이자 족쇄다.[1] 복잡한 삶에 예측 가능한 길을 제시할 수도 있고, 자신과 타인을 바라보는 시각을 엄격히 제한할 수도 있다. 개인 구성개념은 바꿀 수 있고, 그래서 희망이 생긴다. 하지만 원래의 구성개념에서 벗어나기 어려운 경우도 있다. 그렇다면 이제 첫 질문으로 돌아가자. 당신은 자신을 어떤 사람이라고 생각하는가? '중요한 의미에서 나는 곧 내 개인 구성개념'이라는 명제에서 어떤 사실을 알 수 있는지 살펴보자.

모르는 사람과 나: 잣대이자 족쇄인 개인 구성개념

식당에 앉아 주위 사람들을 관찰한다고 상상해보자. 옆 식탁에 남자 둘이 앉았는데, 그중 더 젊고 멋지게 차려입은 남자가 스테이크를 세 번이나 퇴짜 놓는다. 그에게서 어떤 첫인상을 받는가? 어떤 개인 구성개념이 떠오르는가?

그 남자를 바라보는 방식은 세 가지다. 우선 성격이 독특하다고 생각할 수 있다. 자기 주장이 강하거나 외향적인 사람, 아니면 까놓고 말해 밥맛없는 사람일 것이다. 두 번째로, 자기보다 나이 많고 머리가 희끗희끗한 일행과 대화하는 모습을 보니, 스테이크를 퇴짜 놓는 이유는 고기를 자기 취향에 맞추기 위해서가 아니라 어떤 '행동강령'이나 목적을 수행하기 위해서라고 추측할 수도 있다. 함께 저녁을 먹는 사람과 관련된 '개인 목표'를 수행 중일 수도 있다. 이를테면 '상사에게 잘 보이기' 또는 '적당히 넘어가는 사람이 아니라는 것을 보여주기' 같은 목표다. 세 번째로, 그의 행동을 설명하는 '사연'을 지어낼 수도 있다. 저 불쌍한 남자는 오늘밤 유난히 까다롭다. 직장에서 크게 실망스러운 일이 있었기 때문이다. 낙담한 남자는 종업원이 '미디엄 레어'도 모른다고 생각해 그에게 화풀이를 한다. 그런가 하면 이 세 가지 방식을 모두 합친 반응을 보일 수도 있다. 옆 식탁에 앉은 남자는 잘난 척하는 까다로운 또라이인데, 지금 누군가에게 불만이 가득한 게 분명하다. 이런 식으로 생각하다 보면, 아직도 허기를 못 채운 그 남자보다 나 자신에 관해, 그리고 내가 어떤 식으로 성격을 파악하는가에 관해 더 많이 알 수 있다.

애초에 가정한 대로 스테이크를 주문한 남자가 나와 모르는 사이라면, 그의 행동 원인을 성격으로 돌리든, 그의 목표로 돌리든, 그를 둘러싼 사연으로 돌리든, 모두 추측일 뿐이다. 사람들이 행동의 원인을 어디에서 찾는가에 대한 연구에서 많은 자료로 증명된 사실 하나는 사람들은 타인의 행동을 설명할 때 성격에서 원인을 찾는 반면에 자신의 행동은 자신이 처한 상황으로 설명하려 한다는 점이다.[2] 식당에서 그 남자를 딱 한 번 봤을 뿐이고, 그가 마침 평소와 다르게 행동했을 수 있다. 이 경우, 그의 행동 원인을 원래 밥맛없는 사람이라든가 하는 쉽게 변치 않는 성격으로 돌리는 것은 매우 부당하다. 그가 상사에게 잘 보이려 애쓰는 중인지, 아니면 마음에 상처를 입어 지나치게 예민해졌는지,

그렇다면 그 이유는 무엇인지 정확히 판단할 믿을 만한 정보가 없다. 그런 상태에서 내 주의를 끈 사람을 첫 느낌으로 설명하려 한 것이다. 내 개인 구성개념에 근거한 가정이다.

이러한 지레짐작은 어디에나 존재한다. 스탠리 밀그램Stanley Milgram이 말했듯이, 일상에서 우리는 정보가 거의 없는 상태로 모르는 사람에 대해 추측하고 사연을 만들어낸다.[3] 이를테면 우리는 '낯익은 모르는 사람'을 꾸준히 만난다. 매일 아침 승강기에서, 식료품점에서, 아이를 학교에 태워다 주면서 만나는 사람들이다. 그런 사람들과의 '관계'는 애매하다. 서로 상대의 존재를 알지만, 계속 모른 척하기로 결탁한다. 냉각 관계다. 더러는 그런 모르는 사람을 두고 제법 그럴듯하게 사연을 꾸며낸다. 그 남자는 아침마다 괴로워 보이던데 이혼한 변호사가 분명하고, 지금 화가 난 이유는 어제 미식축구에서 자이언츠 팀이 졌기 때문이라거나, 그 여자는 사랑스럽고 사려 깊은 사람이며 파리에서 살고 싶어하지만 죽어가는 언니를 돌보느라 자기 행복은 뒷전으로 미뤘다거나 하는 식이다. 그리고 물론 우리가 그들의 사연을 꾸며내는 동안 그들도 우리 사연을, 우리 성격과 삶의 질에 관한 이야기를 꾸며낸다.

냉각 관계에서 특히 흥미로운 점은 우리는 그 관계를 개선할 마음이 전혀 없다는 점이다. 냉랭한 관계가 오래 지속되었다면 더욱 그렇다. 예를 들어 안면이 있는 모르는 사람과 생판 모르는 사람 중에 기회가 되면 아는 척할 마음이 있는 쪽이 어딘지 자문해보라. 안면이 있는 사람을 전혀 다른 상황에서 만나지 않는 한, 우리는 생판 모르는 사람에게 아는 척을 할 가능성이 높다. 하지만 가끔은 관계가 호전되어, 안면이 있는 모르는 사람에 대해 우리가 가정했던 사연이 옳은지 그른지 확인할 기회가 생기기도 한다. 더러는 직감이 정확히 맞아떨어져 기분이 좋지만, 더러는 추측이 한참 빗맞을 때도 있다. 알고 보니 그 남자는 자이언츠 팬이 아니라 그린베이 팬이고, 결혼생활은 행복한데 쌍둥이 아기 때문에 잠을 설쳐 피곤했을 뿐이다. 사랑스럽다는 여자는 실제로는 그렇게 사랑스럽거나 사려 깊지 않으며, 피오리아에 사는 게 꿈이고 언니도 없다. 그리고 내가 낯선 사람을 두고 추측하고 추측을 고치는 사이에 상대방 역시 나를 두고 추측한다. 둘 다 상대에게 성격을 부여하고, 상대의 계획을 추측하고, 이야기를 만들어낸다.[4] 성격 특성, 목표, 이야기로 상대를 파악하는 세 가지 방법은 상대의 성격과 삶의 질뿐 아니라 내 성격과 삶의 질을 이해하는 데도 도움이 된다.

우리가 타인을 해석하는 방식은 우리 삶의 질에도 영향을 미친다. 일반적으로 세상을 바라보는 렌즈나 잣대가 다양할수록 여러 상황을 이해하기 좋다. 구성개념이 너무 적거나 유효성이 제대로 입증되지 않았을 때는 문제가 생길 수 있다. 빠르게 돌아가는 삶을 이해할 때라면 문제는 더 심각하다. 이때 우리는 구성개념에 갇힐 수 있고, 그러면 삶이 삐걱거릴 수 있다.

개인 구성개념과 자유의 폭

개인 구성개념이 중요한 이유는 그것이 삶에서 자유의 폭을 어느 정도 결정하기 때문이다. 이를 좀 더 자세히 살펴보려면 개인 구성개념으로 성격을 바라볼 때 나타나는 인간 본성에 대한 견해를 이해하는 게 좋다. 그런 다음, 그 구성개념이 우리가 삶에서 느끼고 행동하는 데 어떠한 영향을 미치는지 좀 더 자세히 들여다보아야 한다.

개인 구성개념은 20세기 중반에 조지 켈리가 만든 독창적이고 훌륭한 성격 이론의 핵심 개념이다. 켈리는 두 권짜리 저서《개인 구성개념의 심리학The Psychology of Personal Constructs》에서, 성격과 관련해 당시 가장 영향력 있던 이론인 정신분석학과 행동주의에 도전했다. 프로이트의 정신분석 이론은 성욕으로 대표되는 무의식적 욕구와 사회적 금기 사이의 오랜 갈등에서 성격이 생긴다고 보았다. 반면 스키너와 행동주의 심리학자들은 우리가 성격이라고 생각하는 것은 상황에 따라 우연히 발생하는 보상과 처벌에서 나오는 행동일 뿐이라고 믿었다. 켈리는 두 견해 모두 인간을 지나치게 수동적으로 본다고 생각했다. 대신 그는 인간 개개인은 과학자처럼 자기 삶에 등장하는 사람과 사물과 사건에 대해 가설을 세우고 적극 시험하고, 확인하고, 수정하는 존재라는 견해를 내놓았다.[5]

이런 관점에서 보면, 우리가 머릿속에서 다른 사람에 대한 인상을 만들 때 우리는 그들이 어떻게 행동할지 예측하는 셈이다. 우리는 보통 두 개의 대조되는 형용사로 이루어진 구성개념으로 '꼬리표'를 만든다. 그리고 그 꼬리표로 자신뿐 아니라 일상에서 마주치는 사랑하는 사람, 동료, 낯선 사람, 물건 등을 묘사한다. 우리가 주변 세계를 이해할 때 일상적으로 사용하는 대조되는 개인 구성개념 세 가지를 예로 들면 이렇다. '좋다/나쁘다', '내향적이다/외향적이다', 'USB 포트가 있다/USB 포트가 없다'. '좋다/나쁘다' 같은 구성개념은 콜레스테롤, 체취, 채끝 스테이크, 대통령 후보처럼 매우 다양한 대상에 적용할 수 있다. 이런 구성개념을 가리켜 '편의성 범위'가 넓다고 말한다. 'USB 포트가 있다'는 주로 전자 장비 같은 훨씬 좁은 범위의 물건에 사용할 수 있으며, 비유에 목숨 걸지 않는 한 할머니나 굴을 설명하기에는 적절치 않다. '내향적이다/외향적이다'라는 구성개념은 적용 범위가 그 중간쯤 된다. 사람을 설명할 때 흔히 사용하며, 이웃집 몰티즈 테리어 같은 동물에도 사용할 수 있다. 그러나 1장을 시작할 때 인용한 켈리의 문구가 훌륭하게 설명했듯, 누군가 어느 교수의 왼쪽 신발을 가리켜 '내향적'이라고 말한다면, 신발이 아니라 그 말을 내뱉은 사람을 쳐다보는 게 상황 판단에 유리하다.

켈리는 개인 구성개념이 우리 자신을 이해하는 데 핵심이 되는 이유도 잘 보여준다. 우리는 다른 사람을 파악할 때, '우리'가 어떤 속성을 만들어낸 뒤에 그 속성이 우리가 파악하는 사람에게서 나왔다고 간주한다. 우리는 특정한 구성개념 세트를 골라 그것을 다른 사람에게 적용하는 성향이 있는데, 이때 그 구성개념이 잘못되었거나 단순히 다른 사람의 구성개념과 다를 때 문제가 생길 수 있다. 식당에 앉아 있는 그 남자는 '또라이'나 '밥맛없다' 같은 꼬리표를 붙인 채 식당에 들어오지 않았다. 그 꼬리표는 그를 본 사람에게 떠오른 개인 구성개념이다. 다른 사람이 그를 보았다면 스테이크를 퇴짜 놓는 행동이 '고급스럽다'거나 '남자답다'고 생각했을 수 있다. 간단히 말해, 타인에게 받은 인상으로 추측하는 성격은 우리의 '개인적' 구성개념을 거쳐 전송된 것이며, 그 인상은 역동적이고 복잡하며 나중에 바뀔 수도 있다. 타인에게 받은 인상은 우리 구성개념이 상대를 냉정하고 이성적으로 해석한 결과라고 생각하기 쉽지만, 개인 구성개념은 훨씬 더 깊은 내면에 자리 잡은 것이 강렬하고 감정적으로 표현된 결과다.

개인 구성개념이 감정 반응에 어떠한 영향을 미치는지 살펴보자.[6] 불안은 무언가가, 이를테면 어떤 사건이 개인 구성개념의 편의성 범위 밖에 있다고 의식하는 것으로 볼 수도 있다. 밤에 이상한 소리를 들었는데 그 소리가 '고양이'나 '남편'을 뜻하는 내 전형적인 구성개념에 들어맞지 않는다면 불안의 불빛이 깜빡거릴 것이다. 그러다가 "또 너구리군" 하는 다른 추측이 확실해지면 불안은 수그러든다. 그러나 집에 도둑이 들었다는 느낌이 들면 불안은, 비슷하지만 다른 감정인 두려움으로 변한다.

불안은 특히 우리가 주변에서 예상치 못한 변화를 경험했을 때, 이를테면 배우자나 가까운 가족 누군가가 죽었다거나 하는 상황에서 더 오래간다. 이 경우, 삶은 예전 방식대로 흘러가지 않는다. 구성개념을 새로 만들어 삶을 스스로 이해하고, 바뀐 재정 상태를 관리하고, 그 많은 스포츠 채널을 계속 구독할지 말지 결정해야 한다. 당신은 지금 어떤 사람인가? 구성개념이 많아, 사건을 예상하고 환경 변화에서 오는 어려움을 예측할 수 있는 사람은 불안을 느낄 확률이 낮다. 개인 구성개념이 매우 적은 사람, 특히 그 구성개념의 편의성 범위가 매우 좁은 사람은 사건 예상이 빗나가기 일쑤다. 그들의 구성개념이 삶에서 마주치는 새로운 상황에 맞지 않을 때가 많기 때문이다. 다시 말해, 개인 구성개념이 제한적일수록 일상에서 일어나는 사건을 예측하고 그에 대처할 때 불안은 커지고 자유는 줄어든다. 이혼한 여동생이 새로운 시작을 하도록 당신이 아무리 애써도 여동생이 이혼 후유증에서 벗어나지 못하는 이유도 그것으로 설명이 가능하다. 여동생은 모든 사람을 '믿을 만한 사람, 아니면 전남편처럼 눈 깜짝할 사이에 떠날 사람'이라는 단순한 구성개념으로 판단한다. 그러면서 자유를 줄이고, 자신을 가둔 채 더 이상 나아가지 않는다.

개인 구성개념 관점에서 볼 때 적대감은 스스로도 이미 부당하다고 판단한 구성개념을 억지로 정당화하려는 시도다.[7] 자신에게 적용하는 개인 구성개념을 보자. 우리는 우리 눈에 '만만하게' 보이는 사람에 비해 나는 '품위 있는' 사람이라 생각한다. 그러다가 내가 만만한 사람으로 취급받는 상황에 맞닥뜨린다. 그러면 나를 규정한 내 방식을 고수하며 애써 그에 맞게 행동한다. 결코 물러서지 않는다. 우리에게는 자기 확신이 필요하다. 그래서 스테이크를 두 번이나 퇴짜 놓는다. 필요하다면 세 번째도 퇴짜를 놓을 것이다. 이때 진짜 문제는 스테이크가 아니다. 내 개인 구성개념의 핵심이 당장 바뀔지도 모른다는 위협이다. 여기서 '핵심'이라는 말이 중요하다. 이 말은 앞으로 이 책에서 계속 중요한 단어로 등장할 것이다. 개인 구성개념은 보통 고립된 의미로 깜빡거리며 이리저리 떠다니기보다 여러 속성으로 된 '체계'를 이루면서, 우리가 사건을 해석하는 방식, 그에 따라 행동하는 방식에 크게 영향을 미친다. 개인 구성개념 체계의 중요한 특징은 거기에 속한 여러 구성개념들 간의 연관성 정도다. 어떤 개인 구성개념은 상대적으로 지엽적이어서, 그 쓰임과 효용성이 다른 구성개념과 별도로 작동한다. 그런가 하면 어떤 구성개념은 그 체계에 속한 다른 구성개념과 긴밀히 연관되어 있다는 점에서 '핵심' 구성개념으로 작동한다. 이 핵심 구성개념이 개인 구성개념 체계의 기반이 된다.

대학에 진학한 자녀를 보며 부모들이 느끼는 공통된 심정도 개인 구성개념 체계로 설명해보자. 대학 1학년에게 많이 보이는 핵심 구성개념은 '지적이다/지적이지 않다'인데, 이 구성개념은 자신에게, 그리고 현재 또는 미래의 친구에게 모두 적용된다. 어떤 학생들은 이 구성개념을 '성공한다/성공하지 못한다' 또는 '좋은 직업을 가질 것이다/장래성 없는 직업을 가질 것이다'와 같은 다른 구성개념들과 연관시키고, 더 나아가 '가치 있다/쓸모없다'라는 구성개념과도 연결짓는다. 학자들이 함의적 연결이라 부르는, 어떤 체계에 속한 구성개념 사이의 연결을 잘 들여다보면 어느 것이 지엽적인 구성개념이고 어느 것이 다수의 다른 구성개념과 연관된 핵심 구성개념인지 구분할 수 있다. '지성'이 연관성이 높고 함의하는 바가 많은 핵심 구성개념이라고 가정해보자. 그렇다면 가령 시험에서 낙제점을 받아 그 구성개념이 흔들릴 때 어떤 일이 생기겠는가? 그 일로 어떤 사람이 가진 '지적이다'라는 '핵심' 구성개념이 무너진다면, 단지 구성개념 하나가 부정되는 것이 아니라, 삶을 항해하는 데 사용하는 전체 구성개념 체계가 흔들릴 수 있기 때문에 위협적이다. '지적이다/지적이지 않다'라는 구성개념이 다른 구성개념과 그다지 긴밀하게 연결되지 않은 사람은 낙제점을 받았다고 해서 실망스럽거나 언짢을지언정 위협을 느끼지는 않을 것이다. 따라서 대학생 자녀에게 '시험 잘 보기'가 구성개념 체계에서 핵심이 아니라면 자녀는 중간고사에서 낙제점을 받아도 크게 상심하지 않는다. 그리고 창조적이라거나 통찰력이 깊다거나 하는 것도 학구적인 삶에서 가치 있는 특징임을 깨닫고 그 특징을 핵심 개인 구성개념에 포함시킬 것이다.

개인 구성개념을 시험하고 수정할 때 느끼는 감정을 보면 우리가 개인 구성개념 변화를 얼마나 강하게 거부하는지 알 수 있다. 하나의 구성개념이 다른 구성개념을 많이 암시할수록 거부감은 더 크다.[8] 이처럼 개인 구성개념을 살펴보면 그 사람이 자신을 어떻게 바라보는지 알 수 있다는 생각을 몇 년 전에 하버드 대학생들을 대상으로 시험한 적이 있다. 그 결과 적어도 하버드에서는 '지성'이 스스로를 '섹시하다'고 해석하는 것과 밀접하게 연관되었음을 알게 되었다. 학생들은 자신의 개인 구성개념 평가서를 작성하고, 그 구성개념에 따라 자신과 자신의 인맥에 속한 사람들을 평가했다. 나는 학생들에게, 사람이 구성개념을 좀처럼 바꾸지 않으려는 성향이 얼마나 강한지 알아보는 매우 재미있는 방법을 소개했다. 아침에 눈을 떴을 때 내 모습이 내가 가진 각 구성개념의 이쪽 끝에서 저쪽 끝으로 옮겨가 있다면 자아상이 어떤 식으로 바뀔지 상상해보라고 했다. 독자도 해볼 수 있다. 그러니까 자신을 규정하는 가장 중요한 구성개념 하나를 꼽은 다음('좋은 부모', '뉴요커', '창조적이다' 등) 자신이 그 반대가 되었다고 상상하면 된다. 그때 학생들에게는 그들이 더 이상 하버드를 다니지 않는다면, 한 번도 하버드 학생이었던 적이 없다면 어떤 기분이 들지 생각해보라고 했다. 그렇다면 지성이니 매력적이니 하는 다른 구성개념에서 자신의 지위가 어떻게 달라지겠느냐고 물었다. 결과는 흥미로웠다. 강의실에 있던 한 남학생은 하버드에 다니지 않는다면 자신을 '섹시하다'고 보는 생각에 즉각적인 타격이 올 것 같다고 했다. 다른 남학생이 동의했고, 곧 또 다른 남학생도 동의했다. 남학생 모두 같은 생각이었다. 하버드의 전통적 색깔인 진홍색 옷을 입지 않는다면 자신의 매력도 사라지고 친구들에게도 가치 없는 사람이 될 것 같다고 했다. 강의실에 있던 여학생들은 어리둥절하면서도 재미있다는 눈치였다. 여학생 두 명은 하버드에 다니지 않는다면 오히려 자신의 매력이 '높아질' 거라 했다. 정말 그렇든 아니든 간에 이런 사고의 실험은 개인 구성개념이 가진 힘과 그 미묘함을 동시에 보여주며, 어쩌면 성별에 따른 정체성의 불편한 현실을 드러낼 수도 있다. 젊은 여성이 하버드에 다니는 자신을 섹시하다고 생각하지 않는 사고방식은 한 여학생이 강의실을 나가면서 한 말에서도 드러난다. "그래도 MIT가 아니라 다행이에요."

제럴드 : 단 하나의 구성개념을 가진 남자

제럴드는 1970년대 초에 내 수업을 들은 학생이다.[9] 당시는 평화의 깃발이니, 사랑의 집회[love-in : 히피들이 모여 명상을 하거나 음악을 들으며 인간의 사랑을 강조하던 운동 - 옮긴이]니, 꽃의 힘[flower power : 히피를 비롯한 대중이 꽃을 들고 사랑, 평화, 반전을 외치던 운동 - 옮긴이]이니 하는 것들이 넘치고 대기에는 매캐한 냄새가 감돌던 시대였다. 제럴드는 강의 첫날부터 유난히 눈에 띄었다. 당시 학생들은 긴 머리에 청바지와 샌들 차림이었는데 제럴드는 이들과 달리 생도 제복을 입었다. 금발에 허스키한 목소리의 그는 강의실에 평범하게 걸어 들어오지 않고 말 그대로 행군하듯 들어왔다. 다른 학생들의 시선이나 수군거림은 눈치채지 못하는 듯했다. 그는 강의 내내 허리를 쭉 펴고 앉아 노트 가득 필기를 했다. 몸집이 큰 남자가 코딱지만 한 책상 앞에 똑바로 앉은 모습이라니. 하루는 강의 시간에 개인이 자신과 타인을 해석할 때 사용하는 개인 구성개념을 알아보는 법을 설명했다.

학생들은 보통 자신의 개인 구성개념을 알아보는 이런 시간을 좋아했고, 당시 수업도 예외는 아니었다. 이 수업에서 가장 어려운 부분은 여러 개인 구성개념의 연관성과 변화 거부 정도를 계산하는 작업이었다. 나는 강의실을 돌며 학생들의 계산을 도왔다. 몇몇 학생은 계산이 매우 복잡했다.

대부분의 학생들은 적당히 연결된 일곱 개 정도의 개인 구성개념을 갖고 있었고, 그것들은 평균적으로 변화를 거부하기보다 수용하는 쪽이었다. 학생들이 자신과 타인을 해석하는 데 사용하는 전형적인 개인 구성개념은 '똑똑하다/똑똑하지 않다', '재미있다/지루하다', '멋지다/멋지지 않다', '호감이다/비호감이다'이었고, '근사하다/갑갑하다'를 사용하는 학생도 둘 있었다. 제럴드는 내가 다가가자 자신의 분석에 만족하는 표정으로 그것을 보여줬다. 그는 다른 학생들처럼 일곱 개 정도의 구성개념이 아니라 핵심 구성개념 '하나'에 다른 구성개념들을 집어넣었다. 그것은 '군인이다/군인이 아니다'였다. 그는 친척, 모르는 사람, 친구, 그리고 물론 자신에게도 이 구성개념을 적용했다. 이 구성개념에서 자신의 지위 변화에 대한 그의 거부감은 최고치였다. 구성개념으로 성격을 이해하는 관점은 '사람은 곧 그 사람의 구성개념'이라고 전제한다. 제럴드는 확실히 그런 경우였다. 그의 내적 해석과 외적 행동은 정확히 함께 움직였다. 그는 그때나 그 이후에나 영원한 군인이었다. 그것이 그의 핵심 중 핵심이었다.

그 학기 후반 어느 날, 제럴드가 수업에 들어오지 않았다. 강의실에서 워낙 눈에 띄는 학생이라 그가 결석했다는 걸 한눈에 알아봤지만, 크게 걱정하지는 않았다. 하지만 이후 시험 시간을 포함해 수업에 두 번이나 더 결석하자 걱정이 되기 시작했다. 알고 보니 그는 갑자기 학교를 그만두고 병원에 입원해 있었다. 듣자 하니 훈련을 담당한 장교가 징계 차원에서 그를 전역시켰고, 며칠 만에 정신병동에 들어가 급성 불안장애 판단을 받았다고 했다. 그에게 정신이 무력해질 만한 다른 취약점이나 기질이 있었을 수 있지만, 개인 구성개념 관점으로도 그의 상황은 어느 정도 설명이 가능했다. 그러니까 핵심 구성개념이 부정되는 바람에 그의 구성개념 체계 전체가 무너져버린 것이다. 그가 이를테면 '성실한 학생', '열심히 공부하기', '효자' 등과 같은 다른 구성개념을 불러낼 수 있었다면, 그래서 세상에서 자신과 자신의 가치를 또 다른 방식으로 바라볼 수 있었다면, 군인이라는 그의 유일한 핵심 구성개념이 부정되었다고 해서 그렇게까지 절망하지는 않았을 것이다. 하지만 그는 그러지 못했고, 무너져버렸다.

어떻게 알 수 있을까? 인간과 사물과 자아 해석하기

우리는 모두 자신과 타인에 관한 가설을 세우고, 시험하고, 수정하는 과학자라는 켈리의 말이 옳다면 우리는 어떤 증거를 이용해 그 분석 과정을 수행할까? 그리고 성격 과학자들, 비유적 의미의 과학자가 아니라 진짜 과학자들은 어떤 정보를 이용할까? 개인 구성개념 관점에서 보면, 일상의 비전문 과학자와 직업으로 성격 이론을 시험하고 수정하는 박사 학위를 가진 '진짜' 과학자 사이에 선명한 경계도 없다. 물론 일상의 과학자들은 흔히 세련된 고도의 심리 테스트나 기능적 자기공명영상 fMRI을 이용해 타인의 성격을 이해할 수도 없고, 자신의 추론에 대한 동의를 이끌어내려고 애쓰지도 않는다. 그러나 이들이 타인을 알아갈 때 주목하는 정보는 중요한 부분이 겹친다. 그렇다면 세상을 바라보는 기본적 지향점이 성격과 삶의 질을 파악하는 방식에 어떻게 영향을 미치는지 살펴보자.

식당 스테이크 사례를 기억하는가? 당신이라면 그 식탁에서 벌어지는 상황의 자초지종을 눈치챘을지 자문해보라. 그 상황에 흥미를 느꼈겠는가? 당신은 자연스럽게 온갖 부류의 사람들에게 관심을 갖고, 그들이 어떤 이야기를 나누는지 궁금해하고, 그들의 외모와 행동에 끌리고, 행동의 동기가 궁금한가? 그렇다면 당신은 내가 '사람 전문가'라 부르는 사람이다. 조지 켈리가 말하는 과학자이지만, 타인이라는 분야에 가장 관심이 있는 '타인' 전문가다. 그러나 지향점이, 즉 전문 분야가 매우 다른 사람도 있다. 나는 그들을 '사물 전문가'라 부른다. 그들도 당신처럼 아까 그 식탁을 바라볼 수 있지만, 사람이 아니라 '식탁 자체'에 초점을 둔다. 저 가느다란 식탁 다리가 주방에서 쟁반에 가득 담겨 나온 음식을 지탱할 수 있을지 궁금하다. 아니면 식당 내부의 바뀐 색깔이나 세 번째 방에 있는 배관시설에 마음이 끌릴 수 있다. 간단히 말해, 사람 전문가는 사람과 사회적 관계에 매혹된다. 이들은 성격 유형으로 타인을 파악한다. 사물 전문가는 사물과 물리계에 매혹된다.[10] 이들은 타인의 세계를 포함한 세계 전체를 물리적 방식으로 해석한다.

사람 전문가인지 사물 전문가인지 알면, 타인의 성격을 파악하는 방식도 짐작할 수 있다. 일상적 과학자와 공인된 과학자도 마찬가지다. 사람 전문가는 의도나 동기를 파악하며 타인을 심리적으로 바라보는 성향이 있다. 직접 이야기해보지 않고는 상대를 파악하기가 불가능하진 않더라도 매우 어렵기 때문에 사람 전문가는 타인과 대화하려는 성향을 보인다. 현실적 이유 때문에 또는 낯익은 모르는 사람과의 좀 더 미묘한 제약 탓에 대화가 불가능하더라도 사람 전문가는 여전히 타인을 추론하려 한다. 이처럼 이들은 정보가 충분치 않은 상황에서 근거 없는 추론으로 타인을 완전히 엉터리로 해석할 수 있다. 반대로 사물 전문가는 객관적 자료에 집착하는 성향을 보이며 눈에 보이는 것 외에는 어떤 추론도 하지 않는다. 그러나 당장 눈앞에 드러나는 것에만 매달린 채 부분적으로만 시야에 들어오는 것의 깊은 의미를 놓쳐 상대를 오해한다.

상대를 성격으로 파악하는 방식과 물리적으로 파악하는 방식의 차이는 '전문' 성격 학자에게도 똑같이 적용된다. 어떤 학자는 기능적 자기공명영상, 생리적 기록, 유전자 기술 같은 물리적 측정을 이용해 성격을 파악하는가 하면, 어떤 학자는 개인 구성개념, 개인 목표, 삶의 사연 등 좀 더 내면으로 다가간다. 이 두 전문가 집단은 서로 이야기를 나누는 일이 거의 없으며, 상대 집단이 수집한 자료를 보면 실제로 몹시 못마땅해 하고 대립하며, 방어적이 되기도 한다.[11] 하지만 가정도 다르고 성격 측정법도 다른 다양한 관점을 많이 받아들여 성격을 이해하는 것이 바람직할 뿐 아니라 꼭 필요한 경우도 있는데, 경영인 선발도 그중 하나다.

고위 경영자 선발에서 다양한 견해를 수용하는 효과적인 방법 하나는 '평가센터'를 이용하는 것이다.[12] 평가센터assessment center는 장소가 아니라 어떤 조직이 대개 직장에서 떨어진 곳에 모여 개최하는 행사다. 후보자와 평가자의 비율은 보통 1 : 1이며, 평가자는 둘로 똑같이 나뉘는데, 한쪽은 성격과 능력 평가 분야에서 교육받은 전문가들이고, 한쪽은 조직에 고용된 사람들로, 평가를 받는 위치에서 일한 경험이 풍부한 사람들이다. 후보들은 행사 전에 성격, 능력, 흥미 테스트를 무수히 거친다.

평가센터는 여러 날 이어지는데, 이때 후보자들은 개인 과제와 집단 과제 그리고 사교 테스트뿐 아니라 다양한 면접을 거친다. 모든 행사는 (성격 평가 전문가와 해당 회사의 고위급 간부가 포함된) 평가 집단이 주도한다. 나도 평가센터에 자문위원으로 참석한 적이 있는데, 우리가 사람을 판단할 때 개인 구성개념이 어떻게 핵심적인 역할을 하는지 잘 보여주는 무척 재미있는 사례였다.

데릭 : 나무에게 속삭이는 사람 평가하기

자문을 의뢰한 회사는 목재를 생산하는 대기업이었고, 고위 관리팀에 합류할 경력 있는 자원 생태학자를 찾고 있었다. 여섯 명이 최종 후보에 올랐는데, 회사는 이들을 평가하기 위해 평가센터를 열었다. 중요한 직책이었다. 이 회사는 벌목 부서를 선도적으로 개혁하면서, 지속 가능한 개발과 당시에는 참신한 아이디어였던 '생태 의식'을 크게 강조하던 중이었다. 후보자 중에 뽑힌 사람은 이 새로운 활동을 이끌면서, 회사의 권한을 많이 쥐고 있는 보수적이고 거친 벌목 경영자들을 상대할 수 있어야 했다. 여기에다 영향력이 크고 갈수록 과격해지는 벌목 반대 활동가들도 상대해야 할 것이다. 중요하고 시선을 많이 받는 자리이며, 무거운 책임이 뒤따랐다.

평가자들은 주 면접실을 마련해놓고 후보들이 도착하기를 기다렸다. 내 자리는 거칠기로는 둘째가라면 서러운 경영자 잭 밴크로프트 바로 옆이었다. 가슴이 떡 벌어지고 손이 바위만 한데다 눈빛이 이글거리는 그는 바닥부터 이 자리까지 올라온 사람인데, 퉁명스럽고 직설적이기로 유명했다. 한번은 펄프 공장에서 수중 도관으로 폐수를 흘려보낼 때 발생하는 악취를 줄일 계획을 발표한 자문위원에게 윽박지른 일도 있었다. "당신 제안은 거절하겠어. 당신은 욕조에서도 방귀 한 번 안 뀔 위인이니까." 잭은 그 말을 한 뒤에, 당황해 어쩔 줄 모르는 자문위원을 해고했다. 나는 후보 여섯 명이 도착하면 무슨 일이 일어날지, 흥분과 약간의 두려움을 가지고 지켜보았다.

오래지 않아 일이 터졌다. 후보는 모두 남자였고, 다들 도착해 자리에 앉았다. 그런데 한 사람이 유난히 눈에 띄었다. 그의 이름은 데릭이었다. 얼굴이 창백하고 몸은 깡마른데다 머리를 길게 늘어뜨리고 성긴 붉은색 턱수염을 기른 촉촉한 푸른 눈의 남자였다. 아일랜드에서 태어나 자라다가 일곱 살 때 가족과 함께 캐나다로 이주했다고 했다. 그는 다른 후보들과 다르게 양복을 입지 않았고, 이끼로 뒤덮인 헐렁한 셔츠처럼 생긴 것을 입고 있었다. 샌들까지는 신지 않았지만, 신고 싶은 걸 꾹 참지 않았을까 싶었다. 잭의 첫 반응은 예상대로였다. 그는 다 들리게 콧방귀를 뀌더니 나를 보며 선언했다. "하늘이 두 쪽 나도 엿 같은 히피한테 이 자리를 줄 순 없지." 나는 그에게, 예단하지 말고 어떤 일이 일어날지 두고 보자고 했다. 그는 내게 위압적인 경멸의 표정을 지었다. 잭에게 첫인상은 최종 결론이나 마찬가지였다. 앞으로 사흘이 순탄치 않을 것 같았다.

평가센터는 무척 긴장된 작업이고 이때 일어나는 일을 평가자들이 빠짐없이 반영하기란 거의 불가능하다. 하지만 테스트나 면접을 한 뒤에는 후보자에게 받은 인상을 기록하고 각 후보자를 여러 범주에서 평가해야 하므로 저녁에 그날의 기록을 점검하면서 어떤 새로운 유형이 나타나는지 지켜볼 수 있었다. 나는 잭이 데릭을 어떻게 평가했을지 특히 궁금했다. 데릭을 처음 보았을 때 혹평했는데 지금도 그럴까? 첫날의 결과는 확실히 그대로였다. 첫 번째 과제는 세 가지였는데, 잭은 세 번 모두 데릭을 최하위에 놓았다. 데릭은 의사소통 기술, 의사 결정 능력, 전문 지식에서 모두 꼴찌였다. 잭이 보기에 데릭이 빛을 발휘한 범주는 창의력뿐이었다. 그러나 잭에게 창의력은 의미가 없었다. 그것은 중요한 개인 구성개념이 아니었다. 후보별 평가서에 딸린 총평에 잭은 이렇게 적었다. "딕['데릭'의 오기]은 누가 뭐래도 창조적이다. 어렸을 때 나무를 심으면서 나무와 교감했다나. 가관이다. 그가 이 자리에 뽑히면 산 채로 잡아먹힐 것이다. 정신 나간 사람이다. 로렉스 선생[닥터 수스가 쓴 동화에서 숲이 파괴될 때 나무를 변호하는 인물 – 옮긴이]은 나무를 변호하려거든 딴 데를 알아보시는 게 좋겠다." 잭은 유머 감각이 없는 사람은 아니었다.

후보들에게 지원 동기를 간단히 물었을 때 아닌 게 아니라 데릭은 어릴 적 숲이나 나무가 우거진 곳을 돌아다니며 즐겁게 놀던 때를 이야기했다. 하지만 그건 가볍게 재미로, 거의 자조적으로 한 이야기였다. 이 면접실에는 나무를 남김없이 베어내기 좋아하고 나무를 주로 목재로 보는 사람이 있다는 걸 자신도 안다는 듯이. 데릭 로렉스는 바보가 아니었다.

둘째 날 아침, 후보가 없는 방에서 능력과 성격 테스트 결과를 논의했다. 데릭의 검사 결과가 눈에 띄었다. 예상대로 그는 구두 이해력과 인지 유연성, 즉 낯익은 대상을 새로운 방식으로 바라보는 능력에서 아주 높은 점수를 받았다. 그리고 역시 예상대로 창의성 테스트에서 최고점을 기록했다. 분석력, 특히 시각적 분석력에서도 점수가 좋았다. 테스트 피드백이 끝나고 휴식 시간에 나는 잭에게 진행 상황을 물었다. 평가센터는 후보를 독자적으로 평가한 다음 맨 마지막에 그것을 한데 모으는 것이 원칙이어서 그 전까지 가급적이면 후보자를 두고 이런저런 이야기를 하지 말아야 한다. 하지만 잭은 한 후보자가, 정확히 말해 데릭이 골치라고 했다. 이 말은 내 주의를 끌었다. 데릭은 과제마다 전문성과 훌륭한 의사소통 능력을 보였고, 모든 평가자에게 깊은 인상을 남겼지만 잭만은 예외였다. 잭은 로렉스 선생을 일관되게 저평가했을 뿐 아니라 자신의 평가를 더욱 확신하면서 데릭과 다른 후보자의 격차를 더욱 벌려놓았다.

둘째 날 오후에는 후보들이 역할극을 실시했고, 이는 전체 평가 과정에서 하나의 전환점이 되었다. 후보들은 회사를 대표해 주민 토론회에 참석해, 삼림 사업을 주제로 토론을 벌인다고 가정했다. 평가자들은 시민 역할을 맡아 후보자에게 어려운 질문을 퍼부어야 했다. 나는 대단히 의욕적이고 더러는 앞뒤가 안 맞지만 누구보다도 소리 높여 상대를 몰아붙이는 사람, 무서운 열정으로 대변인이란 사람들을 모조리 공격하는 사람을 맡았다. 잭도 합류했고, 우리는 함께 제대로 밉상 짓을 했다. 그 결과 모두가 놀랄 일이 벌어졌다. 데릭은 우리를 사로잡았다. 그는 벌목 작업을 통쾌하게 방어하고, 지속 가능한 개발에 대한 우리 인식에 문제를 제기하고, 몇 가지 기술적 문제를 들어 나무를 모조리 베어내는 행위를 바라보는 우리 시각을 무력화했다. 잭은 할 말을 잃었고 담배를 피우러 밖으로 나갔다.

다음은 평가자 두 명이 후보 한 명을 좀 더 강도 높게 시험하면서, 지원 동기와 개인 구성개념 그리고 그들의 이야기를 듣는 순서였다. 나는 바로 그즈음 이런 작업을 수행할 심리 평가 도구로 '개인 목표 분석PPA: Personal Projects Analysis'[13]을 개발한 터라 이번 후보들을 대상으로 이를 시험해보리라는 기대에 들떠 있었다. 이 기술은 조지 켈리가 개인 구성개념을 평가할 때 쓴 방법과 비슷하지만, 사람들이 하는 일 그리고 삶에서 추구하는 개인 목표에 초점을 맞춘다는 점이 다르다. 인지론자는 사람들의 생각에 관심을 두고, 행동주의자는 사람들의 행동에 관심을 둔다면, 내 접근법은 "당신은 지금 무엇을 하고 있다고 생각하는가?"라고 질문한다.[14] 잭과 나는 데릭과 한 조가 되었고, 데릭은 자신의 개인 목표를 하나하나 열거하면서 활기를 띠는 듯했다. 그는 많은 목표에 대해 열변을 토했고, 그의 목표는 재무 강의 듣기에서 블루그래스 기타 연습하기에 이르기까지 다양했다. 그의 성격은 히피다운 면이 있지만 그를 흔히 생각하는 히피로 단정하기 어렵다는 것이 점점 분명해졌다. 그의 관심사와 그가 몰입하는 분야를 보면 어느 면에서는 사업가에 가까웠고, 당시로는 매우 드물게 언젠가는 자기만의 벤처사업을 하고 싶다고 했다. 잭은 그전까지 데릭을 쳐다보지도 않으려 했지만, 이제는 그에게 질문을 하고 언뜻언뜻 흥미를 보이기도 했다. 그는 주의 깊게 자료를 모았고, 데릭을 다시 생각하는 듯했다. 하지만 전체 평가를 마무리할 때는 데릭을 여지없이 꼴찌로 평가했다.

이튿날 아침에는 최종 점검 순서가 이어졌다. 우리는 각 후보를 차례로 검토하면서 지난 이틀 동안 모은 모든 정보를 분석하고 토론했다. 그리고 후보들을 최종적으로 평가하고 전체 평가를 진행하려는 참에 잭이 일어섰다. "로렉스 선생만큼은 절대 안 돼!" 같은 발언이 나오려니 했지만, 그의 말은 전혀 뜻밖이었다. "제가 틀렸습니다." 잭은 처음에는 데릭에게 반감을 느꼈지만 지금은 그를 단연코 최고 후보로 생각한다고 했다. 사실 그는 데릭을 슈퍼스타로 생각했고, 그를 1위에 올려

달라고 강력히 호소했다.

내 첫 반응은 기쁨 그 자체였다고 솔직히 인정해야겠다. 남에게 큰소리치고 첫인상으로 속단하기로 유명한 남자가 생각을 바꾸는 모습을 목격한 순간이었다. 그가 나를 똑바로 바라보며 지난 이틀 동안 많이 배웠다고 말할 때 나는 정말 가슴이 뭉클했다. 평가센터의 중요한 목적 하나는 후보에게 중요한 피드백을 줄 뿐 아니라 평가자에게도 발전할 기회를 주는 것이었고, 잭은 그런 변화를 확실하게 경험했다. 하지만 나는 그 변화를 전적으로 믿지는 못하고 있었다.

데릭은 합격하지 못했다. 그는 그보다 창의성은 떨어지고 과묵하지만 훌륭한 자질을 갖춘 생물학자에 밀려 2등에 머물렀다. 생물학자는 기술에 대한 전문성과 건전한 판단력을 두루 갖춰 평가자들에게 깊은 인상을 남겼다. 후보들은 그날 피드백을 받지 못한 터라, 우리가 그들과 마지막으로 음료를 마시며 작별하러 로비로 나갔을 때 그곳에는 불안하면서도 유쾌한 기운이 감돌았다. 데릭과 잭은 블루그래스 기타 음악에 대해 열띤 토론을 벌이고 있었고, 나도 합류했다. 나는 잭과 그의 관점 변화가 흥미로웠다. 정말 변했을까? 그것은 점진적 변화가 아니었다. 너무 갑작스러워, 마치 그간 조금씩 쌓인 변화가 어느 순간 한계에 이르러 한 번에 터진 느낌이었다. 잭에게 데릭은 이제 꼴찌가 아니라 일등이었다. 그는 다시 볼 일 없는 히피가 아니라 회사의 영웅으로 떠오르고 있었다. 대체 무슨 일이 일어난 걸까? 내 생각은 이렇다.

상자에 갇힌 잭: 단일 구성개념 내의 위치 변화

잭은 사관생도 제럴드처럼 특별히 지배적인 개인 구성개념 하나를 갖고 있는 듯했다. 그에게는 핵심이자 가치가 높은 구성개념이며, 분명 '히피인가/히피가 아닌가'와 연결되어 있을 구성개념이다. 우리가 잭과 함께 그 구성개념을 연구해 보았다면 그것이 신뢰, 강인함, 신용, 그리고 어쩌면 깔끔함 같은 다양한 다른 구성개념과 연결되었다는 결과가 나오지 않았을까 싶다. 만약 그것이 핵심 구성개념이고, 다른 관련 구성개념들과 긴밀히 연결되어 있다면, 그것은 좀처럼 변하지 않는다는 걸 우리는 잘 안다. 그리고 그 구성개념이 어떤 이유로든 예측 불가능하거나 불안정하다면 그것이 감정에 미치는 결과는 클 수 있다는 것 또한 잘 안다. 평가센터를 시작하기 전까지 '히피인가/히피가 아닌가'라는 구성개념은 잭에게 매우 편안하고도 유용했다. 잭은 아들이 마약을 복용하고 대안적 삶을 택하는 바람에 상처받고 분노했다. 그는 환경운동 단체와도 수없이 부딪쳤고, 자신의 부서가 그 일을 제대로 처리하지 못해 직장을 잃을 뻔하기도 했다. 나는 잭이 사물 전문가가 아닐까 생각한다. 특히 기계 전문가다. 교육은 많이 받지 못했지만 삼림 관리에서 좀 더 기술적인 부문에 타고난 소질이 있었다. 장담컨대, 그는 프루스트는 읽지 않았다. 사물 전문가에 대해 우리가 아는 것 하나는 그들은 사물만이 아니라 사람도 물리적 속성으로 해석하려 한다는 점이다.[15] 사람 전문가에 비해 이들은 외모에 주목해 그것을 가치 판단의 지침으로 삼는 성향이 있다. 헐렁한 셔츠를 입고 머리가 길다고? 히피군. 끝. 매사가 이런 식이다.

그런데 평가 과제를 실시하는 사이에 변화가 생겼다. 잭은 '히피'라는 구성개념에 넣기 힘든 정보에 맞닥뜨렸다. 데릭은 재무 강의를 들을 생각에 신이 났고 환경운동가들에 잘 대처했으며 기계에도 조예가 깊었다. 세상에, 나랑 똑같잖아!

잭의 구성개념 체계에 일어난 변화를 설명할 개인 구성개념의 특징이 하나 있다. 우리가 '단일 구성개념 내의 위치 변화slot-change'라 부르는 것이다. 구성개념 체계가 주로 핵심 구성개념 하나를 중심으로 이루어졌다면, 그 핵심 구성개념에 문제가 생겼을 때 다른 해석의 여지가 거의 없다. 다시 말해, 핵심 구성개념이 지나치게 영향력이 커서 다른 구성개념 상당 부분을 지배한다면, 내 세계를 항해할 자유가 제한된다. 반면에 독립된 개인 구성개념이 많으면, 그러니까 세계를 내다보는 특수 안경이 여러 개 있어 다양한 사건을 예상할 수 있다면, 어떤 안경이 잘 맞지 않거나 효과가 없을 때 다른 안경으로, 즉 다른 구성개념으로 바꿀 수 있다.

그러나 핵심 구성개념이 하나뿐이면, 그러니까 움직일 수 있는 여지가 오직 통로 하나뿐이라면, 그 구성개념에 맞지 않는 것을 만났을 때 옮겨 갈 수 있는 곳은 다른 통로가 아니라 그 통로 내의 다른 지점일 뿐이다. 즉 단일한 구성개념 안에서 시간의 흐름에 따라 이쪽 끝에서 저쪽 끝으로 양극단을 왔다 갔다 하며 위치만 바꿀 뿐이다. 한 예로, 자신을 오직 '지적이다/어리석다'라는 구성개념으로만 파악하는 사람이 무언가에 실패한다면 그 구성개념에서 '어리석다'라는 극단으로 갈 수밖에 없다. 그리고 눈길에 갇힌 자동차처럼 앞뒤로 더 미끄러질수록 바퀴 자국은 더 깊어지고, 적절한 새 구성개념으로 사건을 예상하기는 더 어려워진다.

잭은 어떤 면에서는 데릭을 바라보는 구성개념을 정말로 바꿨다. 그러나 그것이 고작 단일 구성개념 내의 위치 변화에서 그친다면, 나는 데릭이 뽑히고 두 사람이 중요한 작업을 함께 진행하게 됐을 때 벌어질 일이 걱정스러웠다. 데릭의 행동에 예상치 못한 변화가 생기자마자 잭은 그를 다시 히피로 생각할 가능성도 얼마든지 있었다. 그렇다면 잭은 직장과 가정에서 아주 중요한 인간관계를 지배하는 핵심 구성개념에 갇힌 꼴이 될 터였다.

재고하기 그리고 자유의 폭

이번 1장에서는 재고의 가치, 그리고 자신을 포함해 모든 생물을 이해할 때 자유롭게 사고하는 것의 중요성을 이야기했다. 그래야만 1장 서두에 언급했듯 윌리엄 제임스의 게를 단지 갑각류로 판단하거나, 사람을 군인인지 아닌지 또는 전형적인 히피인지 아닌지로 판단하는 오류를 막을 수 있다. 그리고 자신을 '오로지' 똑똑한가 어리석은가 또는 다윗의 아내인가 종일 고양이나 돌보는 여자인가로 분류하는 오류도 막을 수 있다. 우리는 타인과 자신을 얼마든지 재해석할 수 있다. 개인의 성격과 삶의 질을 평가할 때, 그가 어떻게 다른 사람들과 같은지뿐만 아니라 어떻게 다른 누구와도 같지 않은지도 고려해야 한다.

이제부터는 자신과 타인을 이해할 때 자유의 폭을 넓히는 방법을 소개하겠다. 이를 위해 우선 사람을 바라볼 때 비교적 고정되고 안정된 특성에 주시하면서 그것이 개인의 성취와 삶의 질에 어떤 영향을 미치는지 살펴볼 것이다. 그 밖에도 내가 '자유 특성'이라 부르는 것 또한 살펴볼 것이다. 자유 특성이란 핵심 목표를 달성하려고 성격을 벗어나 행동할 때 나타나는 특성이다. 앞서 식당에 있는 남자를 볼 때처럼 멀찌감치 떨어져 무심히 바라봐서는 그 사람의 자유 특성과 개인 목표를 이해할 수 없다. 궁금한 사람이 있으면 그와 직접 소통해야 한다. 정식 평가센터까지는 필요 없지만, 단순히 몇 번 보고 첫인상으로만 추측하지 말고 진지하게 탐구하고 재고해야 한다.

지나치게 한정된 개인 구성개념을 중심으로 자신을 판단하는가? 집착하다시피 매달리는 특정한 구성개념이 있는가? 그 구성개념이 시험대에 오르면 위기의식을 느끼는가? 누군가 그 구성개념을 입증하려들면 반감이 생기는가? 자신을 해석하는 이런 방식은 정당한 것일 수도 있고 나 스스로를 이해하는 잣대가 될 수도 있지만, 그 잣대는 삶에서 발생하는 여러 상황에 따라 행동 방식을 바꾸는 능력을 제한할 수도 있다.[16] 내 성격 그리고 내가 원하는 삶을 고민하다 보면, 나와 삶을 공유하는 가족, 친구, 직장 동료들을 바라보고 이해하는 새로운 시각이 필요할 수도 있다. 그리고 낡은 구성개념을, 특히 누군가를 당혹스럽다거나 알다가도 모를 사람이라고 판단했던 구성개념을 버리는 것도 도움이 된다.

이 책은 앞으로 성격과 삶의 질을 고민하는 새로운 방식을 제시해, 자신과 타인을 바라보는 독자들의 개인 구성개념을 통째로 흔들고자 한다. 그 과정에서 독자들이 자유의 폭이 넓어지고 거기서 기쁨을 발견한다면 좋겠다. 내 삶을 돌아보고, 내가 다른 모든 사람들 또는 일부 사람들과 같은 점 그리고 누구와도 같지 않은 점을 돌아보면서, 충격과 자극을 동시에 받아보시라.

CHAPTER 2

서른 살이 되면 성격이 석고처럼 굳어지는가 :

고정된 성격 특성

우리는 대개 서른 살이 되면
인성이 석고처럼 굳어져
절대 다시 부드러워지지 않는데,
세상을 위해서도 잘된 일이다.

윌리엄 제임스, 《심리학 원리》(1890).

더 행복해지려 애쓰는 것은
키가 크려고 애쓰는 것만큼이나 헛되고
따라서 비생산적인 일일 것이다.

데이비드 리켄·오크 텔레겐, 〈행복은 확률 현상이다〉(1996).

자신이 지나치게 외향적인지, 친화력이 지나치게 좋은지, 아니면 약간 신경성인지, 고민해본 적 있는가? 앞에 나온 식당 남자를 으레 거만하려니 생각했는가? 지금 키우는 고양이가 둔하다고 생각하는가? 그렇다면 당신은 오래전부터 내려오는 방식대로 자신과 타인을 판단하는 셈인데, 바로 '성격 특성'을 이용해 행동을 설명하는 방식이다. 고대부터 내려오는 방식이자, 오늘날에도 대단히 많이 애용되는 방식이다.[1] 우리는 사람들이 다른 사람과 구별되는 자기만의 방식으로 비교적 일관되게 생각하고 느끼고 행동한다고 생각하는데, 이는 성격 특성을 기초로 한 사고방식이다. 이번 장에서는 성격 특성과 관련해 심리학자들의 생각을 자세히 다룰 예정이며 그중에서도 성격 특성과 삶의 질의 연관성을 특히 강조할 것이다. 앞의 두 인용구가 옳다면, 성격 특성과 삶의 질은 성인 초기에 꽤 확고히 결정되어 바뀔 여지가 거의 없다는 이야기가 된다. 성격에서 변치 않는 특성은 무엇이고,

그것은 우리 삶에 어떤 의미를 가지며, 석고처럼 굳어지는 게 사실일까? 우선 내 경험담부터 소개하겠다. 성격 특성 강연을 하려던 찰나에 바로 그러한 특성이 발단이 되어 강연을 시작하기도 전에 옆길로 샜던 일이다.

성격과 피자: 30분 안에 배달 완료

애리조나의 소노란 사막에 있는 휴양지에서 첨단 기술 기업의 경영자 다수를 상대로 강연을 하기 위해 프레젠테이션이 준비된 무대에 섰던 적이 있다. 그때 키가 크고 얼굴이 상기된 여성이 불쑥 나타나 준비위원이라며 내가 "시청각 장비를 망가뜨리지" 않는지 살펴야 한다고 했다. 또르르 말린 글씨체에 웃는 얼굴이 그려진 그녀의 이름표에는 '뎁'이라는 이름이 적혀 있었다. 뎁은 흰 티셔츠를 입고 있었고, 거기에는 빨갛고 굵은 글씨로 ESFJ라고 큼지막하게 새겨져 있었다. 지난 40여 년 사이에 중소 조직에서 일해본 사람이라면, 그 글자가 무엇을 뜻하는지 알 것이다. Extraverted(외향형), Sensing(감각형), Feeling(감정형), Judging(판단형)의 약자로, '마이어스-브릭스 유형 지표MBTI'에서 나온 성격 유형이다. 이 지표는 캐서린 쿡 브릭스Katharine Cook Briggs와 이사벨 브릭스 마이어스Isabel Briggs Myers 모녀가 카를 구스타프 융Carl Gustav Jung의 이론을 바탕으로[2] 개발한 성격 평가 도구로, 20세기 초에 정신과 의사들에게 지대한 영향을 끼쳤다. 현재 표준 MBTI는 93개 문항으로 구성되어, 상반되는 네 가지 주요 성향 또는 취향을 측정하는데, 그 네 가지는 '외향형 대 내향형extraversion vs. introversion', '감각형 대 직관형sensing vs. intuiting', '사고형 대 감정형thinking vs. feeling', '인식형 대 판단형perceiving vs. judging'이다.[3]

MBTI의 인기는 폭발적이다. 해마다 250만 명 이상이 이 검사를 한다고 추정된다. 독자도 그중 한 사람일 공산이 크다. MBTI는 사업으로도 크게 번창해 평가 서비스, 훈련 프로그램, 책, DVD, 티셔츠, 머그컵으로도 판매되는데, 모든 물품에는 네 글자 유형이 새겨진다. MBTI가 왜 이렇게 선풍적인 인기를 끄는 것일까? 뎁이 입은 티셔츠를 보았을 때 왜 나는 은근슬쩍 눈을 굴렸을까? MBTI의 인기는 신뢰성과 유효성 때문일까? 아마도 아닐 것이다. 뎁의 티셔츠에 새겨진 네 글자 암호는 네 가지 성향에서 나온 16가지 '유형' 중 하나를 나타낸다. 문제는 평가를 반복할 때마다 항상 같은 유형으로 나올 확률이 낮다는 점이다.[4] 다시 말하자면, 마이어스-브릭스 유형은 '신뢰성'이 낮은 시험으로, 검사를 받을 때마다 자신에 해당하는 네 글자 유형이 달라지기 쉽다.[5] 뎁은 티셔츠를 몇 개 더 사야 할 것이다. 원래 의도한 것을 측정하는가를 따지는 '유효성'에 관해서라면 MBTI가 유효하다고 말할 수 있지만 이 검사만 유일하게 유효한 것도 아니고, 다른 성격 테스트처럼 광범위한 연구를 토대로 하지도 않았다. 그렇다면 조직이든 개인이든 이 검사에 그토록 열광하는 이유는 무엇일까?

내 생각에 그 이유는 다섯 가지다. 첫째, MBTI 검사는 쉽고 재미있다. MBTI 평가를 중심으로 워크숍을 조직하면 참가자 대부분이 무척 즐거워하고, 조별 활동을 할 때 조를 효과적으로 짤 수도 있다. 조직에서 MBTI를 활용한 사례를 평가한 다음 글을 보자.

> 신분을 밝히지 말아 달라는 애틀랜타에 있는 어느 기업의 교육 담당자는 자기 조직이 "유형 팬"이 되어 걱정이다. (…) 이 기업에서는 직원들이 점심을 사무실에서 해결하면서 MBTI를 하는 게 유행이다. "꼭 단체로 별점을 보는 것 같아요." 그녀의 말이다. 빠르고 쉽다는 이야기다. "일단 도미노피자에 전화해놓고, 그다음에 교육 부서에 전화해요. 둘 다 30분 안에 배달되죠."[6]

이런 식의 심리 평가는 학계에서 성격을 연구하는 사람들을 움찔하게 한다. 내 개인 구성개념으로 보자면, 피자가 배달되는 속도로 결론이 나는, 별점 운세를 닮은 평가 도구는 내가 인간 성격 이해의 기본이라고 믿는 미묘하고 섬세한 분석과 정반대다. 그런데도 수백만 명이 흔히 자신을 요약한 네 글자에서 큰 의미를 찾고, 그것을 티셔츠와 머그컵에 새긴다.

MBTI가 인기 있는 두 번째 이유는 첫 번째 이유와도 관련이 있는데, 해당 자료와 관련 부산물을 묶어 마케팅을 잘한 덕이다. 그것들은 다채롭고 화려하며, 다른 성격 평가가 따라가지 못하는 전문성(또는 일부 사람 눈에는 마케팅 능력)의 느낌을 풍긴다. 세 번째 이유는 MBTI 유형을 주고받으며 서로 비교하다 보면 성격과 취향을 주제로 대화를 시작할 수 있는데, 이 대화는 별점 운세를 주제로 한 비슷한 대화와 달리 진정으로 서로를 이해하는 대화로 이어질 수 있다는 점이다. 넷째, 성격 유형이 MBTI 형태든, 좀 더 구체적으로 차별화된, 수치를 측정하는 평가에서 나온 점수 형태든, 사람들은 자기 성격 유형을 자신과 기꺼이 동일시한다는 점이다. 그리고 그것은 그들이 가장 좋아하는 피자와는 비교가 안 되게 '정체성의 일부'가 된다. 뎁도 평가에서 나온 성격과 자신을 동일시했고, MBTI 유형을 명예훈장처럼 자랑스레 옷에 새겼다.

MBTI뿐만 아니라 다른 평가에도 나타나는 이런 식의 성격 피드백이 인기인 다섯 번째 이유는 내가 '마법적 변화'라 부르는 것 때문이다. 이 변화는 성격 테스트 문항에 대답할 때 사람들이 전형적으로 느끼는 감정과 자신의 최종 유형을 봤을 때 느끼는 감정의 차이를 가리킨다. 그런 테스트를 해본 사람이라면 경험했을 법한 변화다. 성격 테스트 문항에 대답하다 보면, "에잇, 짜증나. 그거야 전적으로 내 기분이나 상황에 달린 거 아냐?"라고 혼잣말을 한 적이 있지 않은가? 그런데 나중에 답이 집계되고 결과가 나오면, 자신을 그 안에 짜 맞추고는 "나랑 정말 똑같잖아!"라고 말한다. 사람들은 자기 성격 유형이 표시된 것을 보면, 의심 따위는 날려버린 채 곧바로 흥미를 보이거나 심지어 크게 끌리기도 한다.[7] MBTI도 그런 식일 것이다. 각 문항에 대답할 때는 다소 의심이 들더라도 결과가 나오면 대개는 그것을 즐기고 동료나 가족 또는 친구들과 그 결과를 공유하고 싶어 한다. 그리고 꼭 밝혀둘 점 하나는 MBTI에 '나쁜' 유형이 없다는 것이다. 각 유형은 칭찬할 만한 특성들로 묘사된다. 그러다 보니 내 성격 유형을 다른 사람에게 자랑스럽게 말할 수 있고, 이 점 또한 MBTI의 인기에 한몫했다는 것은 두말할 필요가 없다.

그렇다면 내 앞에서 왔다 갔다 하는 뎁의 ESFJ를 보았을 때 왜 내 눈초리가 삐딱해지기 시작했을까? 뎁은, 미안하지만, 내가 프레젠테이션을 하러 연단에 다가갈 때 상대하기 난감한 부류의 사람이었다. 나를 긴장하게 했던 건 E자, 그러니까 뎁이 외향적이라는 표시였다. 그녀는 자신이 유용하다고 생각하는 방식으로 시청각 장비와 나를 관리하는 직설적이고 호통 치기 좋아하는 사람이었다. 나는 직설적이고 호통치는 성격은 아니며, 솔직히 '관리'되고 싶은 마음도 없고, 당시 시청각 장비는 고맙게도 아무 문제가 없었다. 내가 가슴에 성격 유형을 새기고 다니는 사람이라면(사실 그런 사람은 아니지만), 나만의 네 글자는, 특히 첫 번째 글자는 뎁과 정반대일 것이다. 대략 풀어 말하면 "안녕, 브라이언이야. 내향적이지." 정도가 아닐까. 하지만 나를 내향적이라고 판단한 근거는 MBTI 검사가 아니라, 오늘날 성격학 연구에서 가장 영향력 있는 성격의 5대 요소 모델이다.[8]

성격의 5대 특성

오늘날의 성격 연구에서 내향성과 외향성을 비롯한 성격 특성에 관해 밝혀진 내용을 소개하기 전에, 테스트부터 해보자.

10항목 성격 검사(TIPI : Ten-Item Personality Inventory)

아래에 여러 가지 성격 특성이 있는데, 자신과 맞을 수도 있고 안 맞을 수도 있다. 각 항목에 자신이 어느 정도나 해당하는지 그 정도를 숫자로 표시하라. 한 항목에 있는 두 개의 특성에 해당하는 정도가 다르더라도 그 정도를 하나의 숫자로 표시해야 한다.

1 전혀 그렇지 않다.
2 어느 정도 그렇지 않다.
3 약간 그렇지 않다.
4 그럴 수도, 아닐 수도 있다.
5 약간 그렇다.
6 어느 정도 그렇다.
7 매우 그렇다.

________ 1. 외향적이고, 열정적이다.
________ 2. 비판적이고, 논쟁을 좋아한다.
________ 3. 사람들에게 신뢰를 얻고, 자기 관리가 가능하다.
________ 4. 불안하고, 화를 잘 낸다.
________ 5. 새로운 것을 경험하기 좋아하고, 생각이 복잡하다.
________ 6. 내향적이고, 조용하다.
________ 7. 동정적이고, 다정하다.
________ 8. 무질서하고, 부주의하다.
________ 9. 침착하고, 정서가 안정적이다.
________ 10. 변화를 싫어하고, 창조적이지 않다.

TIPI는 샘 고슬링Sam Gosling, 제이슨 렌트프로우Jason Rentfrow, 윌리엄 스완William Swann이 개발했다. 출처와 점수 산출법은 다음과 같다.

성실성

{3번 점수 + (8 – 8번 점수)} ÷ 2 = _______ (성실성 점수)

친화성

{7번 점수 + (8 – 2번 점수)} ÷ 2 = _______ (친화성 점수)

정서적 안정성(참고 : 점수가 낮으면 신경성과 관련 있다.)

{9번 점수 + (8 – 4번 점수)} ÷ 2 = _______ (정서적 안정성 점수)

경험 개방성

{5번 점수 + (8 – 10번 점수)} ÷ 2 = _______ (경험 개방성 점수)

외향성

{1번 점수 + (8 – 6번 점수)} ÷ 2 = _______ (외향성 점수)

성인 평균 점수(참가자 305,830명 기준. 이 정보를 제공한 제이슨 렌트프로우에게 고마움을 전한다.)

- **성실성** **평균** 4.61 | **높음** 6.0 이상 | **낮음** 3.2 이하
- **친화성** **평균** 4.69 | **높음** 5.9 이상 | **낮음** 3.5 이하
- **정서적 안정성** **평균** 4.34 | **높음** 5.8 이상 | **낮음** 2.9 이하
- **경험 개방성** **평균** 5.51 | **높음** 6.6 이상 | **낮음** 4.4 이하
- **외향성** **평균** 3.98 | **높음** 5.6 이상 | **낮음** 2.4 이하

* Gosling, S. D., Rentfrow, P. J., & Swann Jr., W. B. (2003). 〈5대 특성 단순 측정법A very brief measure of the Big-Five personality domains〉. Journal of Research in Personality, 37(6), 504 – 28. Elsevier Science.

우선 이 테스트는 피자가 배달되는 시간보다 약 28분 빠르다는 점을 밝혀둔다. 보통 '5대 특성'이라 부르는 중요하고 의미 있는 다섯 가지 성격 특성에서, 개인의 해당 정도를 알아보는 아주 간단하지만 믿을 만하고 유효한 지표가 필요할 때 성격 전문가들이 보통 이 검사를 활용

한다. 여기에 이 검사를 소개하는 이유는 단지 독자들이 성격 특성이란 관점에서 자신의 성격을 짐작해보게 하기 위해서다. 성격을 알아보는 다른 여러 검사도 이후에 계속 소개할 예정인데, 모두 자기 점검용이다. 연구 도구로, 더러는 성격 수업 교재로 개발되었을 뿐, 진단 도구는 아니니 해석할 때 조심해야 한다. 5대 특성을 좀 더 자세히 포괄적으로 평가하고 싶다면 폴 코스타Paul Costa와 로버트 매크레이Robert R. McCrae가 개발한 훌륭한 '신 성격 검사NEO PI-R'를 활용해도 좋다. 전 세계에서 연구 목적으로 광범위하게 이용하는 모델이다.[9] 5대 특성 검사는 긴 검사든 짧은 검사든, 성격의 다양한 측면을 성실성, 친화성, 신경성, 개방성, 외향성(CANOE : Conscientiousness, Agreeableness, Neuroticism, Openness, Extraversion)이라는 다섯 가지 주요 요소로 효과적으로 나눌 수 있다는 성격 전문가들의 공통된 의견을 반영한다.[10] MBTI와 달리, 이들 요소는 가령 외향성인지 아닌지, 신경성인지 아닌지를 판단하는 식의 서로 다른 '유형'을 의미하지 않는다. 5대 특성의 각 요소는 모두 '연속적' 차원이며, 모든 사람이 그 연속선상 어딘가에 놓이는데 대개는 중간쯤이지만 다른 영역에도 두루 분포한다.

각 성격 특성에는 유전적 요소가 대략 50퍼센트 들어간다는 분명한 증거도 있다.[11] 여기서 나온 점수가 행복, 건강, 성취도 등 삶의 질을 높이는 핵심 요소에 중대한 영향을 미치는 것 또한 분명하다.[12] 그렇다면 성격과 삶의 질은 윌리엄 제임스의 표현대로 "석고처럼 굳어진다"는 게 사실일까? 이 방식으로 이제까지의 삶을 돌아보고 앞으로의 전망을 헤아리는 것이 바람직할까? 어떤 삶의 질이 5대 특성과 관련 있을까?

이어지는 내용에서는 5대 특성을 이용해 삶을 바라보는 사례를 제시하고, 독자들에게 이 방식을 개인 구성개념으로 이용해보라고 제안할 것이다. 그리고 5대 특성 가운데 네 가지를 살펴보고, 그것과 관련 있는 다양한 삶의 질을 이야기할 것이다. 그런 다음 다섯 번째 특성인 외향성을 좀 더 자세히 분석해, 고정된 성격 특성과 삶의 질의 미묘한 연관관계를 일부 살펴보려 한다.

성실성 : 체계, 무질서, 그리고 재즈.

성실성 검사에서 높은 점수를 받은 사람이라면 평소에 체계적이다, 질서 있다, 주의 깊다, 끈기 있다, 신중하다, 조심성 있다, 충동적이지 않다 같은 말을 들었을 것이다. 반대로 점수가 낮은 사람은 무질서하다, 즉흥적이다, 부주의하다, 경솔하다, 충동적이다 같은 말을 들었기 쉽다. 언뜻 생각해도 성실성 점수가 높으면 아주 좋을 것 같다. 아닌 게 아니라 이 경우 여러 가지 삶의 질에서도 긍정적 결과를 얻을 확률이 높다는 연구 결과가 많다.[13]

성실성은 학문에서나 직업에서나 높은 성취도와 관련이 깊다. 이를테면 고등학생의 학교 성적과 성실성 점수가 있을 때, 사람들은 대개 무엇보다도 고등학교 성적이 대학 학점을 좌우하리라 생각하지만, 사실은 성실성 점수가 대학 학점을 좌우하는 경우가 많다. 성실성은 대학을 꾸준히 다닐 가능성을 암시하는 가장 믿을 만한 척도이기도 하다. 이유는 아주 간단하다. 대학 교육은 보통 마감을 맞추고, 대학 생활의 즐거움을 미룬 채 시험 공부를 하고, 흥청망청 마셔버리고 싶은 충동을 통제할 수 있는 사람이 보상받기 때문이다.[14] 그리고 대학을 떠나 취업 시장에 뛰어들면 왜 성실성이 낮은 사람이 좋은 인상을 주지 못할 가능성이 높은지 이해하기 쉽다. 면접에 지각하는 것뿐만 아니라 충동적이고, 무기력하고, 경솔해 보이는 것 또한 면접관에게 좋은 인상을 주기 어렵다. 이때는 성실성은 가치 있는 성과, 높은 취업 가능성, 그리고 직장에서 높은 직무 평가와 높은 봉급을 받을 가능성과 직결된다. 주목할 점은 상당히 다양한 직업에서 성실성이 성공과 성과로 이어진다는 것이다. 간단히 말해, 다른 무엇보다도 성실성 점수가 높으면 흔히 말하는 성공 가능성도 높고, 바로 그 점에서, 이후 삶의 질을 예고하는 중요한 척도가 된다.

성실성은 학교와 직장에서 성공할 확률과만 연관되는 것이 아니다. 성실하면 건강하고 장수할 확률도 높다. 독자들도 자신의 성실성 점수를 생각해보고, 열한 살 때라면 선생님과 부모님이 성실성에 몇 점을 주었을지 상상해보라. 하워드 프리드먼Howard Friedman과 그의 동료들은 성실성 점수가 장수와 관련이 있다는 재미있는 증거를 제시한다.[15] 실제로 성실성의 긍정적 효과는 심혈관 질환이 수명에 미치는 부정적 효과와 맞먹는다. 성실성이 학교와 직장에서의 성취도와 관련 있듯이, 성실한 사람은 살면서 줄곧 건강과 관련한 일과 목표에 관심을 갖기 때문에 더 오래 살지 않나 싶다. 성실성 점수가 높은 사람은 치실 사용부터 건강한 식이요법에 이르기까지 모든 것에 관심을 두고 열심히 실천할 확률이 높다. 그렇다면 성실성은 적어도 언뜻 보기에 높은 삶의 질을 예고하는 분명하고 일관된 척도라 볼 수 있다. 하지만 이 특별한 성격 특성도 단점이 있지 않을까? 사실 그럴 가능성도 있긴 하다.

대니얼 네틀Daniel Nettle은 성실성은 주로 예측 가능하고 잘 정돈된 환경이나 사회적 생태에서 효용을 발휘한다는 설득력 있는 주장을 펼쳤다.[16] 목표와 과제를 일관되게 추구하려면 열심히 실천하고 적절한 때 완성해야 하는데 그런 능력은 매우 성실한 사람에게서 쉽게 볼 수 있다. 그러나 무질서하고 예측 불가능하며 빠르게 변하는 환경에서는 성실성이 힘을 발휘하지 못할 수 있다. 그런 환경에서는 오히려 성실성이 떨어지는 사람이 틀에 박힌 행위에서 벗어나 돌발 상황에 주목해 민첩하게 방향을 바꿀 수 있다.

밥 호건Bob Hogan과 조이스 호건Joyce Hogan의 연구도 네틀의 견해를 뒷받침한다. 두 사람은 특히 흥미로운 전문직을 대상으로 성실성과 업무 효율의 상관관계를 조사했다.[17] 이들은 다른 많은 연구와 달리, 매우 성실한 사람이 업무 효율은 훨씬 '낮다'는 결과를 내놓았다. 이런 차이는 어디서 생길까? 호건 부부는 털사 도시의 재즈 뮤지션을 연구했다. 이들 사이에서는 성실성이 낮은 사람이 다른 동료 뮤지션보다 뛰어났다. 예를 들어 즉흥 재즈를, 또는 전에 함께 연주한 적이 없는 클럽 밴드 뮤지션들을 상상해보라. 이들은 친숙한 전형적인 레퍼토리를 뛰어넘어, 끊임없이 변주를 만들어낸다. 매우 성실한 재즈 뮤지션이라면 표준 레퍼토리는 훤히 꿰고 있겠지만, 다른 뮤지션이 카덴차나 리듬 또는 조를 슬쩍 바꿨을 때 알아차리지 못할 수 있다. 국가를 연주할 때는 음을 자유자재로 바꿔가며 창조적으로 연주하기보다 원곡대로 성실히 연주하는 게 좋을 것이다. 그러나 정해진 틀 없이 자유롭게 연주하고, 연주자

와 청중이 새로운 음악을 거리낌 없이 받아들이는 상황에서는 부단한 성실성을 좋다고만 하기는 어렵다.[18]

비단 뮤지션뿐만이 아니다. 독자도 자신이 속한 조직의 생태를 생각해보라. 대단히 체계적이고, 격식을 차리고, 위계질서가 명확한 조직인가? 아니면 즉흥 재즈를 닮은 조직인가? 성격과 삶의 질의 연관 관계를 파악할 때는 개인의 성격과 그 사람이 활동하는 사회의 생태를 동시에 고려해야 한다. 언뜻 긍정적으로 보이는 특성도 한정된 과제와 목표에만 긍정적일 수 있다. 우리 삶을 돌아보고 새로운 방향을 모색할 때 중대한 영향을 미치는 사실이다.

친화성 : 호감형의 장점과 문제점

두 번째 5대 특성은 친화성이다. 친화력이 좋은 사람은 자기가 보기에도 타인이 보기에도, 즐겁고 협조적이고 친밀하고 남을 응원하고 공감을 잘한다. 반면에 반친화적인 사람은 냉소적이고 남과 잘 부딪치고 불친절하고 인색해 보인다. 친화성은 특히 사람들과 어울려 일하는 환경에서 대단히 바람직한 성격 특성으로 간주된다. 5대 특성 중 첫인상에 가장 큰 영향을 미치는 특성도 바로 친화성이다. 어떤 사람이 친화적인지 반친화적인지 살피다 보면 "저 사람을 내 편으로 믿어도 될까?" 하는 오랜 진화의 역사가 담긴 질문에 답할 수 있다고 말하는 사람도 있다.[19]

이처럼 친화성은 첫인상에 중요한 역할을 하지만, 성실성처럼 성공과 밀접한 연관은 없다. 친화성은 다른 5대 특성에 비해 조직에서 성공을 예고하는 척도로서의 기능이 미약하다. 사실 친화력이 좋은 사람은 봉급을 기준으로 보았을 때 덜 성공적이라는 증거도 있다. 친화성이 남성답지 못한 것으로 여겨질 수 있는 남자의 경우에 더욱 그러하다.[20] 하지만 여기서도 사회적, 생태적 상황이 중요하기 때문에, 친화성 있는 사람이 더 뛰어난 능력을 발휘할 근무 환경이 있을 수 있다는 점을 생각해야 한다.

최근 핀란드의 한 연구에서, 앞서 알려진 업무 효율과 친화성의 상관관계를 뒤집는 새로운 결과가 나왔다.[21] 이에 따르면, 다양한 효율성 측정치와 친화성 사이에는 밀접하고도 일관된 상관관계가 있었다. 앞선 연구와 왜 이런 차이가 생긴 것일까? 연구 대상이 된 집단은 고정 고객 관리자였는데, 이들이 하는 일은 조직의 매출과 발전에 핵심이 되는 중요한 고객과 좋은 관계를 유지하는 것이다. 친화성이 단기적으로나 타인과 처음 만났을 때는 효과를 발휘하지 못할지라도 첫인상이 아닌 장기적 관계에 의존하는 업무에서는 큰 효과를 발휘할 수 있다. 요약하면, 성격이 업무 수행에 미치는 영향을 평가할 때는 시간적, 사회적 요소들을 고려해야 한다. 중요한 것은 적절한 시기와 맥락이다.

친화성과 효율성의 연관 관계가 모호한 이유는 또 있다. 지나치게 친화성이 좋은 사람이나 지나치게 반친화적인 사람이나 '모두' 업무 성과가 낮으며, 중간 정도의 최적의 친화성이 존재할 수 있기 때문이다. 다시 말해, 착한 사람이나 못된 사람이나 정도가 지나치면 꼴찌가 될 수 있다. 이 가정을 뒷받침하는 증거도 있다. 반친화적인 사람은 외향적인 사람과 더불어 자기 주장이 강한 사람으로 규정된다. 자기 주장이 강한 사람은 원만한 관계 유지와 목표 달성 중에 선택을 해야 할 수도 있다. 남보다 앞서려면 남과 잘 어울리지 못할 수 있다. 상사의 업무 효율성 평가에서도 자기 주장이 너무 강한 상사나 너무 약한 상사 모두 낮은 점수를 받은 반면 최적의 수준을 유지한 상사는 가장 높은 점수를 받았다. 비슷한 연구에서 반친화적인 사람과 외향적인 사람의 차이도 나타났는데, 둘 다 자기 주장이 강하지만 반친화성이 높은 사람은 중요한 일과 중요하지 않은 일을 구분하지 못한다. 이들은 아무 때나 자기 주장이 강해, 중요한 때를 분명히 아는 외향적인 사람과 구별된다.[22]

건강과 친화성의 연관 관계도 복잡하다. 친화력이 높은 사람은 인맥을 형성할 확률도 높은데, 이는 건강에도 큰 도움이 된다. 반친화적인 사람은 의지할 만한 가까운 사람이 없어서 고생할 뿐 아니라 분노, 냉소, 반감 등을 잘 일으키는 기질 탓에 건강에 직접적으로 문제가 되기도 한다.[23]

반친화적 성격에는 행복과 관련한 흥미로운 부분이 있다. 친화력이 좋은 사람은 평소에 행복하다고 말할 확률이 높지만, 반친화적인 사람은 자신이 불쾌한 행동을 하고 있을 때 행복하다고 말할 확률이 높다. 무선호출기로 낮 시간에 아무 때나 사람을 호출하는 실험을 한 적이 있는데, 반친화적인 사람은 갑자기 불려 나와 영문도 모르는 기쁜 상황에 놓였을 때보다 다른 사람을 징계하는 행동에 관여하게 되었을 때 더 긍정적인 감정을 보일 확률이 높았다.[24] 나아가 적대적인 행동과 심혈관 질환의 위험성에 관해서는 6장에서 더 자세히 살펴볼 것이다.

신경성 : 민감성과 신경과민

신경성 대 안정성은 매우 광범위하게 연구되는 성격 특성이자, 다양한 삶의 질을 예상하는 아주 중요한 지표다. 앞에서 보았듯이 성실성과 친화성이 삶의 질과 복잡하게 얽힌 데 반해, 신경성/안정성 요소와 삶의 질의 관계는 꽤 명확하다. 신경성과 안정성이라는 하나의 연속선상에서 신경성 쪽 끝에 놓이는 사람은 다른 많은 긍정적 기능에서도 낮은 점수를 기록한다. 이를테면 주체적으로 잘 살기 어렵고, 감정이 긍정적이기보다 부정적이고, 결혼과 대인관계에서 어려움을 겪을 뿐 아니라 업무 만족도가 낮고, 신체 면역성도 떨어진다.[25]

한 가지 강조할 것은 여기서 말하는 것은 신경성 질병이 아니라 연속적 차원의 신경성으로, 평범한 사람도 정도만 다를 뿐 이 연속선상 어딘가에 놓인다는 점이다. 신경성의 핵심은 주변 환경에 나타나는 부정적 신호에 대한 민감성이다. 이 민감성에는 분명한 신경 기저가 있다. 즉 신경성은 위협이 나타나면 각 기관에 경보를 울리는 편도체의 과민성과 연관이 있다. 신경성 검사에서 높은 점수가 나온 사람은 좀 더 안정된 사람은 보지 못할 위협, 위험, 모욕을 감지하고 회상하고 고민한다.[26] 신경과민인 사람은 실제 위협이든 상상의 위협이든 그 가능성에 신경을 곤두세우기 때문에 극심한 만성 스트레스에 시달리는데, 그러다 보니 면역 체계에 문제가 생기고 육체적 질병이 발생할 위험이 높아진다.[27] 이들은 수면 장애가 있고 의사를 자주 찾아갈 가능성이 높으며, 일반적으로 건강상의 문제가 더 많다고 알려져 있다. 주변에서 나타나는 위협 또는 위험 신호를 경계하는 것은 모든 사람에게 중요한 일이지만 신경성이 높은 사람은 그런 신호에 과민 반응을 보인다. 결과적으로 신경성 검사에서 높은 점수가 나온 사람은 쉽게 불안하고 우울해지며 남을 지나치게 의식하고 감정에 상처를 잘 받는다. 반면에 정반대인 사람, 즉 '안정된' 사람은 일상에서 일어나는 다양한 변수에 덜 상처받고 더 씩씩하게 대처한다.

신경성 역시 다른 성격 요소에 큰 영향을 미친다. 신경성은 다른 기질의 '증폭기'라 볼 수 있다. 예를 들어 성실하면서 신경과민인 사람은 신경과민 때문에 더욱 성실하고, 강박적 행동을 하기 쉽다.[28] 그리고 반친화적이면서 신경과민인 사람은 위험할 정도로 대단히 적대적일 가능성이 높다.

신경과민인 사람이 겪는 만연한 문제를 볼 때 그들의 삶의 질은 그다지 순탄해 보이지 않는다. 반대로 성격이 안정적인 사람은 눈앞에 풍요로운 삶이 펼쳐진 듯 보인다. 그러나 이번에도 이 척도의 '양극단'에서 손익을 따져봐야 한다.

신경성이 진화해온 배경을 자세히 들여다보면 흥미롭다.[29] 대체 어떤 선택 압력을 받아 신경과민 인간이 출현하게 되었을까? 나는 민감성이 핵심이라고 본다. 민감성은 사람을 허약하게 만들기도 하지만, 인간이 진화하기 시작할 때부터 대단히 중요한 적응 기능도 수행해왔다. 인간에게서 다양한 성격이 나오기 시작한 것은 우리 조상이 수렵과 채집을 하고 약 서른 명씩 모여 살기 시작한 홍적세부터다. 위태로운 환경 속에서 특히 위협에 민감하게 반응하는 사람의 역할이 중요했다. 신경과민인 사람은 자기 집단에 다가올 위험을 알리기도 하지만 자신도 포식

자를 감지하고 피할 확률이 높았다. 반면에 그보다 행복하고 성격이 안정된 동료들은 먹이가 되기 쉬웠다. 비록 지금은 위협의 성격이 그때와 다르지만, 위협은 여전히 존재하고 민감한 신경은 자신을 보호하는 기능을 계속 수행할 수도 있다.

경험 개방성 : 수용성 대 저항성

경험에 대한 개방성 대 폐쇄성이라는 특성은 새로운 생각, 새로운 상호작용, 새로운 환경을 수용하는 성향을 일컫는데, 창조성과 밀접하게 연관된다. 개방성 점수가 높은 사람은 예술과 문화에 흥미가 있고, 이국적인 맛과 냄새를 좋아하며, 세상을 해석하는 방식이 좀 더 복합적이다. 반대로 개방성 점수가 낮은 사람은 새로운 것을 시도하는 데 거부감을 드러내며, 늘 하던 것이 편안하고, 이국적 유혹에 매력을 느끼지 못할 뿐 아니라 경험하지 않은 일은 어려워한다. 개방성은 감정을 경험할 때도 적용된다. 신경과민인 사람과 마찬가지로 개방적인 사람도 폐쇄적인 사람에 비해 불안, 우울, 적대감 같은 부정적인 느낌을 더 잘 감지한다. 그러나 이들은 신경과민인 사람과 달리 기쁨, 경이로움, 환희 같은 긍정적 감정도 잘 느낀다.[30]

긍정적 감정에서 특히 흥미로운 사례 하나는 아름다운 것을 경험했을 때 소름이 끼치는 경우인데, 이는 경험 개방성과 독특하고도 밀접한 연관이 있다. 특정한 음악 한 소절을 듣거나 특정한 예술 작품을 보았을 때 (털이 거의 없는 사람도) 온몸에 털이 곤두서는 느낌을 자주 받지 않는가? 우리는 이런 현상을 (문자 그대로 '털이 곤두선다'는 뜻으로) '털 세움

piloerection'이라 부르는데, 이 현상을 자주 경험한다면 경험 개방성 특성에서 높은 점수를 받을 확률이 크다.[31] 이런 털 세움은 특히 음악을 들을 때 자주 일어난다. 성격의 5대 특성은 유전될 수도 있는데, 이와 관련해 나는 여러 해에 걸쳐 흥미로운 사실을 발견했다. 내 딸 힐러리와 나는 둘 다 특정 종류의 음악을 좋아할 뿐 아니라 그 음악에서 좋아하는 소절까지 똑같다. 우리는 어떤 음악이 소름끼치게 좋으면 그 부분을 서로 주고받곤 한다. 어느 봄날, 힐러리는 내게 CD 한 장을 건네며, 그 음악의 특정 소절을 들으면 틀림없이 털 세움 반응이 일어날 거라 했다. 그 소절이 거실에 퍼지던 바로 그때 손녀가 들어와 진저리를 치더니 "여기 진짜 춥다"고 말하는 게 아닌가. 거실은 21도여서 춥지는 않았다. 그 아이도 소름이 끼친 게 분명했다. 힐러리와 나는 그 광경을 지켜보며 둘 다 또 한 번 머리카락이 곤두섰다. 털 세움이 일어난 것을 두고 다시 털 세움을 경험한 것이다.

개방성은 삶의 질과의 연관성에서 이제까지 살펴본 다른 5대 특성과는 다른 양상을 보인다. 앞서 말했듯이 개방성은 긍정적 감정과 부정적 감정에 모두 연관되며, 그 점을 생각하면 개방적인 사람은 삶의 질을 약간 다르게 느낄 수 있다. 개방성과 창조적 성취의 관계는 7장에서 자세히 다루기로 하고, 여기서는 개방성 기질이 혁신적인 성취를 높이 평가하는 직업이나 도전에서 성공할 확률과 관계 있다는 정도로만 이야기하겠다.

외향성 : 흥분과 정서

5대 특성 중 외향성/내향성에 좀 더 많은 시간을 할애할 예정인데, 그 이유는 여러 가지다. 이 특성은 신경성과 함께 가장 많이 연구되는 성격의 주요 요소이며, 삶의 질을 이해하는 데 매우 중요하다. 최근 들어 외향성/내향성을 두고 많은 이야기가 오가는데, 수전 케인Susan Cain이 출간한 《콰이어트: 시끄러운 세상에서 조용히 세상을 움직이는 힘Quiet : The Power of Introverts in a World That Can't Stop Talking》의 영향이 크다.[32] 케인의 핵심 주장에 따르면, 특히 미국에는 '외향성 이상'이 있어서 유치원 수업부터 기업 중역 회의에 이르기까지 내향적 행동에 대한 조직적인 편견이 만들어지고 있다는 것이다. 케인의 책은 독자들 사이에서 큰 공감대를 형성했는데, 여기서 외향적 성격과 내향적 성격을 구별하는 몇 가지 특성을 이해할 필요가 있다. 외향성은 5대 특성의 다른 요소들처럼 유전 가능성이 높은 편으로 알려져 있다. 이 특성을 설명하는 어떤 생물학 모델에 따르면, 외향성은 뇌에서 신피질의 특정 영역이 흥분하는 정도와 관련이 있다. 외향적인 사람은 흥분 정도가 낮고, 내향적인 사람은 흥분 정도가 높다.[33] 일상 업무를 효율적으로 처리하려면 흥분을 최적의 수준으로 유지해야 하는데, 외향적인 사람은 대개 흥분 정도를 높이려 애쓰고, 내향적인 사람은 낮추려 애쓴다.

내향적인 사람은 일상적 상호작용에서 매우 자극적인 상황은 피하려 할 수 있다. 어쩌면 그런 상황에서는 자신의 행위가 제대로 인정받지 못한다는 사실을 은연중에 깨닫기 때문이다. 그런 모습을 다른 사람이 본다면 반사회적 인물로 오해할지도 모른다. 반대로 외향적인 사람은 일부러 자극적인 상황을 찾는데, 그 이유는 마찬가지로 갑론을박이 오가는 활발하고 나아가 과열된 상황에서 자기 능력이 더 빛난다고 생각하기 때문이다. 내 경험상 이런 차이는 흔히 운전대를 잡았을 때 분명히 드러나고 쉽게 눈에 띈다. 고속도로를 달리는 차 안에 내향적인 사람과 외향적인 사람이 있다고 상상해보자. 이 경우 그 차가 내향적인 사람의 차라도 외향적인 사람이 운전대를 잡을 때가 많다. 외향적인 사람은 흥분이 상승하는 방식으로 차를 몬다. 흔히 지나치게 빠른 속도로 운전하고, 사고를 당할 (그리고 딱지를 끊을) 확률도 높다.[34] 계속 긴장하고 졸지 않으려고 지역 법규에 위배되더라도 운전 중에 휴대전화를, 더러는 여러 대를 동시에 사용하기도 할 것이다. 반면에 차에 같이 탄 내향적인 사람은 어두운 표정으로 앞을 주시하며 부디 살아서 목적지에 도착하기만을 바란다. 두 사람 모두 비교적 무사히 상황을 넘길 수도 있다. 이건 제로섬 게임이 아니니까. 하지만 내가 이기면 상대가 지고 상대가 이기면 내가 지는 진짜 제로섬 게임은 차 안에서 라디오를 두고 협상을 벌일 때다. 외향적인 사람은 라디오 음량을 110 데시벨까지 올리려 한다. 적어도 내향적인 사람의 귀에는 참을 수 있는 고통의 한계에 가까운 수치다. 여기서 중요한 단어는 고통이다. 사실 내향적인 사람은 외향적인 사람보다 고통에 대한 민감도가 크다. 내향적인 데다 신경과민이면 더욱 그렇다.[35] 한때 꼬맹이들의 (형편없는) 축구 코치를 한 적이 있는데, 그때 부모들에게 내향적인 자녀가 상대 선수에게 발길질을 당했다고 불평하면 아이가 투덜거린다고 너무 나무라지 말라고 말하곤 했다. 반면에 외향적인 아이들은 이따금씩 한 대 쥐어박히는 걸 즐긴다는 인상을 자주 받았다. 그 아이들은 그런 일로 동요하지 않는 것 같았다.

환경의 자극 정도를 높이거나 낮추는 것 외에도 신경 흥분에 직접 영향을 미치는 음료를 마셔서 흥분 정도를 최적으로 조절할 수도 있다.[36] 술은 적어도 처음에는 흥분을 낮추는 효과가 있다. 외향적인 사람은 포도주를 두어 잔 마시면 흥분이 최적의 수준보다 아래로 내려갈 수 있고, 반면에 내향적인 사람은 최적의 흥분에 가까워져 의외로 수다스러워질 수 있다. 흥분제로서 커피는 정반대 효과를 낸다. 커피를 두 잔 정도 마시면 외향적인 사람은 업무를 더 효율적으로 수행하는 반면, 내향적인 사람은 업무 능력이 떨어진다. 업무가 '양적인' 것이거나 시간에 쫓길 때, 업무 능력 저하는 두드러진다. 내향적인 사람이 회의 전에 커피를 두어 잔 마시면 힘들 수도 있다. 특히 예산안이나 자료 분석 또는 그와 비슷한 양적인 문제를 두고 의견을 속사포처럼 쏘아대는 토론이라면 더욱 그렇다. 똑같은 회의에서 외향적인 직원은 카페인 효과 덕에, 내향적인 동료 눈에는 착각일 뿐인 능력을 발휘할 공산이 크다.

성격의 5대 특성은 MBTI 유형의 '그렇다/아니다' 식의 분류와 달리 '연속적인' 척도에서 측정된다는 점을 기억해야 한다. 그리고 대다수가 중간 수준의 점수를 얻는다. 우리는 그런 사람을 양향적인 사람이라 부르며, 독자도 그중 한 사람일 확률이 높다. 흥분 정도로 말하자면, 양향적인 사람은 내향적인 사람과 외향적인 사람의 중간인 최적의 수준을 일정하게 유지한다. 최근에는 '양향성의 이점'을 보여주는 연구도 나왔다. 조직 심리학자 애덤 그랜트Adam Grant는 영업 분야에는 외향적인 사람이 최고라는 통념과 반대로 양향적인 사람이 외향적인 사람이나 내향적인 사람보다 낫다는 증거를 찾아냈다.[37] 영업 이외의 분야도 마찬가지라는 연구 결과가 조만간 나오지 않을까 싶다. 그리고 나는 양향적인 사람에게, 신피질 흥분 정도를 최적으로 맞추는 그들의 성향을 계속 유지하려면 어떤 음료를 마셔야 하는지 힌트라도 주어야 할 것 같다. 아이리시 커피[위스키를 섞은 커피 - 옮긴이]를 마실 것. 아니면 물을 마시던가.

외향성 정도의 차이는 지적 성취에도 영향을 미친다.[38] 일반적으로 말해, 초등학교 때 받은 예외적인 점수 한두 번을 제외하면, 내향적인 사람이 학교 성적이 더 좋다가 대학을 졸업할 때면 학점이 최고 수준에 이를 가능성이 많다. 왜일까? 외향적인 사람은 단순히 지적 수준이 상대적으로 떨어지는 것일까? 연구를 보면 그렇지도 않다. 외향성에서 높은 점수를 얻은 사람이나 낮은 점수를 얻은 사람이나 지능지수IQ는 거의 차이가 없었다. 내 생각에 그 원인은 중요한 요소인 학습 환경의 차이다. 외향적인 사람은 자극적이고 즐거운 환경에서 학습 효과가 좋은데, 보통의 학교는 그런 환경을 제공하기가 쉽지 않다. 이처럼 외향적인 사람은 즐거움이 핵심이라 손해를 보듯이, 내향적인 사람도 실험 수업에서만큼은 장점이 사라져버린다. 그렇다면 외향적인 아이가 더 훌륭한 성적표를 받아오는 예외적인 경우는? 유치원이다. 자녀의 유치원 생활을 보며 아이가 나중에 공부를 얼마나 잘할지 예측하고 싶겠지만, 그건 분명 현명한 일이 아닐 것이다. 외향적인 아이들은 이때가 전성기일 테니까!

외향성에서 점수가 높은 사람과 낮은 사람이 눈에 띄는 차이를 보이는 지적 성취 분야가 둘 있다. 외향적인 사람은 내향적인 사람보다 기억력이 좋지만, 오직 단기 기억에 한해서 그러하다. 장기 기억이 필요한 일은 내향적인 사람이 낫다.[39] 그런가 하면 어떤 일을 할 때, 질이냐 양이냐를 따져 두 가지 다른 전략을 쓸 수 있다. 그러니까 일을 빨리 하면서 실수를 줄이는 전략이 있고, 천천히 하되 완벽하게 하는 전략이 있다. 외향적인 사람은 양을 선택하고, 내향적인 사람은 질을 선택하기 쉽다. 이 같은 지적, 인지적 차이 탓에 특히 공동 작업을 할 때 동료들 사이에서 서로 부딪치거나 눈을 부릅뜨는 일이 벌어지기도 한다. 일을 천천히 꼼꼼하게 하는 내향적인 사람은 외향적인 동료가 걸핏하면 "깨지고, 부딪히고, 넘어진다"고 생각해, 그들을 말리고 싶어 한다. 외향적인 사람은 내향적인 동료의 방식에 분통을 터뜨리며, 다소 실수를 하더라도 일을 빨리 끝내길 바란다. 이런 사람들이 한집에 있으면 언짢은 감정이 오래 이어질 수 있다.

사회에서의 상호작용을 들여다보면 내향적인 사람과 외향적인 사람의 차이가 쉽게 드러난다. 이런 차이는 언어 외의 상호작용 방식에서 두드러진다. 외향적인 사람은 다른 사람 옆에 가까이 붙어 있고 말소리도 크다. 이들은 사람들을 건드리고, 찌르고, 끌어안기까지 한다. 내향적인 사람은 자극적인 행동이 적고, 좀 더 차분하며, 끌어안는 일은 확실히 적다. 이런 차이 탓에 외향적인 사람과 내향적인 사람이 소통할 때면 돌진하고, 물러나고, 찌르고, 진저리 치는 행동이 반복되는 기이한 춤을 보는 느낌이다.

이들은 말하는 방식도 다르다. 외향적인 사람은 직접적이고 단순하며 구체적인 언어를 사용한다. 내향적인 사람은 다소 모호하고, 경우에 따라 복잡하며, 더러는 알쏭달쏭한 말로 교묘하게 소통하는 성향이 있다. 이런 차이 때문에 선의를 품은 친구와 가족들 사이에서 눈을 부릅뜨거나 이를 가는 등 온갖 마찰이 일어나기도 한다.

한 가지 사례가 있다. 예전에 나와 성격이 극과 극인 동료 톰과 자문 계약을 맺은 적이 있다. 톰은 키가 195센티미터이고, 나는 큰 편은 아니다. 그는 외향적이고, 나는 내향적이다. 의뢰인은 한 달 동안 우리 프로젝트 팀과 함께 일할 경리부 남자 직원을 구해 왔는데, 그 직원을 마이클이라 하자. 그런데 마이클의 성격과 방식 탓에 프로젝트가 중지될 상황이 되자 의뢰인이 톰과 나에게 마이클을 어떻게 생각하느냐고 물었다. 톰의 반응은(정확히 무엇이었는지는 곧 밝혀질 것이다) 전형적인 외향형이었다. 내 차례가 되자 나는 잠시 뜸을 들였다가 대충 이런 식으로 말했다. "그러니까, 마이클은 흔히 자기 주장이 강하다고 말하는 수준보다 조금 더 강하다고 보는 사람이 있을 수 있는 정도로 행동하는 경향이 가끔 있습니다." 그러자 톰이 눈을 굴리며 소리쳤다. "브라이언, 내 말이 그 말이야! 병신 같은 놈이라고!" 내향적인 나는 마이클의 성격에서, 그리고 톰의 성격에서도, 병신 같은 성향을 부드럽게 암시했겠지만, 어쨌거나 그 말을 대놓고 꺼내지는 않았을 것이다. 우리처럼 내향적인 사람들은 나중에 반대 증거가 나왔을 때를 대비해 방어적으로 말하는 성향이 있다. 우리는 에둘러 말하고, 외향적인 사람은 에두르지 않는다.

외향성/내향성 특성을 알면 동기를 파악하고, 주변 환경을 읽어내는 방식을 이해하는 데 유익하다. 신경과민인 사람들이 처벌 신호에 민감하듯이, 외향적인 사람들은 보상 신호와 보상 기회에 대단히 민감하다. 이들은 주변 환경을 둘러보면서 긍정적 가능성을 찾아낸다. 보상 신호는 내향적인 사람에게는 그다지 큰 동기가 못 된다. 내향적인 데다 신경과민까지 있다면 처벌 신호에 과민 반응을 보인다. 외향적인 사람과 내향적인 사람은 거의 똑같은 사건을 두고 정반대로 해석하기도 한다.

이와 관련해 내가 가장 좋아하는 사례는 어느 소아과 의사한테 들은 이야기다. 이 의사는 젊은 엄마들에게 음식 알레르기와 민감성에 대해 조언하곤 했다. 한번은 같은 주에 18개월 된 아이의 식습관을 두고 두 엄마와 이야기를 나누게 되었다. 두 엄마는 자기 아이가 좋아하는 음식에서 눈에 띄는 몇 가지 특징을 말했고, 약간 놀랍게도 두 아이 모두 케첩을 무척 좋아했다. 첫 번째 엄마는 의사와 상담하면서 아이가 케첩 없이는 아무것도 못 먹는다고 걱정했다. 위장에 문제가 있는 게 아닌지, 어쩌면 빈혈증인 하인츠 병의 초기 증세가 아닌지 걱정했고, 어떻게 하면 좋은지 알려달라고 했다. 다음 날 의사는 두 번째 엄마를 만났다. 그가 물었다. "아이 식습관에 문제가 있나요?" "아뇨, 별 문제 없는데요." "없다고요?" "전혀 없어요. 케첩만 주면 못 먹는 게 없는걸요."

여기까지 보면 분명 외향적인 사람이 행복하게 살 가능성이 높아 보인다. 긍정적 감정, 삶의 만족도, 삶의 질에 대한 체감도, 사람들과 어울려야 하는 분야에서의 성공을 측정한 결과를 보면, 다른 조건이 모두 같을 때 외향적인 사람이 우세해 보인다. 심지어 성행위에서도 외향적인 사람이 유리해 보인다. 월별 성관계 횟수를 조사한 연구에서, 내향적 남성은 3.0회, 외향적 남성은 5.5회, 내향적 여성은 3.1회로 나타났다.

외향적 여성은 내향적 남성인 내가 보기에 가히 영웅적인 7.5회였다.[40] 이들은 외향적 남성뿐 아니라 소수의 내향적인 남성도 만났다. 이 결과가 걱정스러운 내향적 남성들을 위해 (또는 그들의 파트너를 위해) 한마디 한다면, 질이냐 양이냐를 따졌던 앞의 토론을 상기해보시라.

그렇다면 수전 케인이 책에서 촉발한 논쟁, 즉 미국 사회에서, 그리고 그보다 정도는 덜하지만 현대의 다른 서양 국가에서, 내향적인 사람이 조직적으로 차별을 받았는가에 관한 논쟁은 어떻게 이해해야 할까? 어떤 면에서 보면 내향적인 사람이 부당한 대우를 받기는 한다. 케인이 설득력 있게 자세히 설명했듯, 많은 학교에 있는 단체 활동 시간은 앞에서 본 것처럼 내향적인 학생에게는 불리하다. 경영학 또는 그와 관련한 분야의 전문대학원 가운데 상당수는 빠르고, 격렬하고, 뭐랄까, 시끄러운 외향적 상호작용 방식을 중시한다. 이처럼 내향적인 사람에게 다양한 압력이 가해지다 보니, 행복하게 살 기회를 외향적인 친구나 동료에게 빼앗긴 것은 아닐까? 내 생각에 케인의 결론은 인상적이고 극적이다. 케인은 의식의 전환을 촉구하며 수십 년 전에 여성의 여권 신장에 힘을 실어 주었듯이 내향적인 사람에게도 힘을 실어 주자고 주장한다.

그러나 2장에서 반드시 강조해야 하는 문제 하나는 비록 외향성/내향성이 성격 특성에서 대단히 중요한 요소이긴 하지만 성격 전문가들이 밝힌 다섯 가지 주요 특성 가운데 하나일 뿐이라는 점이다. 외향적인 사람이 둘 있는데, 성격의 나머지 네 요소가 서로 다르다고 생각해보자. 개방적이고 친화력 있고 성격이 안정된 외향적인 사람과, 폐쇄적이고 반친화적인 데다 신경과민인 외향적인 사람은 무척 다르다. 한마디로, 성격을 둘러싼 정책을 이야기할 때는 외향성 외에 다른 특성도 고려해야 한다.

그렇다면 이제, 앞에서 프레젠테이션 직전에 나타난 뎁처럼 소위 '정식' 외향성 부류이자 대놓고 자신을 외향적이라고 말하는 사람에 대처하는 방법을 살펴보자. 여러 해 동안 많은 사람 앞에서 강의한 경험이 있는 나도 내향적인 사람이라 프레젠테이션을 하려면 그 전에 잠시 걷든가 강의실과 떨어진 방에서 조용히 메모를 들여다보며 흥분을 낮춰야 한다. 그런데 덩치 큰 뎁이 프레젠테이션 시작 3분 전에 무대 위로 뛰어 올라온 순간 내 신피질 흥분 정도가 올라가기 시작했다. 뎁은 직설적이었고, 외향적인 사람이라면 그 모습을 꽤 유쾌하다고 생각하겠지만, 당시 내게는 약간 쓸데없이 건방을 떠는 것처럼 보였다. 나는 성실한 내향적 인간이고, 시청각 장비를 절대 망가뜨리지 않는다고! 내 신피질은 또 한 번 흥분해 깜빡거렸다. 뎁은 마이어스-브릭스 마니아가 분명했고, 나는 사람들을 내향성 또는 외향성이라는, 윌리엄 제임스의 표현처럼 석고처럼 굳어진 특성으로 나눠 정해진 틀에 집어넣는 것에 결사반대하는 사람이다. 우리는 자신의 성격을 그날의 상황에 맞추고, 우리 관심사를 발전시키는 쪽으로 사회적 자아를 맞춰가는 능력이 있다고 나는 확신한다. 윌리엄 제임스의 말은 50퍼센트만 옳다. 우리 인간은 본질적으로 절반만 굳어 있다. 하지만 뎁은 내 생각에 동의하지 않을 게 분명했다.

내 판단은 빗나갔다. 청중이 자리에 앉고 뎁과 내가 시청각 장비 준비를 마무리하던 중에 뎁이 돌아서며 조용히 말했다. "저 때문에 놀라

셨죠?" 그러더니 어떤 음모라도 되는 양 속삭이며, 여러 해 전에 내가 대규모 수업을 할 때 그 수업을 들었고, 나를 살짝 놀려먹는 중이었다고 했다. 그리고 돌아서서 무대를 내려가는데, 뎁의 등에 새겨진 연한 푸른색 네 글자가 선명히 눈에 들어왔다. INTP. 내향형, 직관형, 사고형, 인식형의 약자로, 가슴에 새겨진 글자와는 정반대 유형이었다. 뎁은 내가 프레젠테이션에서 무슨 말을 할지 알고 있었다. 나는 당시 청중에게, 지금 독자에게 하듯이, 성격 특성은 건강, 행복, 성취를 결정하는 안정적이고 중대한 요소라는 확신을 심어주려 했다. 하지만 나는 상황을 반전시켜, 청중을 비밀의 세계로, 다음 장에서 독자에게 소개할 비밀의 세계로 안내하기로 했다.

성격의 5대 특성에서 몇 점이 나왔는가는 삶의 질과 삶에서의 성취에 영향을 끼친다. 성격 특성은 유전적 요소가 바탕이 되고, 시간이 지나면서 비교적 고정된다. 그렇다면 타고난 특성 탓에 삶을 개척하는 자유의 폭이 제한되고 변화의 시도도 무의미하다는 뜻일까? 어디 한번 살펴보자.

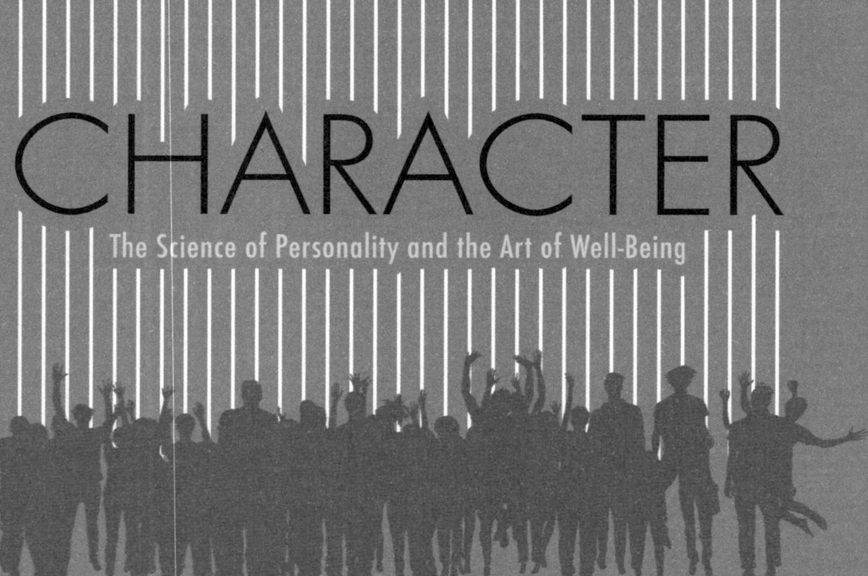
CHARACTER
The Science of Personality and the Art of Well-Being

CHAPTER 3

왜 나는 가정과 직장에서 전혀 다른 사람이 되는가 :

나답지 않은 행동에 대하여

내가 정말 나 같지 않아서
성격이 정반대인 다른 사람으로 보일 수도 있겠구나
싶을 때가 있다.

장 자크 루소, 《고백록》(1782).

그리고 나는 이미 그 눈을, 그 모두를 알고 있었다.
박제된 문구에 너를 고정시킨 그 눈,
그리고 내가 박제되어 핀 위에 펼쳐질 때,
핀에 꽂혀 벽에서 꿈틀거릴 때,
그때 어떻게 내 나날과 길의 남은 끄트머리를
모조리 뱉기 시작해야 하는가?
그리고 어떻게 인정해야 하는가?

T. S. 엘리엇, 〈J. 앨프리드 프루프록의 연가〉(1920).

이제까지 나는 독자에게, 독자도 자기만의 작동 이론 또는 구성개념으로 자기 세계를 능동적으로 해석하는 과학자라는 확신을 심어주려 했다. 이 구성개념이 있으면 새로운 상황, 새로운 관계, 새로운 자신의 모습에 대처할 때 자신에 대해 어느 정도 일관된 생각을 가질 수 있다. 필요하면 구성개념을 적극 수정하여 새로운 도전에 적응할 자유의 폭을 넓히거나 좁힐 수도 있다. 2장에서는 심리학에서 친숙한 개념인 고정된 특성을 알아보았다. 이제는 이런 입장에 도전하는 관점, 자유 특성의 좀 더 가변적인 측면을 탐색하는 관점으로 눈을 돌려보자.

가변적 자아, 허구적 특성?

내가 애리조나에서 기조연설을 하러 연단에 올라갔을 때, '딸깍' 하고 친숙한 변화가 일어났다. 타고난 (생물학적) 내향적 성격이 매우 다른 성격으로 바뀐 것이다. 아침 8시 35분에 모인 청중은 잘 조율된 조용하고 머뭇거리는 내향적 목소리를 듣고 싶어하지 않는다. 간밤에 한바탕 과음을 했다면 더욱 그렇다. 이럴 때면 내향적인 강연자라도 청중을 정신이 번쩍 들게 하여 강연에 집중시키려 할 것이다. 그러다 보니 내가 프레젠테이션을 하다가 청중 한 사람에게 나, 리틀 교수가 어떤 사람 같으냐고 묻는다면, 그 사람은 분명 내가 화끈하고 외향적인 사람이라고 대답할 것이다. 하지만 나는 내가 잘 알지 않겠는가? 정말 그럴까? 텍사스 대학의 샘 고슬링Sam Gosling 교수는 동료 한 사람을 언급하며 정확히 이 질문을 던졌다.

> 나를 두고 나와 타인의 생각이 다르다면, 내가 내 참모습을 보지 못하는 사각지대가 있기 때문일 수도 있고, 타인보다 내가 나를 더 정확히 보는 개인 지대가 있기 때문일 수도 있다. 하버드에서 성격심리학에 관해 전설적인 강의를 했던 브라이언 리틀 교수를 보자. 그의 강의를 들었던 사람들은 그가 말도 잘하고 수다스러우며 열정과 활기가 넘친다고 말한다. 학생들은 당연히 그를 화끈하고 외향적인 사람으로 알고 있다. 하지만 리틀의 생각은 다르다. 그는 그 모든 것이 좋은 교수가 되려는 연출된 행동이라고 우긴다. 그의 말을 믿어야 할까? 혹시 외향성은 그가 보지 못하는 사각지대는 아닐까?[1]

내가? 사각지대라고? 그럴 수도 있다. 하지만 샘은 나를 잘 아는 친구다. 그는 내 성격을 잘 살펴보면 왜 학생과 청중이 나를 곧잘 오해하는지 알 수 있다고 했다. 물론 나만 그런 건 아니다. 우리는 가끔 성격을 오해받을 만한 행동을 해서, 사람들이 우리에게 실제와 다른 어떤 '고정된' 특성이 있다고 잘못된 추측을 하게 만든다. 심리학자들은 이런 행동을 전문 용어로 '반기질적' 행동이라 말한다. 사람들은 왜, 어떻게 그런 식으로 행동하고, 왜 그것은 삶의 질에 중요한 결과를 가져오는가? 그에 대한 내 이론을 소개하겠다.[2]

이론의 핵심은 이렇다. 성격에는 내적 현실과 외적 현실이 공존한다. 내적 현실은 우리가 의도하는 바가 무엇인지, 특정 시기에 우리가 추구하는 개인 목표가 무엇인지로 이루어진다. 외적 현실은 의식적이든 무의식적이든 타인에게 보이기 위해 우리가 만들어내는 이미지로 이루어진다. 바로 이 두 현실이 만나는 지점에서 성격이 만들어지고, 도전받고, 재구성된다. 이 지점을 잘 들여다보면 온갖 종류의 이상한 행동을 관찰할 수 있다. 신경과민인 사람은 침착하게 보이려 애쓰는 와중에 신경성 기질이 새어나오기도 하는데, 이를테면 술집에서 정말 착한 남자가 간밤에 애인이 당한 심한 모욕을 되갚아주느라 둘도 없는 또라이 짓을 하는 경우다. 그리고 내향적인 하버드 교수가 머릿속에 '딸깍' 불이 켜지면 '가짜 외향성'을 드러내기도 한다. 하지만 그 교수는 강의가 끝나면 휴게실에 숨어 흥분을 가라앉히기도 한다. 대체 어찌된 영문이고, 왜 이런 행동이 삶의 질에 중요한 결과를 가져오는가?

앞장에서는 고정된 성격 특성이 어떻게 행복, 건강, 성취 같은 삶의 질과 연관되는지 살펴보았다. 그 점에서 보면, 성격의 개인차는 고정적이고 또 그 사실은 대단히 중요하다고 결론내려야 할 것만 같다. 하지만 성격을 이런 식으로 이해하는 데 회의적인 사람도 있을 것이다. 모든 건 상황에 달린 게 아닐까? 맥락이 중요하지 않을까? 성격에 고정된 특성이 있다는 건 낭설이 아닐까?

각 의문의 답은 '그렇다'이지만, 여기에는 중요한 단서가 붙는다. 우리는 분명 장례식에서보다 파티에서 더 외향적이고, 친구에게 문자를 보낼 때보다 세금을 낼 때 더 성실해진다. 하지만 성격 특성 이론도 그 점을 부정하지는 않는다. 특성이 '평균적으로' 어느 정도 드러나는지는 아닌 게 아니라 상황에 따라 다르다. 하지만 주어진 상황에서 어떤 특성이 다른 사람보다 어느 정도나 더 또는 덜 드러나는지를 비교한 '순위'는 꽤 고정적이다.[3] 초등학생 때 수업 시간에 웃겼던 아이들도 30년 뒤에는 장난기가 줄고, 다른 친구들도 거의 모두 외향성이 줄어든다. 그런데 동창회에서는 예전에 웃겼던 친구가 여전히 웃긴다. 분명 조금 더 고상해지고, 조금 더 차분하고 어른스러운 장난을 하겠지만, 여전히 심하게 외향적이다. 파티에서는 당신을 포함해 모든 사람이 더 외향적으로 기울겠지만, 진짜 외향적인 사람은 '유난스럽게' 사교적이고 과도하게 수다스러워 내향적인 사람의 눈에는 자칫 밥맛없는 사람처럼 보일 수 있다. 내향적인 사람은 상대적으로 좀 더 조절된 외향성을 보이며, 그런대로 사교적이지만 심하게 들뜨는 일은 거의 없다. 그러나 심하게 내향적인 사람은 그날 밤 또는 이후의 어느 밤에라도, 파티에 못 갈 것 같다고 문자를 보내기 쉽다.

그런데 이쯤에서 독자들은 성격 특성 이론에서 다른 궁금증이 생겼을 것이다. 사람의 특성에는 예측 가능한 특징이 있고, 다양한 행동에서도 그 본질만큼은 비교적 고정적이고 지속적인 특성이 있다는 점은 인정할 수 있다. 그런데 근본적인 본성과 전혀 다르게 행동할 때도 있지 않은가? 파티에서 약간 외향적인 정도가 아니라 마구 흔들어대는 내향적인 사람은 어떻게 설명하겠는가? 유난히 반친화적인 사람이 추수감사절 닷새 동안 매우 차분하고 상냥해지는 바람에 가족들이 그에게 문제가 생긴 건 아닌지 의아해하는 경우는 어떤가? 이 두 사례를 좀 더 자세히 들여다보자. 마커스는 외향적인 내향형이고, 스테파니는 수시로 상냥했다, 짜증 냈다를 반복하는 편집자다. 두 사람은 내가 약 23년 동안 알고 지낸 사람과 꼭 닮았다.[4]

마커스는 복합적인 남자다. 그는 몬트리올 인디 음악계에서, 먹고 마시고 인생을 즐기고 짜릿함을 좋아하는 주체할 수 없을 만큼 외향적인 사람으로 유명하다. 뮤지션이자 기획자인 그는 함께 있는 사람들을 즐겁게 하고 주변에 활기를 불어넣는다. 그가 문을 열고 들어서면 사람들은 이내 술렁거리기 시작한다. 하지만 그에게는 다른 면도 있다. 그는 세간의 주목을 싫어하고, 혼자 있기를 좋아하며, 숨어서 진지한 철학 책을 읽는 등 누가 봐도 내향적인 사람처럼 행동한다. 눈 오는 밤 몬트리올 구도시에서 사람들과 시끌벅적하게 시간을 보낸 뒤에는 기진맥진해 혼자 뒷골목을 걷는다. 마커스는 대체 어떤 사람일까?

스테파니는 무서운 여자다. 맨해튼 출판업계 사람들은 그녀를 강하고 신랄하며 심할 정도로 불쾌한 사람이라고 말한다. 스테파니는 자신이 반친화적이라는 것을 인정할 뿐 아니라 세간의 그런 평에 자부심마저 느낀다. 하지만 그녀 역시 그런 평판과는 딴판으로, 이를테면 이번 추수감사절 때처럼 원래 성격과 정반대로 상냥하고 부드럽게 행동할 때도 있다. 진짜 스테파니는 어느 쪽일까?

자연스러운 행동의 세 가지 방식

생물 발생적 근원

우리의 일상적 행동은 세 가지 동기의 표현으로 볼 수 있다. 첫 번째는 '생물 발생적' 동기다. 이 동기는 유전에 근거하며, 최근 급부상하는 성격 신경과학에서 뇌의 구조와 작동 과정을 연구하면서 그 영향력이 커지기 시작했다.[5]

생물 발생적 동기는 마커스나 스테파니가 분만실에서 태어날 때부터 가지고 있던 기질에서 출발한다. 이런 성격의 특징은 신생아실에서부터 감지된다. 신생아 옆에서 시끄러운 소리를 내면 어떤 반응이 나타날까? 어떤 아기는 소리 나는 쪽으로 고개를 돌리고, 어떤 아기는 소리 나는 반대쪽으로 고개를 돌릴 것이다. 시끄러운 소리에 끌리는 아기들은 발달 과정에서 외향적인 아이가 되고, 그 소리를 외면하는 아기들은 내향적인 아이가 될 확률이 높다.[6]

생물 발생적 외향성을 측정하는 비공식적인 흥미로운 방법 하나는 레몬주스 실험이다. 이 실험은 여러 가지 변형이 있는데, 여기서는 내가 대학생들을 상대로 자주 실시하는 시범용 실험을 소개하겠다.[7] 필요한 재료는 다음과 같다. 눈에 액체를 떨어뜨리는 기구인 점안기, 면봉(성인용이 아닌 유아용), 실, 농축 레몬주스(일반 레몬주스는 효과가 없을 수 있다), 그리고 지원자의 자발적 혀. 우선 면봉 가운데에 실을 묶어, 실을 들었을 때 면봉이 정확히 수평으로 매달리게 한다. 침을 네 번 삼킨 다음 면봉 한쪽 끝을 혀 위에 대고 20초간 가만히 둔다. 그런 다음 혀에 농축 레몬주스를 다섯 방울 떨어뜨린다. 주스를 삼킨 다음 면봉의 다른 끝을 혀에서 아까와 똑같은 위치에 대고 20초간 가만히 둔다. 그런 다음 실을 잡고 면봉을 살핀다. 어떤 사람은 면봉이 여전히 수평을 유지한다. 또 어떤 사람은 레몬주스가 묻은 쪽이 아래로 처진다. 두 경우가 어떻게 다른 사람인지 알겠는가? 외향적인 사람은 면봉이 비교적 수평을 유지하지만, 내향적인 사람은 면봉이 기운다. 그 이유는 내향적인 사람이 만성적 흥분 정도가 상대적으로 높아 레몬주스 같은 강한 자극에 좀 더 격렬하게 반응해 침을 더 많이 분비하기 때문이다. 외향적인 사람은 강한 자극에 덜 민감한 탓에 입안이 비교적 건조하게 유지된다. 실제로 외향적인 사람은 침 분비가 적은 성향이 있어 내향적인 사람보다 충치가 생길 확률이 높다는 증거도 있다.[8] 나 혼자서도 이 실험을 여러 번 해봤는데, 매번 면봉이 한쪽으로 크게 치우쳤다. 적어도 이 실험에 따르면 나는 생물 발생적으로 내향적인 사람이다. 마커스도 침 분비가 왕성하지 않을까 싶다.

성격의 5대 특성은 모두 생물 발생적 뿌리에 근거해 평가할 수 있다.[9] 예를 들어, 친화력이 대단히 높은 사람은 출산할 때, 수유할 때, 오르가

즘을 느낄 때, 그 외 친밀한 행위를 할 때 분비되는 신경 펩타이드인 옥시토신 수치가 높다는 증거가 늘어나고 있다. 옥시토신 수치는 혈액이나 침을 분석해 얻을 수 있으며, 옥시토신 조절 유전자에 관해서는 현재 많은 연구가 진행 중이다. 그중 최근에 앨릭스 코건Alex Kogan이 동료들과 진행한 흥미로운 연구를 보자.[10] 버클리 실험실에 여러 커플이 모였다. 그들의 관심사나 걱정거리를 의논하기 위해서였다. 이 과정은 비디오로 녹화되었다. 참가자들이 옥시토신 수용체 분비를 조절하는 유전자의 특정한 변이체를 가지고 있는지도 조사했다. 그런 다음 참가자가 아닌 다른 사람에게 녹화된 비디오 20초 분량을 보여주고, 참가자들이 파트너의 이야기를 들을 때 어느 정도나 주의를 기울이고 공감하는 것 같은지 순위를 매기라고 했다. 그 결과, 옥시토신 수용체 유전자의 변이체를 가진 참가자들이 공감력과 친화력에서 높은 순위에 올랐다.

그렇다면 이론적으로 볼 때, 생물 발생적으로 반친화적인 성향을 타고난 스테파니가 전남편의 사적인 고민을 듣는다면 (이번에도 역시) 싸늘하게 별다른 관심을 보이지 않으리라 예상할 수 있다. 그리고 그녀에게 옥시토신 유전자 변이체가 없는지 알아보려 하니 시험관에 침을 담아 달라고 부탁해도 특별히 상냥하거나 고분고분하게 응하지도 않을 것이다.

이처럼 생물 발생적 요인에 반응해 행동할 때 '자연스러운' 행동이 나온다고 말할 수 있다. 그렇다면 생물 발생적으로 외향적이고 반친화적인 사람이 외향적으로 행동하거나 반친화적으로 행동할 때, 그것을 자연스러운 행동이라 말해도 무리가 없어 보인다. 하지만 생물 발생적 행동만이 자연스러운 것은 아니다.

사회 발생적 근원

우리 행동 방식은 사회화 과정에서 그리고 해당 문화의 규칙, 규범, 기대를 배우는 과정에서 나타나는 '사회 발생적 근원'에서도 큰 영향을 받는다. 사회 발생적 근원에 깊이 뿌리박힌 행동은 어렵지 않게 드러난다. 다양한 상황에서 그것이 적절한 행동이라는 인식이 그 사람의 생애를 통틀어 굳어진 탓이다. 이처럼 행동양식의 내향성과 외향성은 생물 발생적 측면뿐 아니라 강력한 사회 발생적 측면도 있다. 문화가 다르면 외향적 행동의 중요성과 용인 가능성을 바라보는 시각도 다르다.[11] 이를테면 외향성은 미국에서는 대단히 높게 평가받는다. 수전 케인의《콰이어트》가 인기를 끄는 이유 중 하나는 사회에 내재하는 이런 편애를 알아보고, 성격 발달에서 생물 발생적 요소와 사회 발생적 요소의 적절한 조화를 찾으려면 외향성만을 긍정적으로 정의하지 않는 폭넓은 선택권이 필요하다고 주장했기 때문이다.

외향성을 이상적으로 여기는 미국과 달리, 내향성을 더 높이 치는 사회도 있다. 예를 들어 아시아 일부 국가는 아이들에게 지나치게 튀려 하지 말고 주위 사람들과 조용히 섞이라고 권한다. 서양의 극단적인 시각으로 보면, 그건 마치 튀어나오는 자를 누르고 몸을 낮추는 자에게 보상을 주는 일종의 두더지게임과 같다. 이런 규범은 서로 다른 문화간 소통에 큰 영향을 미친다.[12]

무척 외향적인 미국 협상단이 무척 내향적인 아시아 협상단과 만나면 어떤 일이 벌어질지 상상해보라. 어떻게 서서 어떤 몸짓을 하고 어떻게 자신을 표현해야 하는지에 대해 서로 규범이 다른 탓에 협상이 성공할 확률은 심각하게 낮아질 수 있다. 고위급 협상가들은 이런 소통 장애를 분명히 인식하고 있어서, 문화가 다른 개인이나 단체와 효과적으로 소통하는 법을 다루는 잘 조직된 워크숍에 참석한다. 물론 똑같은 워크숍이 '다른 문화'에서 온 협상가에게도 제공된다. 미국인은 아시아인처럼 소통하는 법을 배우고, 아시아인은 미국인처럼 소통하는 법을 배운다. 그 결과 협상 테이블에서 미국인들은 공손하고, 격식을 차리고, 속내를 드러내지 않으면서 과묵하게 행동하는 반면에 아시아인들은 서로 등을 치고, 파이팅을 외치며, 강남스타일 말춤을 추는 기이한 장면이 연출될 수도 있다. 호의와 깊은 당혹감이 동시에 일어날 법한 상황이다.

친화성이나 성실성 같은 5대 특성에도 비슷한 문화 차이가 나타날 수 있다. 불만 토로가 일반적인 사회도 있고, 꾹 참고 얌전히 있는 것이 규범인 사회도 있다. 목표를 끈질기게 추구하기로 유명한 사회가 있는가 하면, 쉬엄쉬엄 즐기면서 행복하고 밝은 표정으로 하루를 맞으라고 권하는 사회도 있다. 우리 행동에서 이런 사회 발생적 측면은 생물 발생적 성향만큼이나 '자연스럽게' 나타난다. 문화의 영향은 깊고 넓다. 문화 규범을 지키면 보상이 따르고, 사회 규약에 충실하지 않으면 대가가 따른다.

생물 발생적 본성과 사회 발생적 본성은 충돌할 수도 있다. 자기 주장이 강하고 남들 앞에 나서기 좋아하는 생물 발생적 성향은 "조용히 섞이라"는 사회 규범이나 "제발 철 좀 들고 온 가족 좀 그만 괴롭혀라"

는 부모님의 성난 간청과 충돌할 수 있다. 반대로 똑같은 생물 발생적 성향이 "끝까지 가는 거야. 멋지게!"라는 가훈을 내건 집안에서 성장한다면, 그런 대담한 행동은 질책을 받기보다 온 가족의 열렬한 환호를 받기 쉽다.

다시 스테파니와 마커스를 보자. 스테파니의 성격은 자라면서 사회 발생적 영향을 받았다고 볼 수 있다. 자기 주장을 굽히지 않는 행위가 다른 사람에게는 공격적이거나 불쾌할지라도 스테파니가 자란 사회에서는 높이 평가받는다. 스테파니는 그 사실을 일찌감치 터득했고, 온 가족이 뉴욕에 정착했을 때 그런 성향을 더욱 적극적으로 행동으로 옮겼다. 생물 발생적으로도 반친화적인 기질이 사회 발생적 영향을 받아 더욱 부추겨진 것이다. 그런 그녀가 휴일에 가족에게 다정한 모습을 보이니 특히 놀라울 수밖에.

마커스의 성격도 일부는 사회 발생적 영향으로 설명할 수 있다. 그는 태어난 지 석 달 만에 시끌시끌하고 야단스럽고 외향적인 프랑스계 캐나다인 대가족에 입양되었다. 하지만 그는 생물 발생적으로 내향적이어서 스테파니와 달리, 자라면서 생물 발생적 근원과 사회 발생적 근원의 영향을 모두 소화할 방법을 찾아야 했다.

특수 발생적 근원 : 개인 목표와 자유 특성

일상적 행동에 영향을 미치는 동기는 생물 발생적 근원과 사회 발생적 근원 말고도 내가 '특수 발생적idiogenic 동기'라 부르는 것이 있다.[13] 우리가 일상에서 계획하고, 열망하고, 몰입하고, 개인 목표로 삼는 것들에서 나오는 동기다. '특정인에 해당하는idiosyncratic', '단 하나'가 이 동기의 출발점이다. 생물 발생적 원인에 주목하면, 개인의 행동을 성격 특성의 자연스러운 발현이라고 설명할 수 있다. 반면에 사회 발생적 원인에 주목하면, 똑같은 행동도 사회 규범의 자연스러운 결과라고 설명할 수 있다. 그러나 특수 발생적 원인에 주목하면, 어떤 사람이 특정한 행동 유형을 보이는 '이유'를 찾게 된다. 식당에서 스테이크를 계속 퇴짜 놓던 그 남자는 어떤 개인 목표 때문에 그런 행동을 했을까? 그 겨울에 몬트리올에서 마커스의 행동을 부추긴 열망은 무엇이었을까? 명절 저녁에 스테파니가 생물 발생적으로 타고난 본성과 사회 발생적으로 습득한 성격을 억누른 이유는 그녀에게 어떤 신념이 있었기 때문일까? 이 질문에 답하기 위해, 개인 목표를 조금 더 자세히 들여다보고, '자유 특성'이라는 새로운 개념도 살펴보자.

개인 목표는 일상에서 나온다. 그것은 목요일 아침에 해야 할 아주 사소한 일(예: "개를 밖에 내놓는다")에서 시작해 삶의 최고의 열망(예: "우리 민족을 해방시킨다")까지 다양하다. 개인 목표가 어떤 식으로 삶의 질에 직접 도움이 되고 방해가 되는지는 9장과 10장에서 자세히 설명할 예정이다. 여기서는 우리에게 중요한 목표를 추구하다 보면 어떻게 타인과 더러는 자신도 놀랄 정도로 우리 행동이 변하는지에 초점을 맞추려 한다.

스테파니를 보자. 전형적으로 비호감에 속하는 인물이다. 그녀는 비교적 고정적 특성인 친화성에서 점수가 낮고, 사회적으로는 다소 전투적으로 행동하도록 길들여졌다. 전남편이 그랬듯 출판사 동료나 친구 그리고 친척들도 그녀의 퉁명스러운 태도에 익숙하다. 그러다 보니 올해 추수감사절에 그녀가 놀랄 정도로 다정한 모습을 보이자 다들 깜짝 놀랐던 것이다.

그때 가족이 몰랐던 사실은 스테파니가 추수감사절이 끝나면 곧바로 오스트레일리아로 떠날 예정이었다는 것이다. 출판사는 스테파니에게 신규 사업의 관리를 맡아 달라고 했다. 3년을 매달려야 하는 일이고, 뉴욕을 왔다 갔다 할 가능성은 아주 적었다. 스테파니는 현재 딸이 임신 6개월이고, 시드니에서 머리를 싸매고 있는 동안 첫째 손주가 태어나겠구나 생각했다. 사위와 사돈에 대해서도 생각해보았다. 모두 추수감사절에 모일 것이다. 다들 조용하고, 생각이 깊고, 매우 다정한 사람들이고, 스테파니는 그들이 자기를 흥겨운 축제에 부담스러운 존재로 여긴다는 것을 잘 안다. 스테파니는 곰곰이 생각한 뒤에 가족과의 관계를 조금 바꾸기로 결심한다. 아직은 막연한 생각이지만 "더 따뜻한 엄마"가 되겠다는 개인 목표를 세운다. 그러려면 주위 사람들을 격려하며 상냥하게 대해야 했다. 이번 추수감사절에 스테파니를 처음 본 사람이라면 그녀에게 5대 특성 중 친화성에 매우 높은 점수를 주었을 것이다. 나는 이런 행동을 비교적 고정된 특성과 대조되는 '자유 특성'의 실행이라 부른다.

마커스도 개인 목표가 있었고, 그것을 달성하려면 자유 특성을 발휘해야 했다. 마커스는 생물 발생적으로 내향적이지만, 음악 프로듀서가 되겠다는 뜨거운 열정이 있었다. 음악을 하는 것 자체는 크게 힘들지 않았다. 그는 음악에 몰입하면 주위 사람도 의식하지 못했다. 그러다가 공연을 홍보하고 인디 음반을 만드는 데 재능을 보였고, 꼭두새벽까지 사람들을 만나야 하는 일이 잦아졌다. 그럴수록 그는 점점 지쳐갔다. 그가 겉보기처럼 주체할 수 없이 외향적인 사람이 아니라는 걸 아는 사람은 거의 없었다. 그의 외향성은 '가짜'이며, 그는 매우 중요한 개인 목표를 이루기 위해 생물 발생적 내향성을 누른 채 사회 발생적 대본에 따라 행동하고 있었다.

사람들은 왜 자유 특성에서 나오는 행동을 하는 걸까? 이유는 많지만, 특히 중요한 이유가 둘 있다. 프로 의식과 사랑 때문이다. 스테파니는 반친화적 성향이 강하지만 가족을 깊이 사랑했고, 생물 발생적 자아에 순종하는 수동적인 선택을 하기보다 성격을 벗어나 행동해야 그 사랑을 더 효과적으로 표현할 수 있었다. 마커스는 프로 중에 프로이고, 그의 역할을 제대로 하려면 동료 뮤지션과 후원자들을 만나고 그들에게 자극을 주어야 했다. 조용히 뒤로 사라지고 싶은 원래의 생물 발생적 기질을 억누른 채 그가 꾸준히 보여준 것은 바로 이런 프로 의식이다. 그런 모습이 음악 업계에서 그를 규정하고 그의 명성을 지탱했다. 그 모습은 마커스를 규정하는 특징이자 그를 나타내는 유일한 표시다.

성격을 벗어나 행동하기

일상적 행위의 동기에는 이처럼 서로 구별되는 세 가지 근원이 있다. 그렇다면 어떤 사람이 자연스럽게 행동한다고 말할 때, 그 의미는 무엇일까? 생물 발생적 기질에서 나온 행동은 생물적 욕구와 지속적 취향을 그대로 반영한다는 점에서 분명히 자연스럽다. 예로 스테파니가 주눅 들게 하는 말로 동료의 말을 자르는 것은 새삼스럽지 않다. 스테파니에게는 그런 식의 행동이 '자연스럽다.' 그렇다면 추수감사절에 보인 그녀의 행동은 부자연스럽다거나 가식적이라거나 솔직하지 못하다고 봐야 할까? 꼭 그렇지는 않다. 기존의 행동 방식에서 벗어나야 하는 핵심 개인 목표를 수행하는 중이라면, 그것은 'act out of character'라고 말할 수 있다.[14] 이 말은 두 가지로 해석할 수 있고, 나는 두 의미 모두 적용할 수 있다고 생각한다. 첫 번째 해석은 예상에서 '벗어난(out of) 행동'이라는 뜻이다. 스테파니와 마커스는 성격을 벗어나 행동하고 있다고 말할 때의 의미다. 그런데 영어에서 'act out of'는 'act because of(~ 때문에 행동하다)'라는 뜻도 되는데, 이를테면 "그는 앙심 때문에(out of spite) 스테이크를 퇴짜 놓았다"라거나 "그녀는 연민 때문에(out of compassion) 그렇게 행동했다"라고 말하는 경우다. 그래서 내가 "act out of character"라고 말할 때는 행동 유형을 설명하는 서로 다른 중요한 두 가지 방식을 모두 의미한다. 즉, 원래의 성격에서 벗어나 다르게 행동한다는 의미인 동시에, 그들의 성격 때문에, 그들이 드러내고 싶은 '가치' 때문에 그렇게 행동한다는 의미다.

예를 하나 들어보자. 여섯 살짜리 딸을 둔 엄마가 있다고 치자. 이 엄마는 딸의 친구 15명이 모인 자리에서 딸의 생일파티를 열어준다. 원래는 (생물 발생적으로 말해서) 걱정이 많은 내향적인 사람이지만 딸을 위해 멋진 파티를 열어주고 싶은 마음이 간절하다. 그것은 이 엄마의 핵심 가치가 된다. 솔직히 내향적인 엄마가 스트레스를 전혀 받지 않고 '눈 감고 엄마에게 꼬리 붙이기' 놀이를 하기란 쉽지 않다. 하지만 한다. 그리고 모두 신나게 논다. 이 엄마의 행동은 솔직하지 못한 것인가? 그렇지 않다. 그럼 가짜인가? 천만의 말씀이다. 하지만 4시에 아이를 데리러 온 어떤 부모는 집으로 돌아가면서 그 엄마는 정말로 'act out of character', 즉 성격에서 벗어난 행동을 했다고 말할지도 모른다. 학부모교사연합과 마을 모임에서는 항상 조용하고 차분하던 엄마가 오늘 오후에는 신이 난 광대로 변신해 꼬마들을 즐겁게 하고 아이들의 부모를 놀라게 했다. 하지만 이 엄마는 '딸에게 멋진 생일파티 열어주기'라는 개인 목표를 실천한 것이고, 그 목표는 좋은 엄마가 된다는 핵심 가치에서 나왔다. 그러니 두 번째 의미에서 'act out of character', 즉 성격 때문에 그렇게 행동한 것이기도 하다.

그렇다면 '자연스럽다'는 문제로 돌아가보자. 노래방에서 누구도 흉내 낼 수 없는 방식으로 '나, 섹시하지 않아?Da Ya Think I'm Sexy?'를 열창하는 남자를 보았을 때 우리는 뭐라고 생각할까? 저 남자는 원래 저러려니, 저 남자는 지금 자연스럽게 행동하는 것이려니 생각할 것이다. 생물 발생적으로 외향적인 사람이라고 여긴다는 이야기다. 전문 용어로 말하면, 그는 생물 발생적 특성에 충실한 모습을 보여준다고 할 수 있다. 하지만 어떤 사람이 생물 발생적으로 내향적이라도 자녀의 생일파티에서 아이들과 잘 어울려 논다면 그것 역시 자연스러운 행동이라고 할 수 있지 않을까? 더없이 사랑하는 딸의 생일파티가 아닌가. 그 사랑을 표현할 때 참고할 잘 알려진 사회 발생적 대본도 있다. 그러니 그 행동은 지극히 자연스럽다. 이처럼 내가 택한 관점은 서로 충돌할 수도 있는 세 가지 충실함을 강조한다. 개인의 생물적 성향에 대한 충실함, 사회적 관행에 대한 충실함, 핵심 개인 목표에 대한 충실함이다. 각 충실함은 그 나름대로 '자연스럽다'. 그리고 그것이 삶에 예술적으로 연출되는 방식은 건강과 삶의 질에 중요한 의미를 갖는다. 따라서 삶을 돌아보면서, 세 가지 질문을 던져볼 필요가 있다. 개인 목표를 추구하고 자유 특성을 행동에 옮길 때 얻을 수 있는 것은 무엇인가? 성격을 벗어나 행동하게 하는 원동력은 무엇인가? 이때 치를 대가는 무엇일까?

성격을 벗어나 행동할 때의 이익과 대가

자유 특성을 발휘할 때 생기는 큰 이익은 개인 목표를 진전시켜 삶에 의미를 불어넣을 수 있다는 점이다. 삶을 생물 발생적 본성에 맡기는 것도 비록 흔한 일은 아니지만 만족스러운 전략이 될 수 있다. 생물 발생적으로 개방성, 성실성, 외향성, 친화성, 안정성이라는 특성을 타고난 사람은 그런 기질이 높이 평가받는 사회에서는 아주 잘나가고, 그와 반대 기질을 가진 사람은 행복하지 못할 수 있는 게 사실이다. 그러나 삶이 우리 앞에 도전장을 던져 우리가 더러는 생물 발생적으로 고정된 특성을 거부하고 자유 특성을 발휘해 방향 전환을 일으켜야 할 때가 있다. 자유 특성을 이용할 때 생기는 또 다른 이익은 우리의 자아가 확장된다는 점이다. 스테파니는 다정하게 행동하여 결심을 실천하면서 자아를 확장하고, 마커스는 사람들과 시끌벅적 이야기를 나누면서 거래를 따내고 인디 음악계를 바꿔놓을 때 더욱 마커스답다.

그런데 자유 특성을 불러내거나 성격을 벗어나 행동하는 데는 대가가 따르기도 한다. 그 이유를 이해하려면 고정된 특성과 자유 특성이 시간이 흐르면서 어떻게 역동적으로 발휘되는지부터 알아야 한다.

자유 특성의 역동성 : 맞추고, 억누르고, 분출하기

나는 '장기간' 자유 특성을 드러내며 성격을 벗어나 행동하다 보면 정신적, 육체적 대가를 치를 수 있다고 생각한다. 이를 뒷받침하는 증거를 보여주는 논문도 여럿 있다.

일상적 상황과 조건은 삶의 질에 큰 영향을 미친다. 개인의 생물 발생적 특성과 환경 특성이 '맞아떨어질수록' 삶의 질이 높아질 가능성이 크다. 환경의 기능 하나는 개인 목표를 실현할 적절한 기반을 제공하는 것이다. 우리가 직접 연구한 결과를 봐도 사회성이 높은 사람은 사회적 상호작용이 많이 필요한 개인 목표를 실천할 때 더 행복하다.[15]

성격과 환경의 조화를 보여주는 분명한 사례로, 오래전 내 제자였던 피터의 경우가 있다. 1960년대 후반 옥스퍼드에서 내가 가르치던 심리학 실험 수업 시간에 피터는 이 책에서 언급한 성격 검사를 몇 가지 받았다. 그는 외향성 항목에서 검사에서 나올 수 있는 가장 극단적인 점수를 받았다고 내게 말했다. 그런데 그는 옥스퍼드에 오기 전에는 벨기에의 고립된 수도원에서 침묵 서약을 하고 수도 생활을 했었다. 생물 발생적 기질과 환경의 조화라는 점에서 볼 때 썩 전도유망한 직업은 아니었던 셈이다. 자유 특성 관점에서 보면, 그는 오랜 기간 기질과 반대로 행동해야 했던 탓에 지쳤고 그러다 보니 자연스레 포기했으리라고

추측할 수 있다. 피터는 결국 교육 분야에서 크게 성공한 교수가 되었고, 다행히 그 일은 사람들과 활발히 소통하고픈 욕구와 대단히 잘 맞았다.

이처럼 생물 발생적 기질과 일상을 잘 조화시키는 것이 업무 성취도와 삶의 질을 높이는 길이며, 두 가지가 크게 어긋나면 위험에 빠질 수도 있다. 예를 들어 남에게 크게 불쾌감을 주는 사람은 상담역보다 수금원을 하면 성공할 가능성이 높고, 경험 개방성이 높은 사람은 기질상 노스다코타 남부 교외 지역보다 뉴욕 시내에 사는 편이 나을 것이다. (놀라운 노스다코타 파고 요인은 8장을 참고할 것)

그런데 환경이 자신의 기질에 맞지 않거나 목표를 실현할 기반을 제공해주지 않는다면? 이 경우에는 피터처럼 그 환경을 떠나 완전히 새로운 삶을 시작할 수도 있다. 아니면 베네딕트 수도원에서 금요일마다 플래시몹을 하기는 어렵겠지만, 그 환경에서 내게 맞는 작은 틈새를 찾는 식으로 잘 맞지 않는 환경을 수정할 수도 있겠다. 하지만 자유특성을 백퍼센트 활용해 아예 내 성격 유형을 바꾸는 방법도 있다. 이 가능성을 아주 흥미롭게 조명한 연구에서 이런 질문을 던졌다. 대학생은 학부 4년을 거치면서 성격의 5대 특성이 변하는가? 이를 알아보고자 캘리포니아 대학교 버클리 캠퍼스 학생들을 대상으로 종적 연구[특정 집단이나 개인의 변화를 오랜 시간 지켜보는 연구 방식 - 옮긴이]를 실시한 결과, 성격이 상당히 변한 것으로 나타났다. 놀랍게도 프로그램을 진행하는 동안 학생들은 비친화적 성향이 점점 강해졌다. 그런가 하면 신경과민은 줄었다. 이건 대체 어떤 변화인가?[16]

내 생각에는 기존 학문을 냉정하게 비판하고 그것에 도전하는 능력을 높이 치는, 경쟁이 치열하고 많은 노력을 요구하는 학교 분위기에 적응하다 보니 이런 변화가 생긴 게 아닌가 싶다. 이 연구 결과는 일부 학생에게 뿌리 깊고 '본질적인' 성격 변화가 생겼음을 보여주는 것일 수도 있다. 그러나 자유 특성 관점에서 보면 이 연구에서 측정한 변화는 본질적인 생물 발생적 변화라기보다 '전략적' 변화라고 할 수 있다. 다시 말해, 영구적 특성이 변했다기보다 자유 특성이 발휘된 것일 가능성이 크다. 이를테면 "세미나에서 교수에게 깊은 인상 남기기"라든가 "대학원에 진학할 때 최고의 추천 받기" 같은 개인 목표에서 나온 변화다.

자유 특성 관점에서 해석할 때 이 결과가 암시하는 또 한 가지는 생물 발생적 특성과 자유 특성의 차이가 클수록 이런 변화가 일어나기는 더 어렵다는 점이다. 감정적이고 친화력이 높은 버클리 대학 신입생들은 이미 침착하고 냉정하고 비판적으로 생각하도록 단련된 신입생들보다 이런 변화가 더 어려울 것이다.

생물 발생적 성향을 누르고 상황에 적응하는 능력을 보여주는 연구가 또 있다. 대학 신입생을 대상으로 첫 학기에 실시한 실험이다.[17] 이 실험에서 학생들은 개인 목표 목록을 작성했고, 연구원들은 그것을 신입생 시절의 전형적인 삶의 과제로 분류했다. 이들이 말하는 주요 삶의 과제 두 가지는 학점을 잘 받고 새롭고 보람 있는 인간관계를 맺는 것, 즉 밥 호건의 표현대로 잘 어울리고 잘나가는 것이다. 그렇다면 이 두 가지 주요 개인 목표 중에 무엇을 우선시해야 첫 학기를 잘 보내고 삶의 질을 높이는 데 더 큰 도움이 될까? 연구 결과, 그것은 고정된 우선

순위의 문제가 아니라 '역동적' 적용의 문제, 그러니까 적절한 시기의 문제였다. 처음에 사람들과 어울리는 일에 신경 썼다가 나중에 학업으로 우선순위를 바꾸지 못한 학생은 그 학기 결과가 좋지 못했고, 처음부터 끝까지 오로지 공부에만 매달린 학생 역시 마찬가지였다. 첫 학기 결과가 좋은 학생은 처음에는 사람들과 어울리는 데 신경 쓰다가 나중에 학업에 더 집중한 학생이었다. 아마도 처음에 사람들과 어울렸던 학생은 학업 스트레스가 높아지는 학기 후반에 그들을 소중한 재산으로 활용하고 의지한 덕이 아닐까 싶다. 학업과 사교 중 어디에 더 우선순위를 두는가 하는 성향 또한 생물 발생적 특성과 연관이 있어 보인다. 학업은 성실성 그리고 개방성과, 사교는 친화성 그리고 외향성과 연관된다. 사람들과 잘 어울리고 친근하고 사교적인 학생은 인맥을 쌓아가는 학기 초에는 잘 지내지만, 조금 뒤에 학업의 압박이 시작되면 그런 외향적 성향을 억눌러야 한다. 10월 중순 한밤중에 학교를 돌아다니다 보면, 그런 학생들이 친구들을 그리워 하면서도 성격을 벗어나 내향적인 양 도서관에 앉아 책을 파며 고군분투하는 모습을 볼 수 있다.

억누르기 : 가짜 행세로 치러야 하는 대가

지난 십여 년 동안 항공기 승무원들이 예전보다 무뚝뚝해졌다고 느낀 적 있는가? 여러 해 동안 항공사 훈련 지침서에는 (당시 스튜어디스라고 불렸던) 승무원들이 감정을 조절해 얼굴에 드러내야 한다는 내용이 있었다. 억지로라도 웃으라는 이야기다. 아무리 언짢거나 긴장되거나 짜증스러워도 그런 기분은 꾹 누른 채, 레블론의 페르시안 멜론 립스틱에 킬힐을 신고 미소를 지으며 키는 158센티미터보다 더 줄어들지 않겠다고 약속해야 했다. 최근에 이러한 규정은 거의 사라졌지만, 사람들은 적어도 일부 항공사를 이용할 때는 승무원들이 맛있는 프레츨을 나눠주거나 안전벨트 착용법을 설명할 때 약간 웃어주려니 기대한다. 태생적으로 상냥하고 사교적인 승무원이라면 사회 발생적 요구에 해당하는 이런 의무사항이 생물 발생적 본성과도 잘 맞아 큰 문제가 없다. 하지만 생물 발생적 특성을 억눌러야 하는 사람이라면 대가가 따를 수 있다.[18]

오랫동안 생물 발생적 특성을 억제하고 자유 특성을 드러내는 사람에게 중요한 경고를 보내는 흥미로운 연구 논문이 있다. 논문의 요지는 그런 억제가 자율신경계에 흥분을 유발하고, 그 흥분이 만성화되면 건강에 해로울 수 있다는 이야기다. 제이미 페니베이커Jamie Pennebaker와 그의 동료들의 연구에 따르면, 어린 시절에 심하게 불쾌했던 사건처럼 중요한 무언가를 억누른 학생은 그렇지 않은 학생보다 만성적 자율신경 흥분을 경험하는 일이 잦고 건강도 더 좋지 않았다.[19] 이 연구는 삶에서 억눌린 부분을 글이나 말로 털어놓으면 자율신경계에 흥미로운 일이 일어난다는 사실도 밝혀냈다. 우선 털어놓는 순간에는 흥분 정도가 일시적으로 올라간다. 억누르고 있던 것을 말하기는 쉽지 않으니까. 하지만 일단 털어놓고 나면 흥분이 줄어들면서 원래 수준으로 돌아갈 뿐 아니라 털어놓기 전보다 더 낮은 상태로 떨어진다. 이처럼 속을 털어놓고 나면 더 건강해지는데, 이는 면역 체계 기능이 더 좋아지기 때문이기도 하다.[20]

나는 오랜 기간 자유 특성에 따라 행동하면 이런 신체적, 정신적 대가가 있을 수 있다고 생각한다. 법률사무소에 다니는 생물 발생적으로 친화력이 높은 여자가 회사의 요구로 쾌활함을 억누른 채 공격적으로 행동해야 한다면, 자율신경계 흥분으로 심장 박동 수가 올라가고 땀이 나고 근육이 경직되고 놀람 반응이 더 강해지는 등의 반응이 나타날 수 있다. 법률사무소의 분위기상 그런 문제를 말하기 어렵고, 언급했다가는 프로답지 못하게 보일 수 있다면 그 대가는 더욱 심각해질 것이다. 앞서 소개한 음악 프로듀서인 마커스가 지친 몸으로 몬트리올 뒷골목을 걷는 까닭도 음악 업계의 쉬지 않고 떠들어대는 왁자지껄한 모임을 떠나 쉬고 싶다는 절실한 심정을 누구에게도 말할 기회가 없었기 때문일지도 모른다.

생물 발생적 본성을 억누를 때 생기는 문제가 또 있다. 댄 웨그너Dan Wegner는 그의 흥미진진한 연구에서 누군가가 생각을 억누르면, 이를테면 흰곰을 생각하지 않으려고 하면, 그가 말하는 '모순 과정'을 자극한다는 설득력 있는 증거를 제시했다.[21] 어떤 생각을 억제하려면, 그러니까 흰곰을 절대 생각하지 않으려면, 우리가 억누르려는 대상을 마음속에 확실히 해야 하고 그러다 보면 과도한 각성 상태와 인지 자원 고갈로 이어져 어이없게도 억누르려는 대상이 다시 나타나는 일이 생긴다. 간단히 말해, 흰곰을 생각하지 않으려 애쓰면 흰곰이 더 생각나게 마련이다(이 글을 읽고 머릿속에서 흰곰이 떠나지 않아 짜증난다면, 이번에는 초록 고양이를 생각하지 않으려 애써 보라).

우리가 애써 생물 발생적 특성과 반대로 자유 특성에 따라 행동할 때도 똑같은 현상이 일어난다. 마커스가 다가오는 공연과 관련해 유난히 격렬한 협상을 벌이게 되었다면, 목에 힘을 주어 말하려다 순간 멈칫하고는, 맞은편에 앉은 사나운 핏불테리어 같은 연예계 변호사의 눈길을 슬쩍 피하며 내향적인 모습을 내비칠 수도 있다. 스테파니 역시 가족의 삶의 질을 높이려 노력하지만, 한밤중에 딸에게 이메일을 보내면서 태어날 아기의 이름을 두고 자기도 모르게 다시 딸을 화나게 해놓고 뒤늦게 이메일을 보내지 말았어야 했다고 후회할지도 모른다.

회복 틈새 : 성격을 벗어난 행동의 대가 줄이기

성격을 벗어나 행동할 때 치를 수 있는 대가를 줄이는 방법이 있을까? 한 가지 방법은 자유 특성 행동에 따른 생리적 대가에서 벗어나 잠시 숨을 돌리고 생물 발생적 '1차 본성'을 마음껏 발휘하는 '회복 틈새'를 찾는 것이다. 개인적인 예를 들어보겠다.

평생 생물 발생적 내향성을 지니고 사는 나는 쉽게 과부하가 걸리고 다양한 사회적 자극에 특히 민감하다. 나는 그런 자극을 즐기는 사람이 아니다. 솔직히 그런 상황에서는 업무를 효율적으로 수행하지 못한다. 여러 해 동안 퀘벡 생장쉬르리슐리외에 있는 왕립사관학교에서 군 지휘관을 상대로 미술과 과학으로 성격을 이해하는 강의를 했었다. 주로 전날 밤에 차를 몰고 가 그곳에서 하루를 꼬박 보내며, 오전에 3시간 강의하고 점심 식사 뒤에 다시 3시간 강의하는 식이었다. 내 핵심 개인 목표 하나는 학생들과 충분히 교감하는 것인데, 그 학생이 대학 2학년생이든, 사성장군이든, 앞에서 얘기하다 만 예전 애리조나 강연 때의 청중이든 마찬가지다. 청중과 충분히 교감하려면 강의를 빠르고, 강렬하고,

상호 소통하는 식으로 진행해야 한다. 간단히 말해, 대단히 외향적이어야 한다. 그러다 보니 왕립사관학교에서 오전 강의가 끝날 때쯤이면, 내 흥분 상태는 명쾌한 강의에 필요한 최적의 수준을 훨씬 넘어 과도한 수준에 이르곤 했다.

그리고 점심시간이 된다. 흥분을 낮춰야 하는 절실한 순간에 장교들이 나를 장교 식당으로 초대한다. 몇 번은 초대에 응했지만, 그러면 오후 강의의 질이 떨어진다는 걸 금방 알게 되었다. 그래서 한 가지 작전을 떠올렸다. 나는 장교들과 점심 식사 대신 극장식 강의실 옆을 따라 흐르는 리슐리외 강가를 걸어도 괜찮을지 문의했다. 리슐리외 강을 따라 흘러가는 다양한 배에 관심이 많다는 핑계를 댔지만, 물론 내 주된 동기는 좀 더 전략적이었다. 무엇보다 흥분을 낮춰야 했다. 이 작전이 두어 해는 잘 먹혔지만 그 뒤 학교가 다른 곳으로 옮겨 갔고 강은 여전히 그 자리에 남았다. 나는 흥분을 낮출 새로운 틈새를 찾아야 했고, 드디어 이상적인 장소를 찾았다. 남자 화장실. 나는 교전지에서 가장 멀리 떨어진 작은 칸막이 화장실에서 삶과 오후 강의를 조용히 곱씹으며 생물 발생적 본성을 회복했다.

그러던 어느 날 안타깝게도 내 피난처가, 회복 틈새가 무용지물이 되고 말았다. 그곳에서 흥분을 가라앉히며 편안한 상태가 된 나는 돌연 초자연적이라고밖에 표현할 수 없을 만큼 외향적인 사람의 소리를 들었다. 그렇게 쩌렁쩌렁 울리는 흥얼거림은 생전 처음이었다. 그는 남자 화장실에 갑자기 들이닥쳐 두 번째 칸으로 휘청거리며 다가갔다. (나는 화장실 문 틈새로 밖을 내다보고 있었다.) 그리고 군화를 신지 않은 내 발을 보았을 것이다. 자리에 멈춰 선 그는 몸을 돌려 내가 있는 쪽으로 곧장 다가왔다. 내 자율신경계가 단박에 반응했다. 그는 내 바로 옆 화장실로 들어왔다. 이어 장을 비우는 다양한 소리가 들렸다. 도저히 당해낼 수 없는 우렁찬 소리였다. 우리 같은 내향적인 사람들은 절대 그런 짓은 하지 않는다. 우리는 볼일을 본 뒤뿐 아니라 볼일을 볼 때도 물을 내리는 때가 많다. 드디어 거칠고 투박한 목소리가 들려왔다. "거기, 리틀 선생님입니까?" 누가 외향적인 인간이 아니랄까봐 잡담까지 하려들다니! 내향적인 사람을 여섯 달 동안 변비에 걸리게 하는 확실한 방법이 있다면, 그건 바로 변기에 앉아 잡담하기이며, 이때 내 흥분 수위는 당연히 정점을 찍었다. 길고 생동감 넘치는 화장실 대화를 나눈 뒤, 그날 오후 평소만큼 명쾌한 강의를 하지 못한 건 두말하면 잔소리다. 나는 회복 틈새 행동을 약간 수정해 발각되지 않을 작전을 짜기로 했다. 쉬는 시간에 나와 함께 잡담을 하고 싶어 안달하는 사람이라도 이제는 나를 남자화장실에서 발견하지 못할 것이다. 하지만 나는 여전히 그곳의 가장 구석진 칸에서 흥분을 가라앉히고 있을 것이다. 발을 들어 올린 채로!

자유 특성 합의서

회복 틈새는 외향적인 사람을 연기하는 내향적인 사람만을 위한 것은 아니다. 직장에서 '가짜 내향적인 사람'이 되어야 하는 외향적인 사람이라면 본 모습을 회복할 조용한 은신처 따위는 필요치 않다. 사실 그런 사람에게 내 틈새는 악몽일 수 있다. 그의 틈새가 내게 악몽이듯. 그들에게는 적극 참여할 다른 무언가가 필요하다. 어쩌면 마커스와 함께하는 요란한 나이트클럽도 좋을 것이다.

3장을 시작하며 언급했던 애리조나 강연장으로 돌아가보자. 내 몸이 딸깍 하고 발표 상태로 전환된 뒤, 나는 청중에게 성격의 고정된 특성이 삶의 질 향상에 어떤 의미가 있는지 강의하기 시작했고, 그때만큼은 완벽하게 가짜 외향적인 사람이 되었다. 나는 자유 특성을 언급하며 성격을 벗어난 행동과 회복 틈새를 이야기했고, 내 프레젠테이션이 끝난 뒤에 화장실까지 나를 따라오지 말라고 경고했다. 강의가 끝나고, 강의 내용을 어떻게 가족에게 적용할지 궁금해하는 사람들과 몇 마디를 주고받았다. 그리고 소지품을 챙기던 중에, 문가에 서 있는 남자를 보았다. 다른 사람이 떠나기를 기다리는 게 분명했다. 그가 내게 다가왔다. 그는 대단히 직설적이었다. "브라이언 선생님. 선생님의 성격 테스트로 보면 저는 대단히 불쾌한 사람이더군요." 내가 대답했다. "아, 그럴 리가요." "닥쳐요." 그는 내 말을 자르더니 자기는 아주 불쾌한 사람이라고 다시 한 번 말했고, 내가 아무리 아니라고 해봐야 소용없다는 점을 분명히 했다. 그는 바로 얼마 전, 돌아가시기 직전의 어머니와 두 주를 함께 지냈다고 했다. 날마다 어머니와 함께 있었고, 그때의 자신은 어머니를 사랑하는 싹싹하고 다정한 아들이었다고 했다. 그는 강의 중에 나온 단어를 써가며 말했다. "성격을 완전히 벗어난 행동이었어요. 그런데 선생님 말씀이 옳다면, 제가 대가를 치르고 있겠군요. 누나도 저도 다 슬프지만, 누나는 저보다 상태가 훨씬 좋아요. 누나는 쾌활한 성격을 타고났죠. 사실 못 봐줄 정도예요. 어머니가 돌아가셔서 우리 둘 다 슬프지만, 저는 녹초가 되었어요. 그래서 여쭤보는데, 어떤 회복 틈새가 저한테 맞겠어요?" 흥미로운 질문이었다. 자유 특성에 관한 우리의 일차적 연구는 거의 전적으로 외향성과 가짜로 외향적인 사람들에 초점을 맞추었지만, 그가 묻는 것은 스쳐가는 만남에서가 아니라 진지하게, 다소 긴 기간 동안 가짜로 친화적인 모습을 보인 사람이 치르는 대가였다. 나는 그에게 취미로 하키를 하느냐고 물었다. 그의 웃옷에 하키 표시가 그려져 있었기 때문이다. "예." 그가 대답했다. 내가 물었다. "상대와 몸싸움을 해도 되나요?" "물론이죠." "그럼 치고받는 하키 몇 번 하면서 진짜로 엉덩이도 걷어차고 하면, 원래 모습으로 돌아가는 데 아주 좋겠는데요." "그럼 심판에게 그게 치료법이라고 말해도 될까요?" "얼마든지요."

자유 특성 행동에는 도덕적 차원이 있는 것 같다. 성격을 벗어난 행동은 가치 판단에서 나온다. 우리는 생물 발생적 자아에 문제가 있다 싶을 때 그런 행동으로 대처한다. 사랑 때문에 그렇게 행동하고, 프로의식 때문에 그렇게 행동하며, 그렇게 행동함으로써 개인적이고 직업적인 목표를 달성한다. 하지만 그런 행동에는 대가가 따른다. 그렇다면 그 대가를 줄이기 위해 '자유 특성 합의서'를 만들면 어떨까? 정식 문서가 아니라 비공식적 서약인데, 우리 모두가 생물 발생적 본성을 충족하는 회복 틈새를 만들어 그곳으로 들어갈 기회를 갖자는 약속이다. 이 서약을 따르려면 어떻게 해야 할까? 단순하게는, 다소 당혹스러운 행동을 하는 사람에게 관용을 보이고 지지를 보내면 된다. 사람들과 어울리기 좋아하는 아내가 두 주 동안 오로지 일에만 매달린 뒤에 친구들과 화끈한 주말을 보내려고 한다면, 아내가 나를 사랑하지 않는다고 단정하지 말자. 아내가 그런 시간을 보내는 것은 물론 해방감을 느끼고 즐기기 위해서지만 그렇게 외향적 자아를 회복하고 돌아와야 남편을 더 사랑할 수 있다는 것을 알기 때문이기도 하다. 그리고 일주일 내내 깐깐한 사감 선생 노릇을 해야 하는 내부 회계 감사팀의 착하고 민감한 남자도 싸움이 일시적으로 멈추는 금요일만큼은 동료들을 끌어안으며 잠시라도 자신의 참모습으로 돌아가는 것이 허락돼야 한다.

그럼 이제 아주 사적인 조언으로 3장을 마무리할까 한다. 5대 특성을 너무 심각하게 받아들이지 말자. 그 안에 갇히지 말고, T. S. 엘리엇의 상상에서 핀에 꽂혀 벽에 꿈틀거리는 완벽한 생물 표본처럼 그 특성에 얽매이지 말자. 내 5대 특성 점수를 다른 사람에게 말하지도 말자. (극단적으로 외향적인 사람이라면 이미 자기 점수를 동네방네 떠들고 다녔겠지만.) 고작 숫자 몇 개가 나를 표현할 수는 없다. 하지만 지금 진행 중인 삶에서 중요한 것들, 가령 핵심 목표라든가 꾸준히 몰입하는 것 그리고 미래의 포부 같은 것들은 남에게도 이야기하자. 그런 것들에 초점을 분명하게 맞추면, 자신의 비교적 고정적인 특성과 좀 더 전략적인 자유 특성이 달리 보인다. 성격 특성이 신경과민에다 내향적으로 나왔다 해도(물론 그것도 상관없지만), 그런 식의 묘사는 지나치게 제한적이라는 점을 기억하자. 우리에게는 그보다 자유의 여지가 크다. 성격을 벗어나 행동하고 자유 특성에 의지한다면 내가 소중히 여기는 핵심 목표를 발전시킬 수 있다.

'딸깍' 하고 자기 표현 방식을 바꾸고 자유 특성을 발휘하는 것이 비교적 쉬운 사람도 있다. 그러나 자기 모습을 조금도 바꾸지 못하는 사람도 있다. 이런 차이는 성격을 어떻게 표출하고 타인과 어떻게 관계를 맺는가를 결정하는 중요한 요소가 된다. 다음 장에서는 성격의 이런 중요한 측면에서 나는 과연 어디에 위치하는지, 그리고 그것이 왜 중요한지 알아보자.

CHAPTER 4

양파와 아보카도 :

타인을 의식하는 정도가 삶에 미치는 영향

왜 어떤 사람은 상황이 아무리 달라져도 변하지 않고, 어떤 사람은 카멜레온처럼 자기를 바꿔 상황에 따라 다른 사람이 되는가? 당신은 어떤가? 장례식에서는 장례식에 어울리게 행동하는가? 바비큐파티에서는 바비큐파티에 온 사람답게 행동하는가, 아니면 서로에게 빵을 집어던지며 노는 사람들 눈에 장례식장에 온 사람처럼 보이는 행동을 하는가?

이런 성향이 성취도와 삶의 질에 영향을 미칠까? 이번 장에서는 이런 질문을 탐색한다. 그 전에 먼저 아래의 SM 검사를 해보면, 적어도 검사 항목을 한번 읽어보기라도 하면, 도움이 될 것이다.

SM 검사[1]

아래 진술은 여러 상황에 대한 반응이다. 각 항목이 모두 다르니, 주의 깊게 읽고 답하라. 각 문장이 정확히 또는 거의 정확히 자신에게 해당하면 왼쪽 빈칸에

T라고 표시하라. 전혀 또는 거의 해당하지 않으면 F라고 표시하라. 최대한 솔직하고 정직하게 답해야 한다.

_______ 1. 다른 사람의 행동을 흉내 내기 어렵다.

_______ 2. 파티나 모임에서 다른 사람이 좋아할 만한 행동이나 말을 하려고 노력하지 않는다.

_______ 3. 이미 믿고 있던 주제에 대해서만 논쟁을 벌일 수 있다.

_______ 4. 정보가 거의 없는 주제에 대해서도 즉석에서 연설을 할 수 있다.

_______ 5. 사람들에게 인상을 남기거나 그들을 즐겁게 하려고 나를 거짓으로 꾸미기도 하는 것 같다.

_______ 6. 연기를 하면 분명 잘할 것이다.

_______ 7. 사람들이 많이 모이는 자리에서 주목을 끄는 일은 거의 없다.

_______ 8. 주위 상황이나 사람들에 따라, 아주 다른 사람처럼 행동할 때가 종종 있다.

_______ 9. 사람들이 나를 좋아하게 만드는 재주가 없다.

_______ 10. 겉보기와는 다른 사람일 때도 있다.

_______ 11. 사람들을 즐겁게 하거나 그들의 호의를 얻자고 내 의견을 (또는 행동 방식을) 바꾸지는 않을 것이다.

_______ 12. 나는 사람들을 즐겁게 하는 사람이라고 생각한 적이 있다.

_______ 13. 몸짓으로 설명하기 또는 즉석 연기 같은 게임은 항상 젬병이다.

_______ 14. 주위 사람이나 주위 상황에 따라 내 행동을 바꾸기가 어렵다.

_______ 15. 파티에서 다른 사람이 농담을 하거나 이야기할 때, 중간에 자르지 않는다.

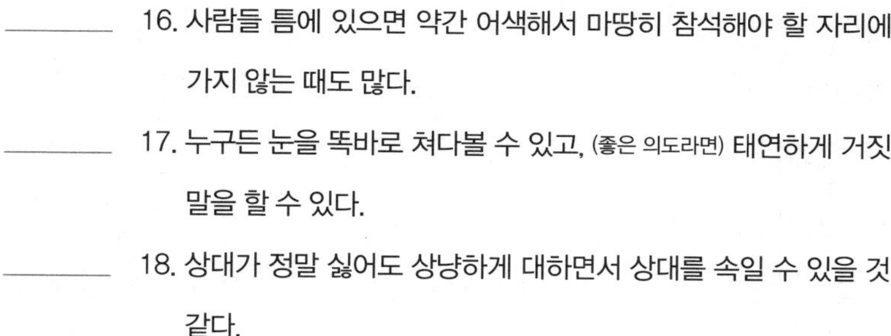

_______ 16. 사람들 틈에 있으면 약간 어색해서 마땅히 참석해야 할 자리에 가지 않는 때도 많다.

_______ 17. 누구든 눈을 똑바로 쳐다볼 수 있고, (좋은 의도라면) 태연하게 거짓말을 할 수 있다.

_______ 18. 상대가 정말 싫어도 상냥하게 대하면서 상대를 속일 수 있을 것 같다.

점수 계산하기

아래는 자기 점검 성향이 매우 높은 사람의 대답이다. 왼쪽 빈칸에 적은 T 또는 F가 아래와 일치하면 동그라미를 친다. 동그라미의 총 개수가 SM 검사 점수다. 그 점수를 아래에 적어 보자. 평균은 10점이고 표준편차는 3점이다. 따라서 13점 이상은 자기점검 정도가 높고 7점 이하는 자기점검 정도가 낮으며, 8점에서 12점까지는 보통에 해당한다.

1 F	**2** F	**3** F	**4** T	**5** T	**6** T	**7** F	**8** T	**9** F
10 T	**11** F	**12** T	**13** F	**14** F	**15** F	**16** F	**17** T	**18** T

내 점수_______[2]

SM 검사는 '자기 점검self-monitoring'을 측정한다.[3] 자기 점검 정도가 높은 사람(HSM)은 다른 사람이 나를 어떻게 보는지, 내 행동이 내가 속한 환경의 규범과 기대를 반영하는지에 관심을 둔다. 자기 점검 정도가 낮은 사람(LSM)은 다른 사람이 나를 어떻게 보는지에 관심이 적고, 내가 속한 환경의 기대보다 나만의 특성과 가치에 따라 행동한다. SM 점수는 성격과 삶의 질을 돌아보는 훌륭한 자료가 된다. 대인관계가 돈독해지려면 매우 솔직하게 소통하는 편이 좋을까, 아니면 약간 모호한 여지를 남기는 편이 좋을까? 우리가 맞닥뜨리는 사회 상황을 유심히 관찰해야 우리가 하는 일에서 성공할 확률이 높을까, 아니면 그저 내 모습 그대로 사는 편이 나을까? SM 검사로 나를 파악한다면 이런 질문에 답하기가 쉬울 것이다.

SM 검사가 너무 길다거나 원칙적으로 그런 검사 따위는 받지 않는다는 이유로 SM 검사를 거부한 사람도 있을 것이다. 얼마든지 그럴 수 있다. 그렇다면 같은 종류의 검사에서 자신이 어느 정도인지를 알 수 있는 훨씬 빠른 방법이 있다. 자, 이제 내가 당신을 마주 보고 서 있다고 상상해보라. 내가 당신에게, 당신 이마에 손가락으로 Q자를 써보라고 한다. 지금 당장 써보라. Q자의 꼬리를 어느 방향으로 붙였는가? 오른쪽인가, 왼쪽인가? 이 방향으로 자기 점검 정도가 높은지 낮은지 추측해볼 수 있다. (결과는 이 장 마지막에 소개하겠다.) 아, 만약에 순전히 반항심에서 Q자가 아닌 다른 글자를 썼다면, 반친화적인 당신, 딱하기도 하지.[4]

성격, 상황 그리고 약간의 소금

자기 점검에서 우리가 알 수 있는 것을 몇 가지 설명하기 전에, 일단 관련 배경부터 조금 소개해야겠다. 1968년에 당시 스탠퍼드 대학 교수였던 월터 미셸Walter Mischel이 이후 성격 연구에 큰 영향을 미친 《성격과 평가Personality and Assessment》를 출간했다.[5] 그는 성격에 대한 전통적

인식이 근거 없는 개념이라고 주장했다. 미셸은 이용 가능한 경험적 연구를 분석해 기존 통념, 즉 사람은 다양한 상황에서 일반적으로 드러나는 고정된 성격에 따라 움직인다는 생각은 지지받을 수 없거나 적어도 진지하게 재고되어야 한다고 결론 내렸다. 그는 일상적 행동을 사회 인지적 행동으로 보는 설명을 대안으로 내놓았다. 다시 말해, 행동은 우리가 마주치는 상황과 그러한 상황을 머릿속에서 처리한 결과라는 해석이다.[6]

뒤이어 성격심리학과 사회심리학에서 성격 특성 논쟁이 벌어지면서, 성격 특성을 옹호하는 성격심리학자들과 상황을 중시하는 사회심리학자들이 맞붙었다. 논쟁은 살벌했지만, 이 논쟁을 계기로 양쪽 모두 크게 발전했다. 양쪽이 가장 무난하게 동의한 결론은 행동을 가장 잘 설명하는 것은 성격과 상황의 '상호작용'이라는 점이다.[7] 요란한 파티는 외향적인 사람을, 조용한 대화는 내향적인 사람을 끌어들일 것이다. 양쪽이 합의한 또 하나는 개인이 적극 참여하는 행위, 즉 때로는 밤 시간도 할애해 수행하는 목표와 과제 같은 행위에 초점을 맞춰야 한다는 점이다. 우리가 가진 특성도, 우리가 마주치는 상황도 모두 우리가 일상적으로 추구하는 것들에 영향을 미치기 때문에, 심리학자들이 우리가 추구하는 것을 연구한다면 성격 분석과 사회 심리 분석의 강점을 통합할 수 있다. 나 역시 그런 관점을 가지고 있어서, 책 뒷부분에서 이 점을 자세히 다룰 것이다.

SM 시험을 만든 마크 스나이더Mark Snyder 교수는 그 유명한 성격 특성 논쟁에 대단히 창조적인 또 하나의 해법을 내놓았다. 그는 자기 점검 정도가 낮은 사람, 즉 LSM은 일상적 행동을 할 때 성격에 영향을 받는 반면, 자기 점검 정도가 높은 사람, 즉 HSM은 상황에 영향을 받는다고 주장했다. 이 구분은 가치가 증명되었고, 이 구분 덕에 우리는 다양한 성향과 취향에 초점을 맞추게 되었다. 이 가운데 더러는 다소 뜻밖인 것들도 있었는데, 우리가 음식에 소금을 뿌리는 방식도 그중 하나다.

이제 막 내 앞에 놓인 스테이크를 한 입 먹으려 한다고 치자. (원한다면, 두부 한 모라고 해도 좋다.) 이때 소금을 치기 전에 맛부터 보는가? 스나이더는 스탠퍼드 박사 과정에서 바로 이 질문을 연구했고, 그 결과 HSM은 소금을 치기 전에 스테이크를 조금 먹어볼 확률이 높다는 걸 알아냈다.[8] LSM은 맛을 보기 전에 소금을 치거나 아예 소금을 치지 않을 확률이 높았다. LSM은 마치 자신의 소금 취향을 아주 잘 안다는 듯 행동한 반면, HSM은 상황을 점검하고 나서, 그러니까 스테이크 향을 점검하고 나서 스테이크를 먹었다. 스나이더에 따르면 LSM의 행동은 그들 내부에 깊이 뿌리박힌 기본적인 성향, 그러니까 상황보다 자신에게 의지해 행동하는 성향과 일치한다.

스테이크와 소금으로 시작했지만 이제 이 음식 비유를 확장해 우리가 자신을 이해하는 방식에 자기 점검 기질이 어떤 식으로 영향을 미치는지 알아보자. 우리를 설명하는 말로 양파가 적절할까, 아보카도가 적절할까? 자신의 특질을 나열해보라고 하면 HSM은 남들 눈에 잘 띄거나 남들이 활용할 수 있는 특질, 이를테면 신체적 특징, 지위, 자기가 맡은 역할 등을 나열하는 성향이 있다. 그러나 LSM은 내적인 특질, 이를테면 가치, 지속적인 취향, 5대 특성에 포함되는 요소 등을 말할 가능성이 높다. 이처럼 연구자들이 자아상을 점검해보면, HSM은 한 꺼풀 한 꺼풀 계속 벗기면 결국 본질은 남지 않는 양파에 가깝다.[9]

어쩌면 당신의 동료 엘리자베스가 그런 사람일지 모른다. 당신은 그녀가 어떤 상황인지 전혀 알 길이 없고 걱정스럽지도 않다. 그녀의 자아는 가변적이고 여러 소자아로 나뉜다. 엘리자베스에게는 엘리자베스의 본질이 없다. 반대로 LSM은 아보카도에 가깝다. 안으로 파고 들어가면 변치 않는 단단한 중심인 씨가 나온다. 당신 친구 더그가 LSM일지도 모른다. 더그는 항상 더그일 뿐, 예측 불허 더기 군이라든가, 진지한 더글라스 선생 행세를 하지 않는다. 있는 그대로의 더그일 뿐이다. 그는 주변 사람의 예상을 벗어난 행동은 하지 않는다. 그의 핵심은 단단하고 자아는 변치 않는다. 그런 그를 융통성이 없다고 말하는 사람도 있을 것이다.

3장에서, 개인이 자유 특성을 이용해 더러는 생물 발생적 자아와 맞지 않게 행동해서라도 중요한 핵심 목표를 달성한다고 이야기했다. HSM은 이런 식으로 성격을 벗어나 행동하는 것에 대단히 능숙한 반면, LSM은 왜 그런 식으로 행동해야 하는지 당혹스러워하기 쉽다.

이제부터 자기 점검 성향이 우정에서 사회 이력에 이르기까지 삶의 궤적에 어떤 식으로 영향을 미치는지 탐색하려 한다. 탐색이 끝나면 가치와 인격에 관한 물음, 그러니까 삶을 어떤 식으로 '살아야' 하는가, 하는 물음에 직면할 것이다. 과학(이 경우에는 성격 연구)은 이런 질문에 답을 주는 도구가 아니지만, 가치를 묻는 질문을 깊이 고민하는 데 유용할 수 있다. 두 가지 자기 점검 성향의 차이를 더 확실히 느껴보려면 두 가지 질문에 답해보는 것도 좋다. 첫째, 애인으로 LSM이 좋겠는가, HSM이 좋겠는가? 둘째, 둘 중 어떤 사람이 국가 지도자가 되면 좋겠는가?

상황 지휘하기

상황을 주시하는 기질이 있는 HSM은 자신이 곧 마주칠 상황의 성격을 확실히 알고 싶어 한다. HSM에게는 상황을 '명확하게' 예상하는 것이 특히 중요하다. 이를 잘 보여주는 실험이 있다. 학생들을 대상으로, 외향적인 사람으로 행동해야 하는 상황이 있을 때, 그런 상황을 마주할지 피할지 선택하라고 했다. HSM은 자신의 외향성 정도와는 상관없이 상황의 성격이 명확하다면 마주할 확률이 훨씬 높았다. 그러나 LSM은 자신이 내향적이냐 외향적이냐에 달려서, 외향적이라면 마주한다. 그리고 상황이 어떻게 바뀌면 좀 더 기꺼이 마주할 것인지 물었을 때, HSM은 어떻게 행동해야 할지 명확한 지침을 줄 수 있는 상황으로 바뀌어야 한다고 했고, LSM은 내향적이거나 외향적인 자신의 기질과 좀 더 가깝게 바뀌어야 한다고 했다.[10]

일단 구글부터 검색하고

이런 부류의 연구를 보면 HSM은 구글을 특히 좋아하지 않을까 하는 생각이 든다. 구글이 있으면, 중요한 상황을 마주하기 전에 그 상황을 면밀히 검토하고, 숱한 물음표를 품기보다 명확한 그림을 얻을 수 있다. 구직 면접을 생각해보자. 지원자 대부분은 입사하고 싶은 회사가 어떤 회사인지 관련 정보를 얻으려 할 것이다. 그러나 HSM은 거기서 끝나지 않는다. 내가 아는 어떤 HSM은 구글로 자세한 회사 정보만 검색하는 게 아니라 면접관의 약력까지 검색해, 그들이 어느 학교를 다녔고, 심지어 취미가 무엇이며, 인맥은 어떤지도 알아낸다. 그런 다음 면접을 볼 때, 면접관과 좀 더 가까워질 수 있는 방향으로 대화를 유도한다. "아, 맞아요, 톰슨 씨. 브랜다이스 대학에서 사회학을 전공하신 분다운 질문입니다." 물론 이때의 문제는 그런 행동이 오싹하게 해석될 수도 있다는 점인데, 특히 면접관이 LSM이고 사실은 맥길 대학교를 다녔다면 더욱 그러하다.

LSM은 어떻게 옷을 입고, 어떻게 말을 하고, 어떻게 나를 표현하는가에 쓸데없이 걱정할 필요가 없다. 그들은 따로 선택할 필요 없이 늘 하던 대로 자기만의 특성, 취향, 믿음을 따르면 그만이기 때문이다. 앞서 보았듯이 HSM은 자신이 마주하는 상황이 명확하길 바란다. 내 경험상 이들은 앞으로 어떤 일이 일어나고 어떻게 행동해야 하는가에 관한 명확한 답안이 없는 상황에 참여해야 할 때 스트레스를 받는다. 동료가 전화를 걸어와 내일 저녁 파티에 올 수 있는지 물었다고 해보자. LSM이라면 나를 초대한 사람을 내가 어떻게 생각하느냐에 따라 참석 여부를 정한다. HSM이라면 파티에 누가 오는지, 격식을 갖춘 파티인지 자유로운 파티인지, 얼마나 계속될지, 빈손으로 가면 안 되는지, 저녁 식사의 진짜 의도가 무엇인지 등을 궁금해한다. HSM에게는 안됐지만, 구글로는 답을 얻을 수 없는 의문들이다.

다른 예를 보자. 바로 지금, 내 연구 조교 몇 명이 당신 방 밖에 서서 당신의 생활공간을 들여다보고 싶어 한다. 그들이 들어올 때까지 그 짧은 시간 동안 당신은 어떤 기분이 들고, 어떤 행동을 하겠는가? 이제 당신의 자기 점검 점수를 다시 떠올려보라. LSM이라면 그런 일로 당황해하지 않는다. 그들의 장소는 자아, 성격, 취향이 투영된 곳이며, 그런 곳을 새삼스레 달리 바꿀 마음은 없다. 반면에 HSM은 당혹스러워할 것이다. 방을 멋지게 정돈하고 싶거나 하다못해 돼지우리로 보이지 않고 싶을 것이다. HSM에게 지옥의 밤이란 목요일 저녁에 집에 있는데 누군가가 문을 두드리더니 갑작스레 지금의 남자친구, 예전 남자친구, 3학년 때 담임선생님, 이혼한 부모님, 리틀 교수, 울프 블리처 CNN 기자가 들이닥치는 것이다. LSM이라면? 상관없다. 누구든지 들어오라! 농담이 아니다.

그 여자를 초대한다고?
자기 점검 기질과 같이 즐길 친구 고르기

대인관계에서 HSM은 자신이 맞닥뜨리는 상황 또는 맥락에 함께할 친구나 파트너를 선택할 때 그들이 그 상황과 어울리는지 무척 신경 쓰는 경향이 있다. 예를 들어, 친구 한 명을 선택해, 두 가지 행사 중 한 곳에 같이 가야 한다고 가정해보자. 하나는 앨라배마 터스컬루사에서 열리는 미식축구 야외 파티고, 하나는 뉴욕 시 줄리아드 학교에서 열리는 발레 공연 뒤풀이 파티다. 이때 친구 두 명이 떠오른다. 한 명은 앨라배마 대학 팬이면서 그곳 미식축구 팀인 크림슨 타이드와 좋은 맥주에 관해 누구보다 잘 아는 친구고, 또 한 명은 뉴욕 시에 살면서 줄리아드 학생과 사귀는 첼리스트다. HSM은 분명히, 그리고 다그친다면 어쩌면 LSM도, 어떤 친구가 어떤 행사와 잘 어울리는지 말할 수 있을 것이다.

그런데 상황을 좀 더 복잡하게 만들어보자. 두 친구 중에 터스컬루사 미식축구 팬인 친구와 더 친하다면, 선택이 달라질까?

실험에서 LSM은 두 행사 모두 미식축구 팬을 선택하고, HSM은 각 행사에 '적절한 사람'을 선택하리라는 결과가 나왔다.[11] 얼굴이 뻘겋게 달아오른 미식축구 광팬과 우아한 파티에 간다는 건 HSM에게는 생각만 해도 당혹스러워서, 마치 넓은 뜰에 세워놓은 맥주 텐트에서 (해리포터의) 지적인 케드릭 디고리와 시간을 보내는 것과 같았다. LSM이라면 무조건 제일 친한 친구와 함께 간다. 이런 자기 점검 기질에 따른 차이는 대인관계에서 마찰을 빚을 수 있는데, 이제 곧 보겠지만, 친구보다는 연인일 때 더 심각하다.

연인 사이 : 충실함과 융통성

같이 즐길 친구를 선택하기가 쉽지 않다면, 연인이나 아주 가까운 사람과 관련한 대인관계는 훨씬 더 어렵다. 연인이 될지 모를 사람의 신상 정보와 사진이 있다면, HSM은 사진에 더 주목하고, LSM은 신상 정보에 더 집중한다. 비슷한 맥락으로, 상대를 고를 때 HSM에게는 상대

의 외모와 사회적 지위가 중요하고, LSM에게는 성격과 가치가 더 중요하다.[12]

자기 점검 기질은 연인 관계의 안정성에도 영향을 미친다. LSM은 HSM에 비해 관계를 좀 더 지속적으로 유지하는 성향이 있으며, 이혼이나 외도를 할 가능성이 적다. HSM은, 좋게 말해, 연애 관리에 대단한 융통성을 발휘한다. 물론 상대 남자친구 또는 여자친구인 LSM은 '융통성'이란 말로 표현하지 않겠지만. 최악의 경우에, HSM은 폴 사이먼의 노래에 나오는 세실리아처럼, 연인이 잠에서 깨어 세수하러 간 사이에 다른 사람을 침대에 들일지도 모른다. 썩 믿음직한 행동은 아니다.

물론 HSM이 모두 바람둥이란 이야기는 아니다. HSM은 눈앞의 상황에 가장 적합한 행동을 기꺼이 선택한다. 그러다 보니 더러는, 특히 LSM의 눈에는 일관성이 없어 보인다. 윌리엄 제임스는 사람은 자기가 시선을 의식하는 타인의 수만큼 많은 사회적 자아를 가졌다는 유명한 말을 남겼다. 이제 우리는 그 말이 '특히' HSM에게 잘 맞는다는 특징을 덧붙일 수 있게 되었다. 제임스의 일반화는 LSM에게는 적용하기 쉽지 않다. LSM에게는 소자아나 특화된 자아로 나뉘길 거부하는 단 하나의 자아, 단단한 중심이 있기 때문이다.

나는 여러 해 동안 이런 결과를 학생들과 토론하면서, HSM이 "사회적으로 적절하다"고 표현할 행동을 LSM은 "가짜"라고 말할 수 있다는 걸 알게 되었다. 이런 차이는 자기 점검 성향이 다른 사람들끼리 사귈 때 불화의 큰 이유가 된다. 두 사람이 휴가 중 상대의 가족을 찾아갔을 때 생기는 문제는 좋은 예가 된다. 그런 가족 모임에서 HSM은 서로 다른 사람들과 그때그때 다양한 방식으로 소통하는 반면, LSM은 모든 사람을 똑같은 방식으로 대하기 쉽다. LSM은 애인인 HSM에게, 사람들과 대화하면서 태도나 취향, 믿음을 어떻게 그렇게 쉽게 바꾸느냐며 실망을 표시할 수 있다. 가족 모임에 정말 다양한 사람이 참석했다면, HSM은 같은 날 저녁에 극우 성향의 아버지에게는 아주 보수적인 사람처럼 행동하고, 매우 혁신적인 삼촌에게는 좌파 성향의 진보적인 사람처럼, 남동생에게는 끝내주게 멋진 사람처럼 행동한다. 이렇게 다양한 모습을 보면서 상대는 자기가 사랑에 빠진 사람은 대체 누구인지 헷갈려 한다. 자아가 이처럼 쉽게 변하는 사람을 사귀면 위험하지 않을까? 하지만 HSM도 나름대로 불만이 있다. 왜 내 애인은 상황을 보면서 융통성을 발휘하지 않고 가족의 3분의 2를 멀리할까? 다른 사람들이 눈치로 말했듯이, 그는 정말로 자기 밖에 모르는 무신경한 또라이일까?

이곳을 떠나겠어 : 충실, 성공, 조직의 삶

실험에서 증명된 바에 따르면 HSM은 LSM보다 사회에서 성공할 확률이 훨씬 높다. 여러 사람과 함께 일할 때 HSM은 지도자가 될 확률이 높고, 조직 내 다양한 역할과 신호에 주목해야 하는 관리 분야에서도 높은 점수를 받는다.[13]

HSM의 능력에는 아주 애매한 것들도 있다. 이를테면 작업 목표를 달성하지 못한 책임이 있을 때, HSM은 LSM에 비해 자기 행동을 합리화하고 목표 달성에 실패했다는 이야기가 사람에게 흘러들지 못하게 통제할 가능성이 높다. 반면에 LSM은 어떤 프로젝트가 성공하지 못했을 때 그 질책을 고스란히 떠맡는다. 대화의 방향을 바꾸어 자신을 향한 시선을 돌려놓지 못하기 때문이다. 많은 사람은, 특히 LSM은, 그런 행동을 신선하고 정직하다고 여기기 쉽다. 그러나 그런 거침없는 솔직함과 가식 없는 태도가 조직에서 대인관계에 늘 도움이 되지는 않는다. 직장에서 갈등이 생겼을 때 LSM은 일방적으로(그들 생각에는 옳은 방향으로) 강하게 밀어붙이는 성향이 있다. 반면에 HSM은 타협과 협력으로 갈등을 해결하려 한다.

마틴 킬더프Martin Kilduff와 데이비드 데이David Day는 〈카멜레온이 성공하는가? 관리직에서 자기 점검 효과Do Chameleons Get Ahead? The Effects of Self-Monitoring on Managerial Careers〉라는 기사에서, 경영학 석사들을 대상으로 졸업 후 5년 동안의 경력을 추적한 종적 연구 결과를 발표했다.[14] 참가자들은 경영학 석사 과정 초기에 SM 검사를 받았던 터라 이후 경력에서 다양한 성공의 표시들이 자기 점검 성향과 연관이 있는지 알아볼 수 있었다. 연구 결과, HSM은 경력이 쌓이는 과정에서 뚜렷한 유형이 나타났다. 이들은 5년 동안 고용주가 바뀌거나 직장이 바뀌어도 LSM에 견주어 승진하는 경우가 많았다. 한 직장에서 계속 일한 사람 중에도 승진한 사람은 HSM이 많았다.

HSM이 승진 기회를 더 많이 얻는 이유 하나는 자신이 원하는 '다음' 관리직에 자기가 적임자라고 스스로 드러내 보인다는 점이다. 이와 대조적으로 LSM은 HSM보다 조직에 더 충실하지만, 승진으로 이어질 수 있는 이미지 관리에는 소홀하다. 이 두 가지 자기 표현 전략은 나름대로 부정적인 면이 있다. LSM은 소속 집단이 어떤 이미지를 내세우려

할 때 영 소질이 없어 보일 수 있다.[15] 기술자원팀의 게리는 모든 이에게 인기가 있고 트위스티드 시스터 밴드가 그려진 티셔츠는 그의 상징이지만, 정장을 입고 정중하게 손님을 맞아야 하는 그날 오후 협상에서 그런 차림을 했다가는 질책을 받기 십상이다. HSM은 누가 봐도 분수에 넘치는 행동을 하다가 불이익을 받을 수 있다. 특히 동료들에게 건방지다거나 허세를 부린다는 인상을 줄 수 있다. 실제로 HSM은 동료 평가가 포함된 업무 평가를 인정하지 않거나 중요하게 생각하지 않는다는 증거도 있다. 이들에게는 상사의 평가가 더 중요하다.

HSM이 조직을 바라보는 태도는 이들이 연인을 바라보는 태도와 비슷해서, 유연하되 애매하다. 그런가 하면 LSM은 조직 안에서 일부 사람들과 끈끈한 유대를 맺고, HSM은 조직 전반에 걸쳐 넓은 인맥을 맺는 경우가 많다. HSM은 그 인맥에서 중심점을 맡아, 서로 알고 지내지 않았을 사람들을 연결하는 역할을 한다.

자기 점검 능력: 나를 바꿀 능력은 되는가?

자기 점검 연구에서는 흔히, LSM은 자신의 고정된 행동 방식과 정반대로 행동할 '마음이 없다'고 단정하지만, 사실은 그들이 그런 식으로 행동할 능력이 안 되는 건 아닐까? 심리학계에서 성격을 기질이 아닌 능력으로 보는 시각은 소수의 관심사일 뿐이다. 그러나 그 가능성을 탐색하는 연구는 무척 유익하다. 어느 대학의 남학생 클럽 학생들을 대상으로 한 실험에서, 참가자들에게 유명한 주제통각검사TAT 카드 두 장을 보여주고 어떤 일이 벌어지는 장면인지 설명하라고 했다. 한 장은 중간 정도의 적대감을 일으키는 그림이고, 한 장은 중간 정도의 성적 반응을 일으키는 그림이다. 참가자들은 이야기를 만들어냈고, 그 뒤에 곧바로 '한계 실험'에 참여했다. 이 단계에서 참가자들은 특정 주제로 이야기를 쓰는데, 이 경우에는 쓸 수 있는 한 가장 적대적인 이야기와 가장 야한 이야기를 쓰라고 했다. 참가자 두 명이 쓴 "할 수 있는 한 가장 야한 이야기"는 다음과 같다.[16]

첫 번째 이야기.
마틴은 여자의 어깨에 기댔다. 그녀의 얼굴을 쳐다보는 듯했지만, 사실은 불룩한 젖가슴을 바라보고 있었다. 갑자기 욕정이 몰려왔다. 가슴을 움켜쥐고, 옷을 찢고, 입으로 가슴을 감싸고, 빨고, 물고 싶었다. 그리고 아래로, 그래, 아래로. 그의 손은 천천히 훑다가 은밀한 곳으로 들어가 음모를 헤치고 싶어 했다. 하지만 그의 입과 혀도 핥고 싶은 욕정에 젖어들었다.
그는 돌연 덮쳤고, 그녀는 목구멍 깊은 곳에서 절반의 욕정과 절반의 공포가 섞인 신음을 토했다. 그렇지만 여자는 저항하지 않았다. 그녀도 원했다. 그녀는 재빨리 단추를 풀었고, 그의 손은 그 틈새를 비집고 들어갔다. 그는 여자를 끌어당겼고, 여자의 옷이 흘러내리기를 기다리며 그녀를 구석구석 더듬었다. "만져줄까?" 그녀가 애원했다. 만져줘, 만져줘! 여기? 거기! 여기도? 거기! 여기도? 거기, 거기도!

이 이야기를 아래의 '야한' 이야기와 비교해보라.

두 번째 이야기.
그 젊은 여자는 여러 주 동안 다른 남자와 동거했다. 여자는 지금 임신 중이고 아버지에게 도움을 요청했다. 나이 든 아버지는 딸이 집을 떠나 학교에 있다고 생각했던 터라 처음에는 충격을 받는다. 하지만 딸에게, 딸의 말대로 그 남자가 진정으로 사랑하지 않으면 그와 결혼하지 말라고 충고한다. 아버지는 고지식한 사람이 아니어서, 이런 일도 일어날 수 있다고 이해한다. 아버지는 아이가 태어나면 미혼모라도 얼마든지 아이를 키울 수 있다고 생각한다.

독자들에게 이 정도면 충분할 것 같아 마지막 두 단락은 꾹 참고 옮기지 않았다. 하지만 두 사람이 글재주나 도덕성을 떠나 끈적한 이야기를 지어내는 능력이 매우 다르다는 걸 금방 눈치챌 수 있을 것이다. 첫 번째 이야기를 쓴 사람은 제임스 조이스를 너무 많이 읽은 건 둘째 치고 에로물을 다루는 데 어떤 어려움도 없다. 두 번째 이야기를 쓴 사람은 최대한 야하게 쓰라는 지시에도 불구하고 통제 불능의 격정적 상상을 불러일으킬 법하지 않은 글을 썼다.

여기서 남은 문제는 자기 점검 정도가 높은 사람과 낮은 사람을 묘사하기가 애매해진다는 점이다. 자기 점검 정도가 높은 사람은 상황에 맞게 자기를 달리 표현하는 능력과 기질을 모두 가지고 있을 수 있다. 자기 점검 정도가 낮은 사람은 그런 기질도, 능력도 없을 수 있다. 기질의 문제인지, 능력의 문제인지를 가릴 만한 실험은 찾아보기 힘들다. 그러나 LSM이 상황에 따라 다른 자아를 드러낼 마음이 없어 보이지만, 사실은 그러고 싶어도 그럴 능력이 없을 수도 있다는 게 내 생각이다. 반대로 이런 가능성도 있다. 그도 HSM과 똑같은 능력이 있고, 심지어 마이애미 해변에서 맥아 백퍼센트 위스키를 잔뜩 들이킨 뒤에는 그런 능력을 여러 사람 앞에 한 번쯤 보인 적도 있다. 하지만 평소 잘 가는 단골집에서는 자기가 아닌 다른 사람으로 변할 마음이 없을 뿐이다.

자기 점검 정도가 높은 사람과 낮은 사람을 대상으로 이 주제가 연구된 적은 거의 없지만, 이와 관련이 깊은 연구 결과가 발표된 적이 있는데, 자기 점검 성향으로 연기 능력을 예측한 연구다. 실험에서 참가자들에게, HSM으로 이루어진 조와 LSM으로 이루어진 조에서 즉석으로 간단한 코미디 연기를 해보라고 했다. 여기서 HSM은 자기 평가에서도, 더 중요하게는 독립된 심사위원 평가에서도 LSM보다 능력이 뛰어났다. HSM은 그냥 카멜레온이 아니라 '원맨쇼 코미디' 카멜레온으로도 더 뛰어난 듯하다.[17]

자기 점검 압력 : 상황에 따라

마크 스나이더가 자기 점검이라는 개념을 개발할 때 성격심리학 분야에서는 개인의 성격과 상황 중에서 어느 것이 일상적 행동에 더 큰 영향을 미치는가를 두고 격렬한 논쟁이 일었다는 점을 상기해보라. 스나이더는 이 독창적 해법을 내놓으면서 성격에는 그 사람이 어느 방향으로 기울지 예견할 수 있는 고정된 특성이 있다고 전제했고, 우리는 4장의 앞부분에서 그 중요한 특성의 차이를 일부 설명했다. 그러나 아이러니하게도 이 해법은 검토되지 않은 의문 하나를 남겼는데, 상황 자체가 LSM이든 HSM이든 누구나 특정한 방식으로 행동하도록 강하게 압력을 넣는 게 아닌가 하는 것이다.

이를 검토하는 한 가지 방법은 '상황 압력'이라는 개념을 이용하는 것이다. 성격심리학을 창시한 사람 중 한 명인 헨리 머리Henry Murray는 상황 압력이라는 개념을 만들어 서로 다른 상황에서 나타나는 강한 규범 압력을 설명하려 했다.[18]

그는 소속 욕구나 성취 욕구 같은 모든 인간의 욕구에는 그 욕구를 쉽게 드러내게 하는 환경 압력이 있다고 주장했다. 사회적 상호작용이 많이 일어나는 환경은 소속 욕구가 높은 사람에게 긍정적인 압력을 넣는다. 끊임없는 경쟁을 부추기면서 물감 총을 쏘는 전쟁놀이터를 제공하는 회사는 성취 욕구가 높은 사람에게, 그리고 어쩌면 마조히즘적 욕구가 있는 사람에게도 적절한 압력을 넣는다.

그러나 상황이나 주변 환경이 적절한 압력을 넣어 욕구나 성격 특성뿐 아니라 자기 점검도 부추기지는 않는지 측정해볼 수 있지 않을까? 다시 말해, 어떤 환경은 자신의 행동을 매우 주의 깊게 점검하도록 요구하고, 어떤 환경은 마음대로 행동해도 상관없다는 생각이 들게 하지는 않을까? 나는 학부생 두 집단과 선행연구에 돌입했다.[19]

우선 한 집단에는 대학 생활을 하는 동안 마주칠 수 있는 다양한 상황이나 장소를 나열하도록 했다. 자주 마주치는 상황을 주로 나열하겠지만, 그런 상황만 골라 적지 말라고 했다. 우리는 그중에서 불필요한 항목이나 아주 비슷한 상황을 가려내 제거한 뒤, 40개 항목을 추려 다른 집단 학생에게 주었다. 그리고 각 상황마다 자기 점검 압력이 어느 정도인지, 즉 어느 정도나 자기 행동을 아주 세심히 점검해야 하는지 판단해보라고 했다.

자기 점검 압력(SM 압력)이 '가장 높은' 상황은 아래와 같다.

1. 구직 면접
2. 사람들 앞에서 말하기
3. 법정 출두
4. 학과장 면담
5. 장례식
6. 수업 시간의 세미나
7. 손님에게 서빙하기
8. 첫 번째 데이트

나는 학과장 몇 사람과 이야기를 나누었는데 그들은 자신이 법정 출두와 장례식 사이에 낀 것을 보고 썩 즐거워하지 않아서, 학생들이 학과장 면담을 처벌과 연관된 상황으로 해석해서 그럴 거라고 재빨리 설명했다. 그 경우라면 학과장은 저승사자나 다름없으니까. 위 상황의 공통점 하나는 다른 사람이 참가자에 대해 판단하는 상황이고, 그 판단이 해당 개인에게 영향을 미친다는 점이다.

장례식은 다른 경우와 달리 언뜻 보기에 당장 심판이나 질책을 받을 위험이 없어 보인다는 점이 흥미롭다. 그런데 텔레비전 역사상 가장 우스꽝스러운 장면이 나온 곳이 바로 장례식장이다. 당시에 자기 점검 성향 검사가 있었다면 HSM에 속했을 메리 타일러 무어는 장례식장에서 동료들이 광대 처클스의 죽음을 두고 농담을 하자 화를 낸다. 서커스 행진 지휘자였던 처클스는 '피터 피넛' 땅콩 분장을 하고 나왔다가 코끼리가 사납게 날뛰며 그의 피부를 벗기는 바람에 죽고 말았다. 그런데 엄숙한 분위기에서 장례식이 진행되던 중에 이번에는 메리가 자꾸 웃음이 터져 나왔고 그 웃음을 참느라 안간힘을 썼다. 그러자 목사가 메리에게 웃어도 좋다, 처클스도 그걸 바랄 것이다, 하고 말하면서 일이 터졌다. 그 말이 나오자 메리는 갑자기 황당하게도 주체할 수 없이 울부짖기 시작한다. 자기 점검 정도가 높은 사람에게 이런 망신살이 어디 있는가!

아래는 자기 점검 압력(SM 압력)이 '가장 낮은' 상황을 나열한 것이다.

1. 몸이 아파 집에 있기
2. 친구들과 텔레비전 보기
3. 록 콘서트
4. 혼자 캠핑하기
5. 친한 친구와 이야기하기
6. 해변에 있기
7. 장보기
8. 맥도날드에서의 저녁 식사

위 상황은 주로 일상적인 상황이며, 심판이나 평가를 받을 일은 없어 보인다. 혼자 캠핑을 하거나 몸이 아파 집에 있을 때는 무분별하게 행동해도, 몸에서 민망한 소리가 나도 당연히 뭐라 할 사람 없는 외떨어진 상황이다. 그 밖에는 친구들과 시간을 보내는 것이 자기 점검 욕구에 어떤 영향을 끼치는지 보여준다. 그리고 SM 압력이 높았던 상황 하나가 "첫 번째 데이트"였다는 점을 생각하면 맥도날드 식사는 주목할 만하다. SM 압력을 최소화하려면 첫 데이트를 도멘 드 샤토비외 같은 고급 레스토랑보다 맥도날드에서 하는 것도 고려해볼 만하다. 그러면 손 씻는 물을 실수로 벌컥벌컥 들이킬 걱정 없이 데이트를 즐길 수 있다. 물론 그런 문제를 걱정할 사람은 HSM이다. HSM 중에는 손 씻는 물의 사용법과 도멘 드 샤토비외의 메뉴를 구글에서 이미 찾아본 사람도 있을 것이다.

원칙적인 사람 대 실용적인 사람?
자기 점검에서 상반되는 가치

내가 학생들과 자기 점검을 토론할 때면 각자에게 가장 중요한 문제들이 튀어나와 토론이 후끈 달아오른다. 서로 사귀는 두 학생이 수업 도중에 서로 다른 SM 점수를 두고 토론하다가 실제로 갈라선 일도 있었다. 물론 헤어지기까지는 다른 이유도 있었겠지만. 그러나 한 가지 분명한 사실은 자기 점검을 이야기하다 보면 도덕, 윤리, 가치 같은 무거운 주제로 이어진다는 점이다.

스나이더와 그의 동료들은 LSM은 사람들과 소통하고 행동할 때 '원칙적인' 방식을 택하는 반면 HSM은 좀 더 '현실적인' 방식을 택한다는 의견을 내놓았었다. LSM은 냉철한 칸트 학파처럼 자기 이익과 맞지 않을 때도 자신의 핵심 신념을 고수한다. 이들에게는 원칙이 절대적으로 중요하다. HSM은 좀 더 실리적이고 실용적이어서, 때로는 자신의 평소 행동과 일치하지 않더라도 상황에 가장 적절한 행동을 할 것이다. 그런데 원칙적인 LSM과 실용적인 HSM의 큰 차이를 이야기하기 전에 먼저 다뤄야 할 두 가지 중요한 문제가 있다.

우선, 그 차이가 다소 듣기 거북할 수도 있다는 점이다. 원칙과 실용성의 차이를 말하다 보면 HSM은 상대적으로 무원칙적이고 중요한 핵심 가치를 따지지 않는다고 말하는 것처럼 들린다. 그러나 HSM이 어떤 행동을 하는 동기는 단지 실용주의만이 아니라 '다른' 원칙에 충실하려는 이유도 있다. 즉, 남을 배려하고, 자기 외의 다른 것도 수용한다는 원칙이다. 내 남동생에게 잘해주는 남자친구가 가식적으로 보이거나 실제로 가식적일 수 있지만, 그의 동기는 상황을 장악하려거나 다른 사람을 이용하려는 게 아닐 수도 있다. 모임에서 자기 이야기에만 열을 올리는 사람들을 많이 본 남자친구는 솔직하고 직설적인 어린 남동생과의 대화가 신선했을 수 있다. 한마디로, LSM이나 HSM이나 둘 다 원칙에 따라 행동하고 있을 가능성이 높다. 다만 LSM은 일관성과 직설적 솔직함이라는 원칙을 따르고, HSM은 배려와 관계 형성이라는 원칙을 따르는 게 다를 뿐이다.

자기 점검 정도가 높은 사람과 낮은 사람의 가치를 평가할 때 조심해야 하는 두 번째 이유는 양쪽 모두 극단으로 가면 무원칙적이고 경솔할 수 있기 때문이다. 심지어 병적일 수도 있다. 자기 점검 성향이 극단적으로 낮은 사람을 보자. 일상에서 펼쳐지는 다양한 상황에 적응할 마음이나 능력이 없다는 것은 과도하게 고지식하고 적응력마저 떨어져 보인다. 세계가 흑과 백 또는 선과 악으로 단순하게 구분된다면 그런 성향도 괜찮겠지만, 회색빛이 난무하고 끊임없이 변화하는 세계에서 LSM은 융통성이 필요한 일을 해내지 못하고 시련에 부딪힐 수 있다. 이들의 일관성은 높이 살 만하지만, 이들은 때때로 오도 가도 못하는 상황에 놓일 수 있다.

자기 점검 성향이 극도로 높은 사람도 병적일 수 있을까? 누구를 만나든지 간에 그 순간의 감정에 푹 빠져버리는 사람을 '미적 성격 장애 aesthetic character disorder'[20]라고 표현한다. 그러나 이들은 정반대의 가치를 나타내는 다른 목표나 다른 사람에게 재빨리 관심을 돌릴 수 있다. 미적인 것이 윤리적인 것을 누르는 현상은 극단적인 HSM의 사례라 볼 수 있다. 이 부류에는 남에게 상처를 주는 줄도 모른 채 치명적인 매력을 발산하는 사람부터 전형적인 사이코패스에 이르기까지, 사교력은 뛰어나지만 상대를 교묘히 조종하는 다양한 사람들이 포함된다.

상황에 적응하는 융통성: 자기 점검 재고하기

그렇다면 성격과 삶의 질을 제대로 고민하기 위한 자기 점검 연구에서 무엇을 배울 수 있을까? 2장에서 이야기한 성격의 5대 특성처럼 자기 점검 연구도 직업적 성공뿐 아니라 우정과 그 밖의 친밀한 인간관계를 바라보는 통찰력을 갖게 한다.

그리고 이번에도 삶의 질과의 연관성은 복잡하고도 논쟁의 여지가 있음을 확인했다. 복잡한 이유는 자기 점검 같은 성향의 정도가 삶의 질의 여러 요소 중 어떤 부분에는 도움이 되고 어떤 부분에는 방해가 되기 때문이다. 삶을 살아가는 데, 그리고 삶에서 남보다 앞서가는 데 도움이 되는 유연함과 명민함은 HSM의 장점이다. 하지만 그러다 보면 상대와 조직을 대하는 성실성이 부족해질 수 있고, 자기분열을 느낄 수 있으며, 모든 사람을 만족시키려 한다는 평판이 생길 수 있다는 게 단점이다. 물론 LSM에게는 그 반대가 적용된다. 이들은 일관성과 성실성 덕에 지속적인 관계를 유지할 수 있지만, 변화하는 상황에 적응하는 능력은 실망스럽고, 그 때문에 성공 가능성도 타격을 받는다.

삶의 질이 논쟁의 여지가 있는 이유는 삶의 질에서 어떤 부분이 획득할 가치가 있는지, 다시 말해 무엇을 '해야만' 하는지에 관해 사람마다 의견이 크게 엇갈릴 수 있기 때문이다. HSM은 융통성을 획득하려 하고 획득할 가치도 있다고 여긴다. 반대로 LSM은 융통성이 일관성이나 솔직함보다 가치가 떨어진다고 여기기 쉽다. 자신의 자기 점검 정도를 알면, 삶의 질의 다양한 측면 가운데 내가 어떤 것을 경험하게 될지 좀 더 쉽게 이해할 수 있다. 그리고 자기 점검을 더 깊이 인식하면 그런 다양한 측면이 가치가 있는지, 특히 내 삶에 가치가 있는지도 명확히 이해할 수 있다.

자기 점검 연구는 HSM과 LSM이 일상에서 성격과 상황에 어떤 식으로 비중을 다르게 두는지를 살펴보는 소중한 기회가 된다. 그런데 글을 마무리하기 전에 자기 점검을 약간 다르게 바라보는 방식을 제안하고자 한다. 우리는 자기 점검이 기본적으로 성격 특성 같은 것이라고 생각하는데, 이는 재고할 필요가 있다. 자기 점검 정도가 높고 낮은 사람을 단순 비교하다 보면 두 가지 경우가 우리 안에 '공존'할 수 있다는 사실을 간과하게 된다. 일상에서 목표를 추구하고 과제를 해결할 때는 자기 점검 정도를 상황에 따라 '융통성' 있게 조절하는 것이 가장 효과적이다.

다음 수요일에 다음과 같은 일정이 있다고 상상해보자. 직장에서 중요한 회의가 세 건 잡혔고, 저녁에는 집에서 푹 쉬면서 가족과 함께 시간을 보내고, 지금 당장 가까운 친구를 절실히 필요로 하는 내 가장 친한 친구와 영상 통화를 하고, 동물병원에 가서 우리 수컷 고양이 앞으로 왜 자궁절제 수술 요금이 청구되었는지 따져야 한다. HSM이라면 각 상황마다 다른 모습을 보여야 한다고 생각할 것이다. 직장에서는 날카롭고 경쟁력 있는 사람으로, 집에서는 재미있고 약간 맛이 간 사람으로, 영상 통화에서는 참을성 있고 세심한 사람으로, 혼란스러워하는 수의사 앞에서는 침착하지만 단호한 사람으로 행동할 것이다. 그러나 자기 점검 이론에 따르면, LSM은 상황마다 다른 모습을 보이지는 않을 것이다. 하지만 내 생각에는 자기 점검 이론대로 사람마다 어느 한쪽으로 기울기는 하겠지만 LSM을 포함한 대부분의 사람들은 다음 수요일의 여러 상황에서 융통성을 보일 가능성이 크다. 그리고 직장 회의실에서 집으로 옮겨가면서, 좀 더 격식을 차린 모습에서 자유로운 모습으로 바뀌기 쉽다. 다시 말해, 사람들은 SM 압력도, 그리고 언제 상황에 맞는 규범을 존중해야 하는지도 아주 잘 알고 있다.

나는 자기 점검은 그것이 상황에 도움이 되는지 방해가 되는지에 따라 평가되어야 한다고 생각한다. 자기 점검 정도가 높아야 할 때가 있고 낮아야 할 때가 있다. 예를 들어, 높은 자기 점검은 다양한 자아를 표현해야 하는 환경에 살 때 유용하다. 전통적인 시골 생활보다는 현대 도시 생활이 그렇다. 좀 더 전통적인 공동체에서는 HSM이 적절치 않았을 것이다. 그곳에서 HSM은 사기꾼 같다거나 아니면 예측 불가능하다는 이유로 수상쩍다거나 문제를 일으킬 사람으로 생각될 수 있다. 그런 환경에서는 낮은 자기 점검이 더 적절할 것이다. (8장에서는 우리가 사는 장소가 어떻게 성격을 결정하고, 어떻게 삶의 질을 높이거나 제한하는지 자세히 살필 예정이다.)

아직도 자신의 자기 점검 정도를 모르겠다면, 4장 앞부분에서 이마에 Q자를 썼던 순간을 떠올려보라. 그것으로 결과를 예측해볼 수도 있다. Q자의 꼬리를 자신의 오른팔이 있는 쪽으로 붙였다면 LSM일 가능성이 높고, 왼팔이 있는 쪽으로 붙였다면 HSM일 가능성이 높다. HSM은 나를 바라보는 상대의 관점에서 정보를 전달하고, LSM은 내 관점에서 정보를 전달한다는 원리다. 하지만 이 원리를 절대적으로 믿지는 말라고 당부하고 싶다. 물론 HSM이라면 벌써 입맛에 맞게 활용했겠지만.

CHARACTER

The Science of Personality and the Art of Well-Being

CHAPTER 5

삶을 스스로 조절할 수 있다는 믿음에 대하여 :

주도적 삶의 모순

살고 싶다. 삶이 전화 한 통에 무너질 수는 없다.

페데리코 펠리니의 영화, 〈달콤한 인생〉(1960).

현실을 무시하면 대가를 치르기 마련이다.
현실을 오래 무시할수록
치러야 할 대가는
더 많아지고 더 끔찍해진다.

올더스 헉슬리, 《종교와 시간》(1949).

어리석음, 착각, 기만, 무지에서 살아간다면 비참할 뿐이라고
철학자들이 항변하는 소리가 들리지만,
그렇지 않다. 그게 인간이다.

에라스뮈스, 《우신 예찬》.

우리 내부의 성격과 우리가 처한 외부의 현실이, 우리가 추구하는 목표에 의해 서로 합쳐져 상호작용하면서 행동과 삶을 결정한다면, 두 가지 중요한 문제가 생긴다. 스스로 통제할 수 없는 우리 행위나 힘이 궁극적으로 운명을 결정하는가? 우리가 가진 것이나 우리 생각이 삶을 좌우하는가? 우리는 삶을 결정하는 행위자인가, 아니면 우리에게 작용하는 힘을 수동적으로 받아들이는 존재인가?

우리가 삶을 어디까지 조절하느냐는 문제를 두고 사람들은 수천 년 동안 상충하는 답을 내놓았고, 이 문제는 지금도 여전히 뜨거운 논쟁거리다. 심리학자들은 이 문제의 과학적이고 철학적인 면에서 중요한 통찰력을 제공한다. 그러나 성격심리학이 관심을 두는 분야는 조금 달라서, 조절 능력에 대한 개인의 '믿음'이 삶의 질에 미치는 영향을 연구한다. 어떤 사람은 우리가 조절 능력이 있는 행위자이고, 운이나 우연은 아주 작은 역할밖에 하지 않는다는 강한 확신을 가지고 삶을 바라본다. 또 어떤 사람은 좋든 나쁘든 외부의 힘이 우리 삶에 일어나는 일들을 결정한다는 강한 확신을 가지고 있다.

이 중요한 문제에 대해 자신은 어떤 입장인지 알고 싶다면 아래 검사를 완성해보라.

조절 범위 검사[1]

아래 진술에 어느 정도나 그렇다고 생각하는지 1에서 7까지 숫자로 표시하라.

그렇지 않다			보통이다			그렇다
1	2	3	4	5	6	7

______ 1. 내가 원하는 것은 대개 노력하면 얻을 수 있다.

______ 2. 일단 계획을 세우면 거의 다 실천하는 편이다.

______ 3. 노력에만 좌우되는 게임보다 운에도 어느 정도 좌우되는 게임이 좋다.

______ 4. 마음만 먹으면 배우지 못할 게 거의 없다.

______ 5. 내 주요 성과는 순전히 노력과 능력에서 나온다.

______ 6. 목표를 꾸준히 실천하기 어려워 목표를 잘 세우지 않는 편이다.

______ 7. 가끔은 운이 나빠 뜻한 바를 성취하지 못한다.

______ 8. 간절히 바라는 일은 거의 다 이루어진다.

______ 9. 사회 경력과 관련해 일어나는 일은 거의 다 내 통제력을 벗어난다.

______ 10. 너무 어려운 일에 계속 매달리는 건 무의미하다.

점수 계산

1, 2, 4, 5, 8번 빈칸에 적은 수를 모두 더한 뒤 거기에 다시 35를 더한다. 그 수에서 3, 6, 7, 9, 10번 빈칸에 적은 수의 합을 뺀다. 이렇게 나온 숫자가 개인 조절 점수다. 젊은 성인을 기준으로 60점 이상이면 내적 조절이 높고, 48점 이하면 내적 조절이 낮다(또는 외적 조절이 높다).

연구 초기에는 성격에서 이 성향을 '내적 조절 중심' 대 '외적 조절 중심'으로 불렀다. 내적 조절 중심은 삶을 조절하는 힘이 자기 내부에 있다고 보는 성향이고, 외적 조절 중심은 그 힘이 외부 상황에 있다고 보는 성향이다. 여기서는 줄여서 '내부 지향' 대 '외부 지향'으로, 그리고 그런 사람을 '내부 지향자' 대 '외부 지향자'로 부르기로 한다. '내향적 사람' 대 '외향적 사람'과 비슷해 보이지만 엄연히 다른 구분이며, 앞서 다룬 성격의 5대 특성과 밀접한 관련도 없다. 삶은 우리가 조절하기에 달렸다고 보는 기질은 하나의 특성으로 여길 수 있을 만큼 제법 안정된 기질이지만, 살면서 여러 가지를 경험하다 보면 그런 기질도 영원히 바뀔 수 있다.

여러 연구에서, 내부 지향은 삶의 질과 성취에 강력한 긍정적 영향을 미친다고 나타났다.[2] 내부 지향이 강한 사람이 외부 지향이 강한 사람보다 유리한 영역 네 가지를 살펴보자.

사회적 영향력에 저항하기

사회심리학에서 초기에 실시한 대표적인 연구 중 사회적 영향력이 지각력에 미치는 힘을 보여주는 연구가 있다.[3] 당신이 지금 지각 식별력 측정 실험에 참가했다고 상상해보자. 화면에 잠깐 동안 깜박이는 직선 두 개의 길이가 같은지 다른지 대답하는 실험인데, 분명한 답이 있는 명확한 지각 문제다. 실험 진행자가 참가자에게 한 사람씩 차례로 물으면 참가자가 답을 하는데, 그 답이 당신에게도 들린다. "같아요", "같아요", "같아요", "같아요", "같아요". 그리고 이제 당신 차례다. 그런데 당신이 모르는 사실이 있다. 참가자 모두 주최 측과 한통속이고, 하나같이 오답을 내놓기로 미리 짰다는 점이다. 당신이 보기에는 두 직선의 길이가 다른데 사람들이 한결같이 같다고 말하면 당신은 어떻게 하겠는가? 집단 전체가 공통된 의견을 내놓으면 사람들은 거기에 영향을 받게 마련이다. 두 직선이 분명히 다른데도 다시 살펴보라는 압박이 강하게 작용한다. 그렇다면 실제 실험 결과는 어땠을까? 진짜 참가자들은 공통된 의견을 따라 두 직선이 똑같다고 대답했다. 한마디로, 사람들은 자기 판단을 버리고 다른 의견을 따를 수 있다는 이야기다. 그러나 뒤이은 연구에서는 상대적으로 그런 영향에 '저항하는' 사람도 있다는 사실이 드러났다. 내부 지향성 측정에서 높은 점수를 받은 사람들이다.[4] 내부 지향자는 다른 사람들이 직선을 자기와 다르게 본다는 사실이 당혹스러웠지만, 자기 판단을 주저 없이 밝혔다. 반면에 똑같은 사회적 압력에 직면한 외부 지향자들은 다수의 판단에 굴복할 가능성이 높았다.

사람들의 태도를 바꾸려는 시도에서도 비슷한 유형이 나타난다. 어느 실험에서, 참가자들에게 등급을 매기는 새로운 시스템을 평가하게 했는데, 처음에 한 번 평가하고, 그 시스템을 홍보하는 두 가지 짧은 설명 중 하나를 들려준 뒤에 다시 평가하게 했다. 첫 번째는 사실만을 담담하게 설명한 것이고, 두 번째는 훨씬 강한 어조로, 새 시스템으로 바꾸는 데 찬성표를 던지지 않으면 어리석은 짓이라고 훈계조로 설명한 것이다. 참가자들은 자신의 견해를 바꿀까? 외부 지향자들은 두 가지 홍보에 모두 반응했는데, 담담한 홍보에는 태도를 약간 바꾸고, 강한 홍보에는 훨씬 많이 바꾸었다. 하지만 내부 지향자들은 어느 쪽에도 동요하지 않았다. 이들은 어지간한 외부 영향에는 꿈쩍도 하지 않았다. 더욱 놀라운 점은 좀 더 극단적인 외부 영향을 주자 그 방향과 '반대로' 움직였다는 점이다. 이런 반응을 POY(Piss On You ; 상대에게 오줌 갈기기) 반응이라 부르는 사람도 있다. 내부 지향자를 지나치게 밀어붙이는 사람에게 분명한 경고를 던지는 말이다.[5]

내부 지향자들은 워낙 경직된 탓에 마음을 바꾸라는 압력을 받으면 반항심이 생기는 게 아닐까 생각할 수 있다. 그런데 사실은 그렇지 않다는 증거가 있다. 이를테면 외부 지향자는 자신에게 영향력을 행사하려는 사람의 지위에 영향받을 가능성이 큰 반면에, 내부 지향자는 외부 영향의 내용에 더 민감해서 그 내용이 그럴듯하면 마음을 바꾸기도 한다.

내부 지향자와 외부 지향자에게 금연을 권한다고 생각해보자. 예일 대학의 흥미로운 연구에서, 흡연자로 구성된 실험 참가자에게 폐암 진단을 받은 사람의 역할을 해보라며 손상된 폐가 찍힌 X레이를 보여주었다. 그리고 이들의 내부 지향성도 측정했다. 실험을 마친 뒤, 내부 지향자들은 담배를 아예 끊거나 줄인 사람이 많았지만, 외부 지향자들은 영향을 받지 않았다. 이처럼 내부 지향자도 얼마든지 변한다. 단, 논리

적으로 타당한 이유가 있거나, 직접 또는 간접 체험으로 문제를 명확히 이해했을 때라야 한다.[6]

반대로 외부 지향자들은 질병이나 사고 등과 관련해 좀 더 운명적이어서, 건강이나 삶의 질에는 운이 더 크게 작용한다고 믿는다. 내가 이 주제로 공개 강연을 하면서 청중에게 흡연 연구에 관해 이야기한 적이 있는데, 이때 외부 지향자들의 이런 운명적 성향을 잘 보여주는 사례를 경험했다. 강의가 끝나고 상기된 얼굴의 중년 남자가 웃음 띤 환한 표정으로 다가오더니, 외부 지향자들이 왜 흡연 습관을 바꾸지 못하는지 그 이유를 확실히 안다고 말했다. 그는 자기가 아직도 담배를 피우는 이유 하나는 할아버지가 하루에 담배 두 갑을 피우다 91세에 성적 흥분이 지나치게 고조돼 돌아가셨기 때문이라고 했다. 그러면서 자기는 검사에서 극단적 외부 지향자로 나왔고, 그게 자랑스럽다고 했다. 그는 할아버지처럼 숨을 거두는 순간까지 운이 따르기를 고대했다. 이 운명론적 외부 지향자에게 삶은 흐지부지 끝나는 것이 아니라 요란한 한방으로 마감하는 것이다.

위험 감수하기

흡연 연구는, 일반적으로 내부 지향자가 외부 지향자보다 위험 감수를 회피하는가 하는 질문을 던진다. 그리고 연구 결과를 보면 실제로 그렇다. 디트로이트에서 운전자들이 신호에 차를 멈췄을 때 내부 지향성 정도와 관련 있는 몇 가지 질문을 던졌는데, 이때 높은 점수를 받은 사람들은 낮은 점수를 받은 사람들보다 안전띠를 맨 경우가 많았다. (분명히 밝히지만, 이 실험은 안전띠를 매지 않으면 끊임없이 경고음이 울리는 시스템이 개발되기 전에 실시되었다.)[7] 비슷한 예로, 내부 지향적 성향이 강한 대학생들은 외부 지향적 학생들보다 피임약이나 피임기구를 사용하는 확률이 높았다.[8] 2장에 나온 성격 특징을 고려하면, 세 가지 특징을 가진 사람, 즉 매우 외향적인 사람, 성실성이 낮은 사람, 조절 중심이 외부에 있는 사람은 네 번째 특징이 나타날 위험도 크다고 볼 수 있다. 바로 임신 가능성이다.

계산대에서 복권 번호를 고르는 사람 뒤에 줄을 서본 적이 있는가? 한참을 기다리며 안절부절못하다가 "아무 거나 골라, 이 등신아"라고 소리치고 싶은 걸 꾹 참았던 적이 있는가? 그렇다면 당신 앞에 서 있는 사람은 외부 지향자, 당신은 내부 지향자일 가능성이 높다. 외부 지향자는 내부 지향자보다 우연에 좌우되는 일에 더 많이 투자한다. 다시 말해, 우연성이 높은 일에도 준비를 갖추고 더 높은 긴장감을 안고 뛰어든다.

기술이 필요한 경우는 어떨까? 예를 들어 농구 자유투 대회에 참가했다면 다음 방식 중 어떤 방식을 택할지 생각해보라. 일반적인 자유투를 성공하면 3점을 얻고, '다운타운' 슛을 던지면, 그러니까 3점 선 너머 일반적인 슛보다 2배 멀리서 던져 성공하면 10점을 얻는다. 두 위치 중 하나만 정해 2분 동안 공을 던져 총점이 가장 높은 사람이 승리한다면, 어느 위치를 택하겠는가? 이 조건으로 모의실험을 해보니, 이번에도 내부 지향자가 위험 감수에 소극적이었고(즉, 가까운 거리에서 자주 슛을 시도했고), 외부 지향자는 성공 확률이 적은 우연에 기대는 일이 많았다(즉,

실패 확률이 높은 장거리 슛을 시도했다).

내가 조절 중심에 흥미를 갖고, 힘든 상황에서 사람들이 어떻게 성과를 내는지에 관심을 두다 보니, 다소 이상한 상황에 맞닥뜨리기도 한다. 한번은 이런 적도 있었다. 내가 웨인 그레츠키Wayne Gretzky[1980, 90년대에 활동한 캐나다의 전설적인 아이스하키 선수 - 옮긴이]에게 저주를 걸었다나! 사정은 이렇다. 1980년에 당시 관심이 높았던 스트레스와 조절을 주제로 어느 커뮤니케이션 학회에서 강연을 한 적이 있다. 강연을 마치고 질문 시간에 힘든 상황에 직면한 사람 중에 더러는 긴장해 자기 수준에 훨씬 못 미치는 성과를 내기도 한다는 이야기를 주고 받았다. 나는 숙련된 기술이 필요한 일에 힘을 많이 쏟는 내부 지향자가 외부 지향자보다 그럴 가능성이 훨씬 높다고 말했다. 온타리오 브랜트퍼드에서 그레츠키 가족과 한 동네에 살면서 어린 시절을 보냈다는 어떤 사람은 그레츠키의 훈련 방식과 특별한 노동관을 보면 그는 극단적인 내부 지향자일 것 같다고 했다. 그럴듯한 이야기였다. 그래서 나는 그레츠키가 페널티 샷을 한다면 개인적 열망과 외부 기대가 상당한 압력으로 작용해 골을 넣기 힘들 것이라고 이야기했다. 아니나 다를까, 그레츠키는 다음 경기에서 첫 번째 페널티 샷에 실패했다. 그리고 그다음 경기에서 또 패널티 샷에 실패하더니, 두 번째 페널티 샷도 실패했다. 세 번째도 마찬가지였다. 그리고 마침내 네 번째 페널티 샷에 성공한 뒤, 에드먼턴 라디오 방송국에서 내게 전화가 왔다. 그레츠키에게 씌운 "저주"를 풀었는지 묻는 전화였는데, 만약 저주를 풀지 않았다면, 왜 네 번째 시도에서는 내 예언이 맞지 않았는지 설명할 수 있겠느냐고 했다. 그때 유일하게 생각난 말은 그 골을 허용한 밴쿠버 캐넉스의 골키퍼 리샤르 브로되르는 내적 조절 중심 점수가 그레츠키보다도 높았을 게 분명하다는 것이다.

목적과 수단 연계하기 : 주도적 성격

지금까지의 증거로 보면, 내부 지향자는 타인의 영향을 거부하되 때에 따라 융통성을 발휘하고, 우연이나 행운보다 노력에 좌우되는 일에 관심을 보인다. 더 중요한 차이는 내부 지향자는 자신이 추구하는 과제나 목표에 주도적 접근을 시도할 가능성이 높다. 여기서 말하는 '주도적'이란 먼저 계획을 세우고, 내 열망을 그것을 달성할 특정한 수단에 연계할 줄 아는 성향을 말한다. 내부 지향자들의 주도적 성향을 확인해주는 오래된 사례 하나는 '콜먼 보고서Coleman Report'에 나온, 미국 학교에서 학업 성취도를 높이는 요소다.[9] 이때 성취도를 가장 정확히 예견하는 지표는 흔히 예상되는 지능이나 사회경제적 지위 같은 것이 아니라 간단히 측정한 내적 조절 중심 수치였다. 내부 지향자는 외부 지향자보다 성취도가 높았다. 논란의 여지가 있는 결과이지만, 청소년에게 내적 조절 중심은 교육에서든 직장에서든 더욱 긍정적인 궤적을 남길 가능성을 의미한다는 증거가 특히 경제학자들에게서 점점 많이 나오고 있다.[10]

내부 지향자들이 좀 더 주도적이라는 사례는, 가석방 자격이 있고 조절 중심 검사를 완료한 수용자들을 조사한 연구에서도 나타난다. 내부 지향자는 교도소 체계, 가석방 신청 시기, 교도소장에게 상황을 설명하는 법을 외부 지향자보다 더 잘 알고 있었다. 따라서 적절한 때에 효과적인 방법으로 '출옥 카드'를 얻을 가능성도 높았다.[11]

만족 보류 : 마시멜로에서 SAT까지

내부 지향자가 외부 지향자보다 삶을 생산적으로 이끌어가는 이유 하나는 만족을 보류한 채 "기다릴 수 있기 때문"이다. 월터 미셸은 동료들과 함께 네 살짜리 아이들의 만족 보류 능력을 연구했다. 이후에 큰 영향을 끼친 일련의 연구다.[12] 우선 실험실에 아이들을 한 번에 한 명씩 들어오게 한 다음, 실험 진행자가 아이에게 자기는 지금 실험실을 나가야 한다고 말한다. 아이 앞에는 마시멜로가 놓여 있다. 실험 진행자는 아이에게, 지금 마시멜로 하나를 먹든가, 먹지 않고 기다렸다가 실험 진행자가 돌아왔을 때 마시멜로 하나를 더 받든가, 좋을 대로 하라고 했다. 단, 실험 진행자가 언제 돌아올지는 말해주지 않았다. 그리고 아이들의 행동을 관찰했다. 어떤 아이는 마시멜로를 당장 먹어치웠고, 어떤 아이는 머뭇거렸고, 어떤 아이는 실험 진행자가 돌아올 때까지 기다렸다가 마시멜로 두 개를 얻었다.

네 살짜리 아이들이 만족을 미루어야 하는 상황에 어떻게 대처하는지 지켜보는 일은 연구에 유익할 뿐 아니라 때로는 즐겁고 재미있다. 어떤 아이는 바로 앞에 놓인 마시멜로에 코를 박기도 하고, 어떤 아이는 고개를 돌리고 다양한 행동을 하며 딴생각을 하려 했다. 딴생각하기에 통달한 아이들은 유혹에 굴복하는 일이 거의 없었다. 이 연구에서 흥미로운 점은 여러 해가 지나 이때의 아이들을 대상으로 후속 연구를 진행한 것이다. 그 결과, 유혹을 뿌리치고 두 번째 마시멜로를 기다렸던 아이들이 학교 성적도 더 좋고 어려운 대학입학자격시험SAT 점수도 훨씬 높았다.[13]

스트레스, 조절 그리고 단추

소음 스트레스 실험에 참가했다고 생각해보자. 헤드폰으로 요란한 폭발음을 들으면서 단순한 사무를 보는 실험이다. 폭발음이 언제 들릴지 알 수 없으며, 그 소음은 위험하지는 않더라도 매우 불쾌해서, 제트기 엔진 옆에 서 있는 느낌이다(실제로 제트기 엔진을 녹음한 소음이다). 일을 하는 동안, 자율신경계 흥분 정도가 측정된다(혈압, 심박동수, 땀 흘림 등). 이 단계가 끝나면 다른 참가자들과 함께 다소 붐비는 방으로 들어가 몇 가지 일을 처리하는데, 그중에는 해결이 불가능해 보이는 일도 있다. 이 마지막 단계에서 사람들은 어떻게 일을 처리할까? 좀 더 구체적으로 말하면, 소음을 듣지 않는 참가자들 그리고 소음이 언제 일어날지 예상할 수 있는 참가자들과 비교해 업무 처리가 어떻게 다를까?

록펠러 대학이 실시한 일련의 연구는 바로 이 본질적인 물음에서 출발했다.[14] 이 질문의 핵심은 사람들이 소음 스트레스에 적응해 이후 업무에 방해를 받지 않는가 하는 것이었다. 결과는 분명하고 설득력이 있었다. 처음에는 참가자들이 자율신경계에 흥분을 일으켰지만, 시간이 조금 지나자 소음에 적응했고 흥분도 정상으로 돌아왔다. 그런데 다음 업무에서 이 적응에 약간의 '대가'가 드러났다. 소음에 노출된 사람들은 다른 통제 집단과 견주어 이후 업무에 실수가 많았고 좌절감과 적대감이 드러나기도 했다. 그렇다면, 소음 스트레스의 근원을 조절할 수 있다고 생각한다면 어떤 효과가 나타날까?

이 실험은 두 가지 형태로 진행되었는데, 둘 다 매우 유익한 답을 준다. 첫째, 예측하지 못한 순간에 요란한 폭발음에 노출된 참가자는 예측한 순간에 노출된 참가자보다 업무 적응 속도가 느렸다. 이는 조절 유형의 문제로 볼 수 있다. 직접적 조절은 아니지만 예상 가능한 조절을 통해 주관적인 스트레스를 낮출 수 있었다.

더 중요한 두 번째 실험에서는 참가자에게 소음이 너무 가혹하면 단추를 눌러 소음을 멈출 수 있다고 알려주어 조절하게 했다. 연구 결과를 보면 참가자가 실제로 단추를 누른 일은 거의 없었고, 나중에는 단추가 한 번도 사용되지 않아 아예 전원을 연결하지도 않았다고 했다. 그런데 단추로 소음을 조절할 수 있다고 생각한 집단은 그렇지 않은 집단과 견주어 두드러진 차이를 보였다. 이들은 생리적으로 소음에 적응해 흥분이 좀 더 빨리 원래 수준으로 돌아갔고, 이 적응에 치른 대가도 적어서 후속 실험에서 실수가 적고 좌절감과 적대감도 적었다.

이 결과는 일상의 스트레스에도 적용할 수 있다는 점에서 특히 흥미롭다. 전형적인 아침 출근길을 생각해보자. 운전을 하면서, 막히지 않고 무사히 목적지에 도착하기 위해 할 수 있는 일은 거의 없다. 하지만 운전을 시작할 때는 생리적 흥분을 느꼈다가도 오전의 일상적 업무에 적응하기 시작하면서 흥분이 가라앉을 가능성이 크다. 하지만 출근길에

'생리적으로' 적응했더라도 운전을 마친 뒤에 '정신적' 대가를 치를 수도 있어서 회사에 도착하면 실수가 잦고 화를 더 잘 낼 수 있다. 그러나 여차하면 고속도로를 벗어나 간선도로를 타고 목적지에 도착할 수 있다고 생각한다면 스트레스와 그에 따른 대가를 줄일 수 있다. 새벽 4시 30분에 일어나 뻥 뚫린 도로를 달려 목적지에 도착할 때처럼.

스트레스와 적응 실험에서 단추가 있다는 조건을 내적 조절력 인식으로 해석해도 큰 무리는 없을 것 같다. 내부 지향성이 높은 사람은 일상적 스트레스를 조절할 단추가 많다고 볼 수 있다. 힘든 시험이 닥치면? '열심히 공부하기' 단추를 누를 것. 애인이 될 법한 상대를 만나면? '매력 발산' 단추를 누를 것. 불확실한 미래에 맞닥뜨리면? '낙천주의' 단추를 누를 것.

이제까지 제시된 증거를 보면, 내적 조절 중심, 좀 더 광범위하게 말하면 '행위 지향(책임자는 바로 '나'라는 생각)'은 삶에서 목표를 달성하는 데 도움이 된다고 결론 내리기 쉽다. 그 증거를 요약해보자. 내부 지향자들은 원치 않는 외부 영향을 거부하고, 부당한 위험을 피하고, 소중한 목표를 달성하고자 명확한 계획을 세울 확률이 높다. 이들은 더 크고 장기적인 보상을 받기 위해 단기적 보상을 미룰 수 있으며, 일상의 스트레스에 대처하고, 스트레스를 받을 때 치르는 대가도 줄일 수 있다. 이런 성향의 장점은 의심의 여지가 없어 보인다. 그런데 과연 그럴까?

단추에 전원이 연결되었는가?

여러 해 전에 '스트레스와 변화 거부'를 주제로 한 학제 간 회의에 토론자로 참석해 발표를 한 적이 있다. 나는 일상적 개인 목표에서의 조절 중심에 초점을 맞춰, 이곳 5장에서 다룬 여러 연구를 이야기했다. 발표가 끝나고 질의응답 시간에 뒤쪽 문가에 앉은 사람이 물었다. "리틀 교수님, 어떤 실험에서는 단추의 전원을 아예 연결하지도 않았다고 말씀하셨는데, 사실인가요?" 나는 그렇다고 대답하면서, 관련 연구 중 하나에서 그렇게 쓰인 각주를 보았다고 말했다. "그렇다면 어떤 사람이 단추를 눌렀다가 전원이 연결되지 않았다는 걸 알았다면 어떤 일이 일어났을까요? 애초에 그런 조절이 가능하지 않았던 사람보다 더 스트레스를 받지는 않을까요?"

정말 좋은 질문이라고 생각했다. 나는 그가 어떻게 그런 질문을 하게 되었는지, 스트레스와 조절 문제를 다룬 적이 있는 임상의는 아닌지 물었다. "아닙니다. 저는 심리학과 관계가 없는 사람입니다. 실은 정치학자인데, 강의실을 잘못 들어왔다가 때를 놓쳐 나가지도 못하고, 그냥 듣고 있었어요. 단추 부분이 흥미로운 이유는 정부와 개인의 관계에 관한 제 이론을 완벽하게 구현했기 때문이에요. 정부는 통제라는 환상을 만들고, 개인은 그걸 그대로 믿는데, 사실 아무것도 연결되지 않았다는 걸 사람들이 알게 되면 정부에 달려들죠."

청중도 웃고, 나도 웃었다. 그리고 거기서 끝나는 듯했다. 그런데 그 질문은 끈질기게 나를 물고 늘어졌고 나는 다음 몇 달 동안 그럴 듯한 답이 될 만한 것이면 무엇이든 눈여겨보았다. 이 문제를 좀 더 추상적인 틀에 끼워 넣으면 조절력 상실, 조절한다는 착각, 그리고 그 착각이 상황에 맞느냐 안 맞느냐 하는 문제와도 관련이 있었다. 나는 정확히 이 문제를 추적한 연구를 찾지 못했지만, 이와 밀접한 분야의 논문을 몇 개 찾을 수 있었는데 조절, 착각, 그리고 삶의 형태를 올바로 이해하는 지침서 같은 논문이었다. 그리고 이 과정에서 이와 똑같은 문제가 극적인 형태로 드러난 개인적 사례를 들여다볼 기회가 생겼다.

조절력 인식의 현실

우선 나는 내가 찾아낸 연구에서, 살면서 일어나는 여러 일을 스스로 조절할 수 있다고 생각한다면 정신적으로나 육체적으로나 매우 유익하다는, 이제까지 널리 알려진 사실을 확인할 수 있었다. 이 점이 특히 잘 검증된 사례는 노인학에서 요양원 입소자가 일상의 일들을 직접 관리할 때 나타난 효과를 꼽을 수 있다. 요양원 입소의 단점 하나는 집에서 돌봄 시설로 옮기면서 자유와 조절력을 상실할 수 있다는 것이다. 이 상실과 그것을 줄이려는 시도를 살펴본 연구가 여럿 있다. 1976년에 엘렌 랭거Ellen Langer와 주디스 로딘Judith Rodin이 실시한 실험 연구 결과, 요양원 입소자에게 직접 관리할 일을 더 많이 맡기는 최소한의 변화만으로도 상당한 긍정적 효과를 얻는다는 사실이 밝혀졌다. 변화는 아주 간단했다. 입소자들은 관람할 영화를 결정하고, 실내 장식에 참여하고, 화초를 돌보았다. 일상의 이런 일들을 직원이 관리하는 요양원의 입소자들과 달리, 입소자 개인에게 관리와 책임이 주어진 요양원의 입소자들은 활동량도 많고 더 행복하고 더 건강했으며 수명도 더 길었다.[15]

랭거와 로딘이 이 연구를 진행한 때와 거의 같은 시기에 리처드 슐츠Richard Schulz를 비롯한 여러 사람도 흥미진진한 연구를 실시했고, 예상치 못한 결과가 나왔다.[16] 이 연구는 슐츠의 듀크 대학교 박사 학위 논문에서 시작되었다. 슐츠는 요양원 입소자들이 가치 있는 활동을 직접 관리할 수 있다고 생각한다면 어떤 효과가 있는지 연구했다. 여기서 가치 있는 활동은 사회적 교류였다. 최고 시설을 갖춘 요양원에서는 입소자들이 최적의 사회적 자극을 받지만, 다수의 요양원에서는 입소자들이 대부분의 시간을 불길한 침묵 속에 보낸다. 이들에게는 사회적 자극이 절실하다. 슐츠는 듀크 대학 학생들로 조를 짜서 두 종류의 요양원을 찾아가게 했는데, 한 곳은 입소자들이 방문을 직접 관리하는 곳이고, 또 한 곳은 학생들이 알아서 찾아가는 곳이었다. 학생들이 방문하지 않는 입소자 집단도 있었다. 방문해 머무는 시간을 비롯해 사회적 교류의 여러 요소는 모든 집단에서 동일하게 유지했는데, 예상대로 방문을 직접 관리하는 입소자들은 그런 관리 개념이 없는 입소자들보다 훨씬 더 역동적이고, 주관적 삶의 질이 높고, 더 건강한 것으로 나타났다. 여기까지는 조절력과 그것의 유익한 결과가 애초에 예상한 대로였다. 새로울 게 없어 보였다.

그런데 생각해볼 만한 매우 새로운 사실이 있었다. 연구가 끝나고 학생들이 졸업하면서, 이렇다 할 설명 없이 방문 관리가 돌연 중단되었다. 이후 슐츠는 연구 대상이 되었던 사람들을 다시 찾아가 주목할 만한 후속 조사를 실시했다. 앞서 학생의 방문을 직접 관리했던 입소자들은 그렇지 않은 입소자들에 비해 건강도 나빠지고 더 불행해진 게 분명했다. 더 놀라운 점은 이들의 사망률이 크게 높아졌다는 점이다. 이 연구 결과를 보던 나는 곧바로 단추와 조절에 관한 발표회에서 나온 질문이 떠올랐다. 가치 있는 일을 직접 조절할 수 있다고 생각했는데 그 조절력이 없어졌다면, 그러니까 단추를 눌렀는데 그 단추에 전원이 연결되지 않았다면 어떤 일이 벌어질까? 조절력 상실은 극단적인 경우에 말 그대로 치명적인 결과를 초래할 수 있겠다는 생각이 들었다.

인물 묘사 수업

점점 늘어나는 연구 보고를 살펴보던 시기에 조절력 상실의 사적인 면에 주목할 만한 일을 경험했다.

나는 여러 해 동안 성격심리학에서 기초 단계부터 심화 단계까지 10여 차례 강의를 개설했었다. 이때 수강생이 30~40명 정도로 수업 규모가 크지 않으면 내가 '인물 묘사'라 불렀던, 학기 전반에 걸친 연구 작업을 수행할 더없이 좋은 기회가 된다.

수업 첫날에는 학생들에게 연구 작업 방식을 설명한다. 학생들은 필명을 정해 종이 맨 위에 쓴 다음, 자기 성격에 관해, 행을 건너뛰지 말고 종이 앞뒤로 두 쪽 분량의 글을 써야 한다. 자기 성격의 본질을 설명하는 글인데, 형식은 상관이 없어서, 가장 결정적인 성격을 목록으로 나열해도 좋고, 성격 발달 과정을 어린 시절부터 개략적으로 써도 좋다. 삼인칭 시점으로, "나에 대해 나보다 더 잘 아는 어떤 사람"의 시점으로 써야 한다. 글이 완성되면 복사해서 수강생 전체에 돌려, 강의 첫 주 마지막 날에는 서른 명의 수강생이 다른 스물아홉 명의 인물 묘사 글을 받게 된다.

익명의 인물 묘사를 나눠 가진 수업의 효과는 대단했다. 강의가 시작되고 두 번째 수업까지 특징 없이 모호했던 수강생들이 선명하고 개성이 뚜렷한 개인으로 변신했다. 다만 누가 누구인지는 모르는 상태였고, 나는 학생들에게 익명성을 훼손할 수 있는 눈에 띄는 신체적 특징은 절대 기록하지 말라고 당부했었다. (나는 어느 인물 묘사에서 글쓴이가 자신을 대학 농구부라고 쓴 부분을 지워야 했다. 수강생 중에 키가 2미터에 가까운 사람이 딱 한 명 있었으니까!) 학기 내내 학생들은 책을 읽고 강의를 들으면서 자신이나 다른 학생들의 인물 묘사를 더 깊이 생각하고, 그것을 한 학기에 두 번 '일기'로 제출했다. 인물 묘사도, 일기도 모두 흥미진진했다. 그 중에 세 학생이 특히 인상적이었다.

내가 이 방법을 처음 사용했을 때, 다른 학생들보다 열 살 정도 많은 여학생이 자기 묘사를 다음과 같이 시작했다. "삶의 방향을 우리가 정하는지, 우리 통제를 벗어난 힘에 맡기는지를 묻는 질문을 받았다." 그리고 이어서 20대 중반까지의 삶을 묘사했는데, 거기에는 성취, 성공, 행복, 삶의 주도권을 직접 쥐고 있다는 의식으로 가득했다. 그러더니 짧은 한 단락에서, 삶의 중심을 흔들어놓았던 일련의 사건을 묘사했다. 사고로 인한 자녀의 죽음, 배신, 이혼, 파멸. 그리고 그런 개인적 파국은 겨우 지나왔지만 '삶은 즐거워' 식의 천성은 잃었다는 말로 글을 마무리했다. 우여곡절을 겪다보면 인생은 더없이 잔혹해질 수도 있다는 식으로 사고방식이 바뀐 게 분명했다. 지금은 별 탈 없이 살고 있지만 그 바탕에는 삶은 언제 무너질지 모른다는 새로운 생각이 깔려 있었다. 이 학생은 이런 자신의 나약함을 돌아볼 수 있었다. 그리고 익명성을 기꺼이 버리고 자신의 경험을 자기보다 어린 학생들과 공유하고 싶어 했다. 그녀는 최고였다.

또 한 번은 이 인물 묘사 때문에 나 역시 예상치 못한 통제 불능의 커다란 사건에 휘말린 적이 있다. 학생들이 학기 중간에 제출한 일기를 읽던 중이었는데, 수업이 자신들의 삶과 어떤 연관이 있는지 기록돼 있었다. 그런데 그중 어느 일기에는 '살해 협박'이라는 제목 아래, 나를 개인적으로 겨눈 이야기가 있었다. 나는 그 부분을 단어 하나하나까지 모두 기억한다. 특히 마지막 단락은 잊을 수가 없다. "나는 매형이 크리스마스 선물로 준 권총을 가져가 말똥말똥 빛나는 당신의 작은 두 눈 사이를 정통으로 쏘아주겠어. (학교 옆을 흐르는) 강가 근처는 가지 말 것. 내 권총이 당신을 겨눌 테니."

솔직히 이런 말하기 좀 창피하지만, 나는 글을 읽자마자 '말똥말똥 빛나는 작은 두 눈이라니 무슨 소리야?' 하는 생각부터 떠올랐다. 상황이 심각할 수 있다는 것을 잠깐 동안 인식하지 못했다. 이 일로 나는 일련의 비현실적인 상황에 맞닥뜨리게 되었다. 우선 이 위협이 장난인지 진짜인지 확인해야 했다. 학과장 그리고 특히 대학 보건 당국에서 접촉하는 정신과 의사는 장난이 아니며 경찰을 불러야 할 심각한 상황이라고 확신했다. 나는 그 학생의 이름을 알고 있었고(그의 인물 묘사는 익명이지만 그가 쓴 일기는 물론 누구 것인지 알 수 있었다) 경찰은 내게 그 이름을 물었지만 나는 알려주지 않았다. 그날은 금요일이었고, 그는 살해 협박 혐의로 체포되어 주말을 구치소에서 보낼 수도 있었다. 그러나 비록 이해할 수는 없어도 장난이라면? 게다가 학생들에게 비밀을 보장한 수업에서 나온 위협이었다. 그 자리에서 내가 고소하지 않겠다고 하자 대학

법무 담당자들이 눈을 굴리며 혀를 찼다. 보통 크게 바쁠 일 없는 대학 경비 담당자들이 이 일에 가장 큰 관심을 보였다. 사실 그들의 관심은 대단했다. 그들은 내가 연구실에 있을 예정인 다음 화요일 오전을 걱정하며, 우리가 어떻게 대처해야 하는지 자세한 지시 사항을 전달했다. 그들 세 사람 중 "가장 뛰어난 사람"이 내 사무실 바로 옆방에서 컵을 벽에 붙이고 엿듣다가 (권총 소리 같은) 위협적인 소리가 들리면 "지역 경찰을 부른다"는 계획이었다. 썩 안심할 만한 계획은 아닌 것 같았다.

나는 당연히 내 아이들의 안전이 크게 걱정되었다. 경찰이 계속 "소위 학생"이라고 부르는, 말똥말똥 빛나는 내 두 눈으로 보기에는 부정확한 이름으로 불리는 요주의 인물의 이름을 밝히지 않은 채 식구들을 안전하게 지키기는 어렵다는 걸 알게 되었다. 어쩌다 대치 상황이 발생해 내 연구실에 있는 학생들이 위험에 빠지지 않을까도 걱정 되었다. 경비 담당자들이 학생들에게 혹시 일어날지 모를 위협을 경고하자 학생들의 태도가 돌변했다. "브라이언 교수님, 추천서를 되도록 빨리 써주시면 안 될까요?" 농담이었겠지만, 어찌 알겠는가!

살해 위협은 장난으로 드러났다. 그 일기를 쓴 동기는 제대로 밝혀진 바 없다. 어쨌거나 삶은 정상으로 돌아왔고, 적어도 내가 느끼기에 심각한 부작용은 더 이상 나타나지 않았다. 하지만 내 내부 지향성은 분명히 변했다. 이 사건과 더불어 당시 여러가지 어려움을 겪으면서, 내 조절력은 전적으로 내부에서 나온다는 생각을 버리고, 그것은 좀 더 맥락과 상황에 영향을 받는 개인적 조절력이라고 생각하게 되었다. 그러면서 조절력이 있다고 '단정'하기보다 그 단정을 점검하고 위험이 일어나기 전에 주변 환경에서 잠재적 위험을 살피게 되었다. 간단히 말해, 단추를 아주 주의 깊게 점검하게 된 셈이다.

살해 위협 사건 이후 약 한 달이 지나 한 학생과 인물 묘사가 얽힌 세 번째 사건이 내가 진행하는 다른 수업에서 일어났다. 엽궐련 상자와 관련한 사건이었다. 나는 그전 강의에서, 스트레스와 조절 그리고 단추에 관한 실험을 설명했다. 그리고 단추가 전원에 연결되지 않았다는 걸 알면 어떤 일이 일어날지에 관해 질문을 받은 일화를 소개했다. 수업이 끝나고, 아마 건축학과 학생으로 기억하는데, 키가 크고 마른 곱슬머리 남학생이 내게 슬그머니 쪽지를 건넸다. 그 주제로 일기를 쓰는 중이라는 내용이었다. 쪽지에는 "당신 방의 출입문을 살필 것"이라는 말도 있었다. 교정을 나서던 나는 호기심이 들어 다시 내 방으로 향했다. 그곳 방문에는 엽궐련 한 갑이 걸려 있었는데, 거기에 선이 연결되어 있고 커다란 황동색 단추가 붙어 있었다. 단추에는 이런 문구가 적혀 있었다. "나를 눌러 무슨 일이 일어나는지 보라." 나는 내가 심각한 바보는 아니라고 생각하지만, 그때 나는 그 일의 위험성을 전혀 예상하지 못했다. 그저 학생이 강의 내용을 상징적으로 표현한 것이려니 생각해, 큭큭 웃고 자리를 떴다.

더없이 똑똑한 경비 담당자들은 지난달 사건을 기억했고, 다음 날 출근해 보니, 나와 같은 건물의 모퉁이에 살면서 대학의 안전을 책임지는 이 관리인들의 표정에서 웃음기가 사라졌다. 그날 아침 내 방으로 가려고 승강기를 탔는데, 승강기 문이 열리자마자 기다리고 있던 학과장과 경비 책임자가 나를 막아섰다. 그러더니 아직까지 이상은 없지만 간밤에 내 방에서 일이 좀 있었다고 했다. 듣자 하니 경비원이 담뱃갑과 단추와 그곳에 딸린 선을 보고 경찰에 신고한 모양이다. 경찰은 폭탄 처리반과 함께 출동해 방 문을 날려버렸다. "완전히 날려버렸어요." 경비 책임자가 말했다. 나는 내 방문을 날려버린 논리를 언제쯤 이해할 수 있을지 결코 확신할 수 없지만, 그 사건은 그즈음 경험한 비현실적인 한 달을 상징적으로 표현한 것 같았다. 나는 커다란 황동 단추가 붙은 담뱃갑을 구조해 보물처럼 간직하고 있다. 그 담뱃갑을 볼 때마다 교수직의 잠재적 위험성이 떠오르고, 단순하게 생긴 단추가 실제로나 비유적으로나 묘하게 복잡한 물건이라는 생각이 들곤 한다.

상황에 유용한 착각과 전략적 운용

5장 시작 부분에 나온 조절 중심 평가에서 내부 지향성이 높게 나온 독자라면 내가 내부 지향의 긍정적 결과로 앞서 열거한 긴 목록이 반가웠을 것이다. 우리 대부분이, 특히 교육을 많이 받고 많은 것을 성취하도록 격려받은 사람이라면 자라면서 줄곧 들었던 조언과도 일치하는 목록이다. 우리는 어려서부터 운명은 스스로 조절할 수 있으며 한계는 우리 상상에서 나올 뿐이라는 말을 들으며 자랐다.

그러나 조절력이 있다는 잘못된 믿음에 경종을 울리는 연구들을 자세히 살펴볼 필요가 있다. 소음 스트레스 연구에서 전원이 연결되지 않은 단추라든가, 요양원 연구에서 사람들이 끊임없이 찾아주기를 바라는 노인들의 비현실적 기대라든가, 자신이 통제할 수 없는 이유로 삶이 엉망이 되고 그 뒤로 혼란과 고통을 경험한 여성의 가슴 아픈 사연과 증언 등이 그런 경우다.

우리는 삶에서 우리가 쥐고 있는 단추가 전원에 연결되었다는 확신이 필요하다. 그러려면 다양한 영역에서 우리 능력이 어떤지 객관적인 피드백을 받고 그것과 당당하게 대면할 수 있어야 한다. 더불어 야심뿐 아니라 재능과 능력에 맞는 목표에 힘을 쏟아야 한다. 그리고 주변 환경을 점검해 그것이 개인 목표 추구에 도움이 되는지 방해가 되는지 살펴야 한다. 이 과정은 많은 사람에게 불편하고 어쩌면 위협적일지도 모른다. 그러나 삶에서 새로운 모험에 전념하기 전에, 일단 자신에게 솔직해져야 하고, 우리가 조언이나 충고를 의뢰할 사람에게도 솔직하게 말해 달라고 해야 한다. 착각은 흔히 타인과의 결탁에서 나오는 때가 많은데, 타인은 우리의 장기적 삶의 질 향상에 힘을 쏟을 수도 있지만 그렇지 않을 수도 있다. 나는 이런 착각의 사례를 어느 날 아침 대학 구내식당에서 우연히 듣게 되었다.

나는 줄을 서 있었고 내 앞에는 다른 과 교수가 서 있었는데, 나는 그를 '종신 색골'이라는 명성으로만 알고 있었다. 아니나 다를까 그는 매력이 넘치는 젊은 여학생과 함께 있었고, 둘은 서로를 넋 놓고 바라보았다. 그 여학생은 이런저런 과목에 불만을 털어놓는 중이었다. 영어는 재미있지만, 수학은 죽어라 싫고, 물리와 생물은 낙제했고, 화학은 "바보" 같은 과목이었다. 하지만 "산부인과 의사가 정말로 되고 싶어요"라고 했다. 그는 여자의 눈을 뚫어져라 바라보더니 간드러진 목소리로 "파이팅"을 외쳤다. 나는 여학생에게 정말로, 정말로 외치고 싶었다. "제발 그만둬. 너한테서 치료받을 여성들의 자궁을 생각해 산부인과 의사는 제발 그만두라고! 자궁에 대해 글을 쓰든가《버자이너 모놀로그》의 새 버전을 만들지언정 절대 의학은 하지 마!" 하지만 실제로는 한마디도 하지 않았다. 내가 뭐라고 그녀의 착각에 반기를 들겠는가? 나중에 안 사실이지만, 그 학생은 영어를 비롯해 전 과목에서 낙제했고, 결국 오리건의 어느 뉴에이지 대학에서 윈드차임[가느다란 쇠막대 따위를 찰랑거리게 이어 매달아 소리를 내는 도구 - 옮긴이]과 타로카드 점과 이국적 마사지를 공부한다고 했다. 아마도 훌륭히 해냈을 것이다.

그런데 그 여학생이 내 과목을 신청해 단추와 조절에 관한 수업을 들었더라면 나는 적어도 학생 자신의 능력과 포부를 돌아보게 했을 것이다. 다른 학생들에게 그랬듯이 그 학생에게도 장밋빛 환상이 삶에서 추구하는 것과 핵심 목표에 부정적 영향을 미치지는 않는지 조심스레 의문을 제기할 수 있었을 것이다.[17] 그리고 삶과 관련한 선택에서 그녀가 안내를 의뢰한 상대가 그녀의 미래를 객관적으로 평가하고 그녀의 단추 연결 상태가 불량해 끊어질 위험이 있다고 기꺼이 알려줄 사람이 분명한지 확인하라고 했을 것이다. 그녀 앞에서 아양 떨던 교수라는 작자가 그녀에게 필요한 객관적 피드백을 주지 못한 상황에서 학점이 피드백을 주었고, 그녀는 뒤늦게 자신의 성격과 성향과 능력에 맞는 직업을 찾은 것으로 보인다. 그녀는 요즘 같은 때 잘나갈 법한 유쾌하고 매력적인 사람이 분명하다. 하지만 그녀의 단추와 관련해 여전히 도움이 필요하지 않을까 싶다.

내적 또는 외적 조절 중심 성향 연구에서 가장 중심이 되는 질문은 착각도 삶의 질을 높일 수 있지 않을까 하는 것이다. '긍정적 착각'도 상당수 있다는 실험적 증거가 많다. 이를테면 객관적으로 통제 불가능한 상황을 통제할 수 있다고 믿거나, 다른 사람들은 그렇게 생각하지 않는데 혼자서 자기 개성이 바람직하다고 생각하는 경우다. 예를 들어, 자신의 유머 감각이 평균 이상이라고 생각하느냐고 물으면 거의 모든 사람이 그렇다고 대답한다. 하지만 통계적으로 불가능한 일이 아닌가! 이런 착각은 극단으로 치우치지만 않으면 상황 적응력이나 삶의 질을 높이기도 한다.[18] 게다가 삶의 질에서 정반대 극단인 우울한 사람을 보면, 우울하지 않은 사람보다 조절력과 우연성을 오히려 더 현실적으로 인식한다는 걸 알 수 있다. 그렇다면 우울한 사람들은 그렇지 않은 사람보다 더 슬프지만 현명하다는 뜻일까? 그들은 분명 더 침통하다. 그리고 조절력과 개인의 강점을 현실적으로 정확히 파악한다는 점에서 더 '똑똑하다'고 볼 수도 있다. 하지만 더 현명할까? 나는 그렇게 생각하지 않는다. 이 문제는 착각의 타이밍에 달렸다.

긍정적 착각이 적절한 때가 있고 중요한 목표를 방해하는 때가 있다.[19] 목표를 어떻게 운용해야 달성 가능성을 극대화할지 파악하는 것이 지혜의 관건이다. 한 예로, 연구 분야를 정한다거나 직업을 바꾼다거나 새로운 차원의 관계를 추구한다거나 하는 행동 방침을 정할 때는 착각에서 빠져나와 현실을 바라볼 필요가 있다. 추구할 가치가 있는지, 성공 가능성이 있는지 등의 관련 정보를 폭넓게 탐색한다면 중간에 포기할 가능성이 줄어든다. 그렇지 못하면 마른하늘에 날벼락 맞듯 느닷없이 당하는 수가 있다.

그러나 일단 어떤 목표에 전념하기로 결정하고부터는 긍정적인 시각을 유지하면서 부정적 현실에 한눈을 팔지 않는 편이 유리하다. 착각이 유용한 경우는 목표를 한창 실행할 때다. 그런데 이것은 우리 능력과 신념을 판단하고, 주변의 일상적 환경이 목표 추구에 도움이 되는지 방해가 되는지 현실적으로 판단한 이후에 가능한 일이다.

조절력과 삶의 질을 두고 서로 대조되는 관점을 보여주는 세 개의 짧은 문구를 5장 도입부에 소개했다. 페데리코 펠리니의 영화 〈달콤한 인생La Dolce Vita〉에 나오는 인물은 그 어떤 것에도 마음의 평화를 방해받지 않으려고 삶의 조절력을 장악하는 데 몰두한다. 전화 한 통도 그의 삶의 질을 떨어뜨리지 못한다. 착각은 그의 수호자다. 착각의 횡포와 현실주의의 승리를 이야기한 헉슬리의 경고는 정반대다. 그에 따르면 객관적 현실을 무시하면 위험이 뒤따른다. 전화는 결국 울릴 것이고, 우리는 주저 없이 답해야 한다. 마지막으로 에라스뮈스는 착각도 인간의 자연스러운 상태이며 어쩌면 복잡하고 당혹스러운 삶을 헤쳐나가는 하나의 방법일 수 있다고 상기시킨다. 내가 가르치는 학생들 대부분이 그렇듯 젊을 때는 행위 동력이나 조절력에 대한 잘못된 믿음이 좌절이나 고통으로 이어지기 쉽다. 그러나 이런 착각 덕분에 게임을 포기하지 않고, 성취 가능성이 더 높은 새로운 목표를 탐색하기도 한다. 단추의 연결 상태가 불량할 때도 있고 저마다 행복한 착각에 빠질 때도 있지만, 어느 경우든 삶을 바라보는 신중하면서도 대담한 태도가 하나 있다. 그것은 착각도 아니고 다른 것을 구속하지도 않으며, 상황에 적응하기도 하고 상황에 좌우되기도 한다. 이제까지 삶이 어떻게 지나왔고 앞으로 어떻게 진행될지 곰곰이 생각할 때 필요한 것이다. 그것은 다름 아닌 희망이다.

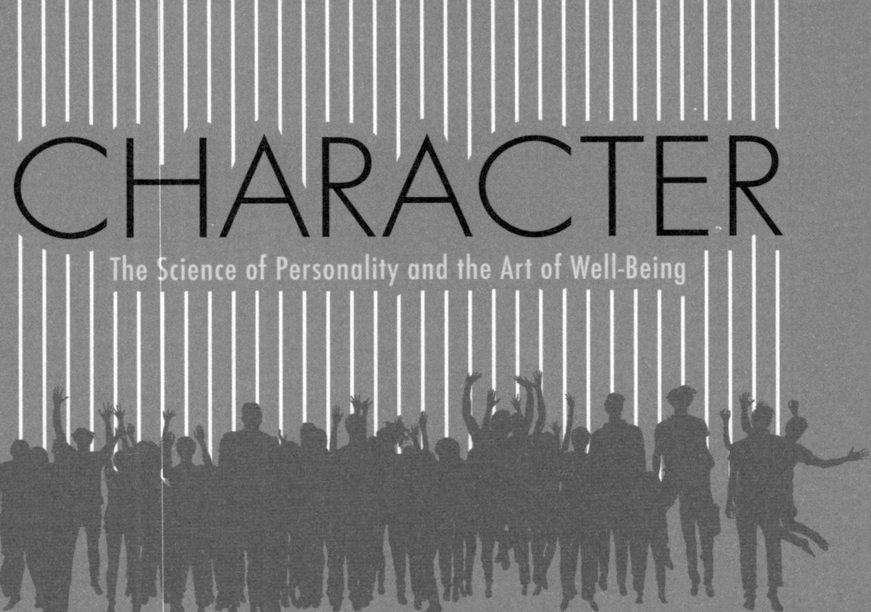
CHARACTER
The Science of Personality and the Art of Well-Being

CHAPTER 6

강인하고 건강하게 :

성격과 건강

매서운 날씨의 2월 어느 날 아침, 해마다 하는 건강검진을 받으러 병원 대기실에 앉아 있다가 다소 당혹스러운 장면을 목격했다. 붉은 뺨에 파란 눈 그리고 앞머리가 벗겨진 30대 중반 남자가 내 옆에 앉아 잡지에 빈칸을 채우고 있었는데, 아마도 낱말 맞추기 같았다. 그는 차츰 흥분하는 듯했다. 그러더니 불쑥 한마디를 내뱉었다. "이런, 곧 죽게 생겼잖아!" 나는 그 말을 듣자마자 때와 장소를 잘도 골라 말하는군, 싶었다. 하지만 그 생각을 누르고 그의 입에서 왜 그런 말이 튀어나왔는지 잡지를 슬쩍 들여다보기로 했다. 역시나 그랬다. 그가 읽던 것은 대중잡지였는데 거기에는 내가 금방 알아본 건강 관련 설문이 있었다. 그는 무엇을 읽었고, 그의 걱정은 얼마나 타당했을까?

비명을 지르지 않겠다고 약속하면, 그 설문을 여기 공개할 테니 직접 해보시라.

아래에 나열한, 일상에서 일어나는 사건, 즉 생활사건 43개 가운데 지난 12개월 동안 당신에게 일어났던 일을 모두 체크해보라.

생활사건 변화 검사[1]

생활사건	가중치	해당 항목 체크
1. 배우자의 죽음	100	❑
2. 이혼	73	❑
3. 배우자와의 별거	65	❑
4. 징역살이	63	❑
5. 가까운 가족의 죽음	63	❑
6. 개인적 부상 또는 질병	53	❑
7. 결혼	50	❑
8. 해고	47	❑
9. 배우자와의 재결합	45	❑
10. 은퇴	45	❑
11. 가족의 건강 변화	44	❑
12. 임신	40	❑
13. 성생활의 어려움	39	❑
14. 새로운 가족 구성원 출현	39	❑
15. 사업 재조정	39	❑
16. 재정 상태 변화	38	❑
17. 친한 친구의 죽음	37	❑
18. 직종 변경	36	❑
19. 배우자와 말다툼 횟수 변화	35	❑
20. 상당액의 주택담보대출 또는 일반 대출	31	❑
21. 대출 담보물 압류	30	❑
22. 직장 내 직무 변화	29	❑
23. 자녀의 출가	29	❑
24. 시집 또는 처가와의 불화	29	❑

생활사건	가중치	해당 항목 체크
25. 두드러진 개인적 성취	28	❑
26. 배우자가 일을 시작하거나 그만둠	26	❑
27. 입학 또는 졸업	26	❑
28. 생활 여건 변화	25	❑
29. 개인 습관 교정	24	❑
30. 상사와의 불화	23	❑
31. 근무 시간 또는 근무 여건 변화	20	❑
32. 거주지 변화	20	❑
33. 전학 또는 편입	20	❑
34. 여가 활동 변화	19	❑
35. 종교 활동 변화	19	❑
36. 사회 활동 변화	18	❑
37. 적당한 주택담보대출 또는 일반 대출	17	❑
38. 수면 습관 변화	16	❑
39. 가족 모임 횟수 변화	15	❑
40. 식습관 변화	15	❑
41. 휴가	13	❑
42. 크리스마스	12	❑
43. 사소한 법규 위반	11	❑
	총점: ________	

각 사건마다 오른쪽에 가중치가 있다. 자신에게 해당하는 항목의 가중치를 모두 더해 총점을 구한다. 아래는 그 총점에 따른 건강 상태다.

- **300점 이상** 조만간 건강이 나빠질 위험이 높거나 매우 높음.
- **150~299점** 조만간 건강이 나빠질 위험이 보통이거나 높음.
- **150점 미만** 조만간 건강이 나빠질 위험이 낮거나 보통.

생활사건 변화와 건강

잠깐, 진정하시라. 방금 끝낸 홈즈-라헤Holmes-Rahe 검사는 대단히 많이 이용되지만 몇 가지 결점이 있는데, 곧 이야기하겠다. 그 전에, 병원 대기실에서 내 옆에 앉아 있던 남자(나중에 그가 직접 말해준 이름은 '채드'였다)가 자기 점수를 더해보고 소리를 질렀던 이유부터 알아보자. 그는 이 검사에서 423점을 받았고, 300점이 넘으면 "조만간 건강이 나빠질 위험이 높거나 매우 높음"이라는 설명을 읽고는 걱정이 태산 같았다.

나는 채드와 잠깐 이런저런 이야기를 하면서 점수를 해석할 때는 신중해야 한다고 분명히 말해주었다. 여기서도 곧 그 문제를 이야기할 예정이다. 하지만 우선 그 검사의 한계부터 간단히 짚어보자.

1960년대 중반에 정신과 의사 토머스 홈즈Thomas H. Holmes와 리처드 라헤Richard H. Rahe가 스트레스와 건강의 유행병학 연구에 사용할 간단한 측정법이 필요해 이 검사를 개발했다. 검사의 근거는 스트레스는 반복되는 일상에 끼어든 사건에서 비롯되고 그중 어떤 생활사건은 삶을 크게 흔들어놓는다는 것이다. 그렇게 생긴 스트레스는 건강에 지장을 초래하고 다양한 의료 문제를 일으킨다고 생각했고, 일부 초기 연구는 생활사건 변화 스트레스와 건강 사이에 극히 평범한 수준이지만 의미 있는 상관관계가 있다는 사실을 증명했다. 이 검사에서 가장 흥미로운 부분은 결혼이나 새 직장을 얻는 등의 긍정적 사건도 삶을 흔들어놓는다는 이유로 스트레스 유발 요인으로 꼽혔다는 점이다.

홈즈-라헤 검사는 2장에 소개한 마이어스-브릭스 유형 지표와 마찬가지로 유명한 언론에 크게 소개되었고, 사람들은 그 결과에 흥미를 느끼거나 더러는 채드처럼 깜짝 놀랐다. 이 검사는 확실한 장점도 있지만 문제도 꽤 많아서 건강 상태를 알아보려는 사람은 몇 가지 주의가 필요하다.

첫째, 각 사건에 부여된 가중치를 생각해보자. 이 가중치는 배우자의 죽음을 100점으로 하고 이를 기준으로 다른 사건이 삶을 얼마나 흔들어놓는지를 연구원들이 추정해 정한 수치다. 하지만 이 표준화한 가중치가 개인마다 이들 사건에 부여하는 '개인별' 가중치를 얼마나 부질없게 만들 수 있는지 생각해보라. 남편이 여러 해 고생하는 모습을 지켜본 아내라면 남편의 죽음을 고통에서 벗어나는 휴식으로 반길지도 모른다. 슬픈 마음이야 피할 길 없지만, 사랑하는 사람의 죽음으로 심하게 동요하고 마음을 진정할 길 없는 사람보다는 스트레스를 덜 받을 수도 있다. 살면서 겪는 생활사건의 가중치는 본인이 직접 정하는 게 옳지 않겠는가? 둘째, 가중치는 '더하기'로 계산된다. 하지만 배우자가 죽은 뒤에 다른 도시로 이사를 간다든가 하는 사건은 개인의 전체 스트레스에 더하기가 아니라 '빼기'가 될 수도 있다. 간단히 말해, 생활사건은 맞물려 움직이며, 우리는 다양한 사건들이 어떻게 서로 연결되는지 알아야 한다. 셋째, 결혼이나 승진 같은 긍정적 생활사건도 포함되었다는 게 이론적으로는 상당히 흥미롭지만, 연구 결과에 따르면 오직 부정적 사건만이 건강 악화의 원인이 될 수 있다.[2] 넷째, 성생활, 식사, 수면 등에서의 장애는 그 자체가 이미 건강 이상 신호일 수 있다는 점에 주목하자. 기존의 건강상의 문제를 가지고 건강상의 문제를 예견하는 것은 너무 빤한 이야기다. 마치 올챙이는 개구리가 될 "위험이 높거나 매우 높음"이라고 예견하는 꼴이다. 그런 항목이 포함된 검사는 솔직히 제대로 된 검사라 하기 어렵다.

채드의 경우는 어떨까? 우리는 이야기를 시작했고, 그는 내게 자기 답안지를 보여주었다. '크리스마스'에 체크한 것만으로 벌써 스트레스 점수 12점을 획득했고, 우리는 그 사실에 킥킥 웃음을 터뜨렸다. 그는 그즈음 결혼했고, 석사 학위를 마무리한 곳에서 고향으로 돌아온 상태였다. 아버지는 신경 퇴행성 질환으로 고통받다 여섯 달 전에 돌아가셨고, 채드는 집에 남아 계신 어머니와 가까이 살게 되어 기뻤다. 그날 그도 해마다 하는 건강검진을 받으러 병원에 왔었다.

홈즈-라헤 검사의 단점이 채드의 건강 상태를 해석하는 데 어떤 영향을 미쳤는지 주목해보자. 정말로 부정적인 사건만 계산하고 그가 아주 좋았다고 말한 결혼이나 이사 같은, 부정적인 사건의 심각성을 덜어주는 사건은 계산하지 않고, 또 그의 부러진 팔을 계산하지 않았다면, 채드의 스트레스 수준과 건강 위험성은 내 생각에 아주 최소 수준이었을 것이다. 그때 그에게 이렇게까지 자세히 이야기하지 않았지만, 이런 테스트로 건강 악화를 예상할 때는 조심해야 한다고는 분명히 알렸다. 사실 내가 한 말은 이랬다. "신경 쓰지 말아요, 정말로." 하지만 돌이켜보면 그날 더 자세히 말해주었어야 한다는 생각이 든다. 채드, 어쩌다 이 책을 집어 들었다면, 여기 6장을 보세요. 매서운 날씨의 2월 아침에 내가 말해줄 수 있었던 것보다 성격과 건강에 관해 더 자세한 내용을 볼 수 있을 거예요.

독자들도 채드처럼 사건 사고가 많은 해를 보냈다면, 비명은 꾹 참고 계속 읽어보시라.

성격, 스트레스, 건강 : 강인함과 회복탄력성

홈즈-라헤 검사를 했던 수많은 사람 중에는 1970년대 중반 시카고의 일리노이 벨 전화사IBT 직원들도 있었다. 시카고 대학의 유명한 성격심리학자 살바토레 매디Salvatore Maddi는 IBT 부사장 칼 혼의 격려와 지원 아래 IBT 직원 다수를 대상으로 성격, 스트레스, 문제 대처 방식, 건강을 장기적으로 측정하기 시작했다. 매디와 혼은 기업 분할과 규제 완화 입법으로 회사에 대대적인 변화가 생겨 큰 혼란이 일어날 가능성을 예상하고 있었다. 1981년, IBT는 직원을 2만 6천 명에서 1만 4천 명으로 대량 감원해야 했는데, 이 일로 일상적 스트레스가 심각하게 커졌다. 이 혼란의 시기에 직원을 대상으로 연구를 계속해 주요 생활사건 변화로 직원의 정신적, 육체적 건강에 어떤 일이 일어나는지 자세히 관찰할 수 있었다.[3]

연구 결과는 흥미로웠다. 직원의 약 3분의 2가 건강이 나빠지고 업무 성과가 낮아진 반면, 3분의 1은 그 변화에 효과적으로 대처해 별 탈 없이 회복했다. 이 두 집단은 어떻게 다른가? 홈즈-라헤 검사 점수는 두 집단이 다르지 않았다. 그러니까 인원 감축 스트레스를 견딘 사람들의 생활사건 변화 정도는 견디지 못한 사람들과 같다는 이야기다. 두 집단의 차이는 바로 일련의 성격 특성이었는데, 매디와 동료들은 그것을 '강인함'이라 불렀다. 강인함의 세 가지 주요 요소는 몰입, 조절, 도전이다. 몰입의 전형적인 예는 날마다 일어나는 일에서 소외되거나 배제되었다고 느끼기보다 그것에 적극 개입하는 태도다. 조절은 자기 주변에서 일어나는 생활사건 변화에 수동적이고 무기력하게 대응하기보다 그것에 영향력을 발휘하려고 노력하는 직원에게서 볼 수 있다. 도전은 긍정적 변화와 부정적 변화를 모두 성장과 새로운 배움의 기회로 보는 태도다. 요약하자면, 이 연구와 뒤이은 광범위한 후속 연구로 다음과 같은 결론에 이르렀다. "조절, 몰입, 도전이 개인의 성격에서 핵심을 차지할수록 건강이 좋아진다."

내가 채드에게 하고 싶었던 말이 그것이다. 그가 홈즈-라헤 검사에서 정말로 높은 점수가 나왔다 해도(물론 나는 그 검사를 그렇게 신뢰하지는 않지만) 일상에서 스트레스를 경험하는 것은 흔한 일이며, 따라서 삶에 적극 참여하지 않고 삶에 따르는 위험을 피하는 것만이 능사가 아니라는 걸 알아야 한다. 그러한 변화를 바라보는 채드의 성향, 그의 대처 방식이 그 변화에서 오는 건강상의 문제를 대부분 누그러뜨릴 수 있을 것이다.

A유형 성격

자, 이제 건강에 영향을 미치는 매우 다른 성격 특성을 생각해보자. 다름 아닌 A유형 성격(1950년대에 심장병 전문의 메이어 프리드먼Meyer Friedman과 레이 로젠먼Ray Rosenman이 심장병 환자들을 관찰하며 심장병 발병률과 성격의 상관관계를 연구한 결과, 경쟁심이 강하고 적대적이며 성격이 급한 사람들이 심장병에 걸릴 확률이 높았다. 그들은 이런 성격 유형을 A유형이라 불렀다. -옮긴이), 곧 관상동맥 질환을 일으키기 딱 좋은 성격이다. 행동의학과 건강심리 분야에서 매우 광범위하게 연구하는 개념이다. 누구나 한 번쯤 들어보았을테고, 생활방식에 대한 일상적 대화에도 자주 등장한다. 나는 사람들에게 A유형 성격을 이야기할 때, A유형의 특징을 뭐라고 생각하는지 물어보는데, 그들의 대답은 놀랄 만큼 비슷하다. 사람들이 가장 많이 언급하는 A유형의 특징은 시간 강박, 단호함, 경쟁심이며, 앞으로 살펴보겠지만, 이런 특징은 우리가 A유형 성격의 '표면적' 특징이라 부를 만한 요소들이다. 아래 그림은 그러한 A유형의 특징이 적나라하게 드러난 어떤 개인의 달력이다.

우선 시간 강박의 분명한 증거를 보라. 모든 일은 "일찍EARLY" "서둘러RUSH" "당장PRONTO" 해야 한다(이 단어들은 모두 대문자로 강조되었다). 그리고 단호히 행동하고 목표 판매량은 "무슨 일이 있어도no matter WHAT!" 달성하자고 스스로 채찍질하는 경쟁심에 주목하라. 맨 마지막에는 그날 밤에 학부모교사연합PTA 모임이 있으니 5시 43분을 놓치지 말라고 스스로에게 권고한다. 이 모임은 결국 그의 마지막 모임이 되었다. 그는 달

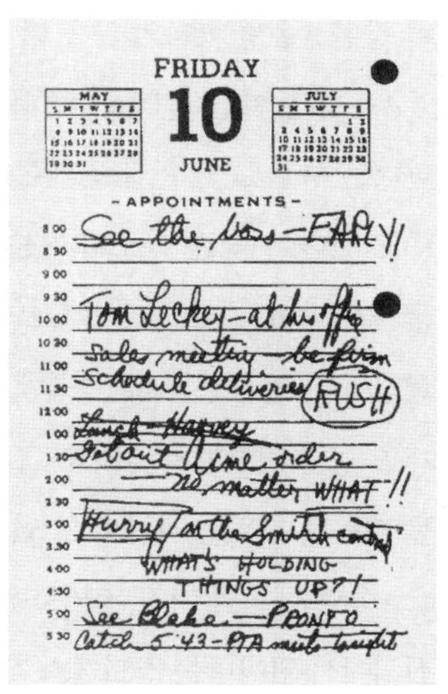

력에서 이 항목을 완수한 직후 심장마비로 사망했다.[4]

A유형 성격이 불러올 건강상의 문제는 분명하다. 그러나 그 성격이 성취도나 직장에서의 성공 같은 삶의 질에 도움이 되는지는 분명하지 않다. 사실상 거의 모든 직업의 구인 광고를 생각해보자. 모든 광고가 열심히 일하고, 대단히 야심 차고, 고도로 몰입하는 사람, 그리고 도전하는 사람, 책임감 있는 사람을 찾는다. "몰입을 혐오하는 야심 없고 게으른 사람을 찾습니다!" 이런 식의 광고는 이제까지 본 적이 없다. 부드러운 성격은 취업에는 적절치 않다. A유형은 좀 더 생산적이어서 특히 서로 경쟁하는 환경에서는 성공의 열매를 거둘 확률이 높다는 증거도 있다. 나처럼 대학에서 학생들을 가르치고 연구하는 분야에서도 A유형의 글이 참고 문헌으로 인용되는 횟수가 높다. 그러니까 학자들은 추진력 강한 A유형 학자의 글을 더 자주 인용한다는 이야기다.

A유형은 자신에게만 도전하지 않고 동료, 가족, 친구들에게도 도전한다는 사실도 꼭 언급할 점이다. 이들의 상호작용 방식은 짜증스러울 수도 있다. 이들은 목소리가 크고, 몸짓도 다른 사람보다 풍부하다. 누군가가 말이 너무 느리다 싶으면 그 사람 말을 자르기 쉽다. 이들은 직설적이고, 참을성이 없고, 쉽게 화를 내는데, 그런 성격 덕에 중요한 문제를 쉽게 해결할지 몰라도 그 과정에서 사람들은 그들과의 소통이 너무 피곤해 그들을 피할 수도 있다.

A유형 행동의 가장 흥미로운 특징은 이들이 일에 너무 집중한 탓에 신체에서 일어나는 스트레스 신호에 둔감하다는 점이다. 나도 몇 년 전에 그와 똑같은 상황을 직접 목격했다. 그때 나는 큰 회의를 준비하는

위원회에 속했는데, 그 일로 그해 내내 회의를 수없이 해야 했다. 위원회 회장을 맡은 사람은 전형적인 A유형이었다. 그의 격렬함은 전설적이었고, 주로 한밤중에 걸려오는 그의 전화를 받고 나면, 그가 말을 어찌나 격렬하게 쏟아붓던지 귀에서 침을 닦아내야 할 것만 같았다. 이런 그의 성격이 가장 문제가 될 때는 위원회 사람들과 직접 마주하는 순간이었다. 위원들은 주로 오후 4시에 만났는데, 상황을 점검하고 마무리하면 늦어도 5시면 회의가 끝나려니 생각했다. 한번은 회장이 예산 문제로 안절부절못했고, 위원들이 보기에 그는 스트레스를 심하게 받은 게 분명했다. 그는 얼굴을 찡그리고 이마에 땀을 흘리면서 입을 꽉 다물고 주먹을 쥐었다. 하지만 정작 본인은 그런 긴장 신호를 눈치채지 못했고, 7시가 될 때까지 다른 위원들의 피로와 짜증도 전혀 눈치채지 못했다. 누구도 그에게 말 한마디 하지 않은 까닭은 그의 마음속에 깊이 자리 잡은 확신 때문이었다. 예산 문제는 전 세계를 통틀어 가장 중대한 문제이며, 그 문제를 해결하지 않으면 삶이 끝장난다는 확신이었다. 게다가 그는 몸집도 크고, 성격도 아주 급했다. 그는 다음 회의에서 기획위원으로 뽑히지 못했다.

그렇다면 A유형 성격의 핵심이면서 가치를 평가하기는 어려운 요소는 무엇일까? 내 생각에, 그들을 구별하는 특징을 세 가지로 보는 것도 꽤 타당할 듯하다. 첫째, A유형에게는 '조절'이 중요하며, 일단 조절력을 갖춘 뒤에는 그것을 상실하는 것을 특히 두려워한다. 조절력이 있다는 것은 목표를 미루지 않고 추진할 수 있다는 의미다. 둘째, A유형은 삶에 '몰입'하는 정도가 매우 높다. 자신에게 영향을 미치는 일에 매달리면서 그것에 방해되는 일이나 사람을 과감히 뿌리칠 수 있다는 뜻이다. 셋째, 이들은 날마다 '도전'을 추구하며, 도전은 활력이 된다. 도전은 갈등과 경쟁에서 승리하려는 욕구를 암시한다. 그렇다면 이제 A유형 행동의 특성을 간단히 요약하고 결론을 내릴 수 있는데, 독자들도 기억하겠지만, 이는 높은 심장 질환 위험과 관련 있다.

"조절, 몰입, 도전이 개인의 성격에서 핵심을 차지할수록 건강은 나빠진다."

앞에서 나는 조절, 몰입, 도전은 강인함의 핵심 특징이며 건강상의 문제를 예방하는 데 도움이 된다고 결론 내렸다. 이제는 그 똑같은 특징이 인간에게 고통을 주는 주요 원인 중 하나인 관상동맥 질환과 관련 있다는 결론에 이르렀다. 한마디로 우리는 치명적 모순에 직면한 꼴인데, 삶에서 조절, 몰입, 도전은 건강에 도움이 되고 동시에 건강을 해치기도 한다. 이게 대체 무슨 소리인가?

모순 파헤치기 : 성격과 건강의 복잡 미묘함

이 명백한 모순을 해결하기 전에 먼저 다룰 문제가 몇 가지 있다. 우선 A유형 성격의 표면적 특징과 내면적 특징에서 시작하자. 앞에서 A유형 성격을 다른 성격과 구분하는 특징 중 많은 수가 주로 표면적 특징이라고 말하면서, 그런 사람은 성격 깊숙한 곳에서 심장 질환을 일으킬 수 있는 '행동성 병원체'가 활동할지 모른다고 암시했었다. 정말 그럴까?

'적대감'은 A유형 성격의 여러 측면에 밑바탕이 되는 병적 특성의 핵심이라는 설득력 있는 증거가 있다.[5] 적대감은 한마디로 나를 해칠 수도 있다. 분노나 적대적 반응이 나타날 수 있는 일상의 일들을 생각해보자. 오늘은 차가 왜 이렇게 막히는 거야? 저 멍청이들은 노란불이 속도를 늦추라는 뜻인 줄 아나. 아침부터 승강기는 왜 또 저렇게 느려 터졌어? 보나마나 23층 또라이들이 승강기를 서로 잡아주고 있겠지. 가게 계산대 긴 줄에 서 있는 저 바보 천치는 로또 번호 하나 못 찍네. 기타 등등 너무 많아 신물이 날 지경이다.

건강을 해칠 수 있는 것은 조급증이나 일중독 같은 표면적 특징보다 적대감 같은 내면적 특징이라는 사실을 아는 것은 현실적으로 중요한 의미가 있다. 당신이 한 남자의 아내이고, 당신 생각에 남편은 A유형이라고 가정해보자(물론 여자도 A유형이 있지만 남자보다 적다). 당신은 카리브해로 휴가를 떠나기로 결심했다. 첫 휴가이고, 여러 해 동안 돈도 모으고 계획도 세웠다. 당신은 휴양지에 도착해 해변으로 내려가 모래 위에 몸을 쭉 펴고, 태양과 파도 그리고 이국적인 (그리고 관능적인) 이름이 붙은 작은 우산이 딸려 나오는 낯선 음료를 마시는 기쁨에 젖는다. 당신의 A유형 남편도 이제까지 잘 맞춰주고 있다. 그는 노트북뿐 아니라 업무 파일도 몇 개 챙겨왔다. 하지만 그것들은 호텔 방에 놓아두고 급한 일이 생겼을 때만 처리하기로 약속했다. 3분이 지나자 그가 갑자기 깜빡 잊고 잡지를 안 가지고 나왔다며 벌떡 일어나 뛰어갔다. 하지만 당신은 그 속을 빤히 안다. 한 시간 뒤에 호텔 방으로 돌아가보니, 남편은 방에서 몰래 이메일 답장을 쓰고 있다. 그는 자기가 없으면 회사가 쓰러진다고 말한다.

당신이라면 어떻게 반응하겠는가? 진지하게 대화를 나눌 좋은 기회라고 생각하는 아내도 많을 것이다. 당신은 남편을 똑바로 쳐다보면서, 지금만이라도 자빠져 쉬어, 이 인간아, 하고 말하고 싶은 충동을 느낀다. 지금은 휴가 중이고, 남편은 당신의 휴가를 망치고 있다. 당신은 남편에게 말한다. 당신 휴가도, 당신 건강도 망치고 있으니 해변에 나가 쉬라고. 안 그러면 가만두지 않겠다고. 그런데 과연 그것이 사랑하는 사람의 건강을 지키는 길일까?

그렇지 않다. 사실은 정확히 반대다. 시간 강박, 정신없는 삶의 속도, 조절 욕구는 병원체가 아니라는 사실을 기억하라. 오히려 그것들의 밑바탕인 적대감이 문제다. 남편의 내면에 적대감이 있을 수도, 없을 수도 있다. 없을 경우, 누가 봐도 일에 푹 빠진 남편을 쉬라고 재촉한다면 도리어 적대감을 일으켜, 우리가 피하려던 상황을 되레 유발할 수 있다. 그렇지 않고 이미 적대감을 지닌 A유형 남자라면 상황은 더욱 악화된다. 이런 종류의 배우자 문제를 다루는 방법이 있는데, 6장이 끝나기 전에 그 비법을 슬쩍 소개하겠다. 하지만 그 전에, 강인함과 A유형 성격 사이의 모순을 어떻게 해소하면 좋을까?

모순 해소하기 : 관점의 차이

강인한 성격과 A유형 성격의 3요소인 조절, 몰입, 도전을 살펴보자. 이 세 요소는 성격에 따라 건강에 득도 되고 실도 되는 모순된 상황이 발생한다.

조절은 5장에서 보았듯이 복합적인 개념이다. 강인한 사람의 경우, 조절력은 자신에게 중요한 일에 영향력을 발휘하게 한다. 그러나 A유형의 경우, 조절력은 자신을 부당하게 조정해 상황에 제대로 적응하지 못하게 하기도 한다. 1장에서, 이미 부당하다고 판단한 구성개념을 억지로 정당화하려 할 때 나타나는 적대감을 이야기했다. 그런데 그런 우려할 만한 상황이 A유형의 행동에도 나타나는 것 같다. 아닌 게 아니라 예전에는 A유형 성향이 강한 사람은 자긍심이 낮은 사람이며, 조절력을 확보하고 지키려는 그들의 욕구는 자긍심에 대한 도전에 대처하려는 시도라는 인식이 있었다. A유형 사람들이 행사하는 무분별한 조절과 대조적으로, 강인한 사람들은 좀 더 유연하고 계산된 조절력을 행사한다. 5장 식으로 말하면 강인한 사람은 자기 단추를 알고, 언제 단추를 눌러야 하는지도 알며 언제 다른 전략을 써야 하는지 안다.

몰입 문제는 조금 더 복합적이다. A유형 사람들의 몰입은 '과대 몰입'과 '근시안적 몰입' 중 하나이기 쉽다. 과대 몰입은 과제나 목표가 나타날 때마다 그 하나하나에 과도하게 힘을 쏟는 성향이다. 그럴 가치가 있는지는 점검하지 않는다. 이런 전략은 A유형의 삶에 목표 과부하라는 문제를 낳고, 몰입을 하면 할수록 개별 목표를 효과적으로 처리하기는 힘들어진다. 반면에 근시안적 몰입에는 만사를 제치고 가장 중요한 하나의 목표에 모든 힘과 열정을 집중하는 '고착 관념'이 수반된다. 강인한 사람의 몰입은 A유형의 두 가지 몰입과 대조적으로 좀 더 차별적이다. 이들은 자신이 직면한 사건과 관심사에 따라 힘과 주의를 필요한 곳에 집중한다.

A유형과 강인한 사람은 도전도 다르게 바라본다. A유형은 무척 다양한 상황에서 경쟁적이고 도전적인 반응을 보인다. 한번은 A유형인 동료가 다섯 살짜리 딸아이 이야기를 해준 적이 있다. 아침에 엄마가 아이를 차에 태워 학교에 데려다주는데 아이가 갑자기 이렇게 묻더란다. "바보들은 다 어디 갔지?" 아이 엄마가 상냥하게 대답했다. "아빠가 운전할 때만 나오지." 매사에 경계적이고 호전적인 A유형 사람들이 차선 바꾸기와 끼어들기를 일삼는 멍청한 운전자들에게 욕설을 퍼부으면서 어떻게 건강을 해치는지 잘 보여주는 이야기다. 반면에 강인한 사람들은 살면서 도전을 해야 할 때 A유형처럼 정색을 하고 달려들지 않는다. 내 생각에 그들은 도전을 게임으로 생각하는 능력이 있는 듯하다. 사소하다는 의미에서가 아니라 적극적이고 열정적으로 참여하고 나아가 즐긴다는 의미에서 그렇다. 그리고 비적대적인 방식으로 도전에 참여하다 보니 도전은 건강에 득이 된다.

내 아이의 축구팀 코치를 할 때 사이드라인에 있는 부모들의 우스꽝스러운 행동이 경기장 안에 있는 열한 살짜리 아이들만큼이나 흥미로웠던 적이 있다. 특히 기억에 남는 장면이 있는데, 우리가 세 골 차이로 지고 있고 후반부 시간이 얼마 남지 않았을 때였다. 릭의 아빠 거스는 정말 밉상이었다. 팀이 경기를 잘할 때도 못마땅한 표정으로 경기를 노려보기 일쑤였다. 하물며 경기를 지고 있을 때는 누군가에게 욕을 퍼부을 때라고 여겨 아들에게 고래고래 소리를 질렀다. "돌겠네. 리키, 밀어제쳐! 빌어먹을, 이건 게임이 아냐." 내가 거스에게 이건 (빌어먹든 안 빌어먹든) 게임이라고 지적하자 그의 표정이 어두워졌다. 게다가 우리가 다른 부모들이 지켜보는 앞에서 대화를 한 탓에 그의 적대감은 더 커졌고, 결국 폭발하고 말았다.

거스와 달리 다른 부모들은 대부분 경기에 관심을 가지고 참여한다. 사실 이들은 열정이 대단하지만, 경기가 점점 달아오르면 A유형처럼 소리를 지르기보다 자기 아이에게 다정하고도 힘찬 응원을 보낸다. 내가 특히 재미있다고 느낀 것은 이들이 경기가 진행되는 동안 곧잘 미소를 짓는다는 점이다. 그냥 미소가 아니라 우리가 '뒤센 미소Duchenne Smile'라 부르는 미소인데, 입술만이 아니라 얼굴 전체가 움직이는 진짜 미소, 억지로 웃는 가짜 미소가 아닌 진짜 미소를 짓는다.

그렇다면 겉으로 드러나는 조절, 몰입, 도전의 모순에 어떤 결론을 내릴 수 있을까? 내 생각에 A유형 사람들과 강인한 사람들의 큰 차이는 '관점'이다. A유형이 경험하는 것들의 밑바탕에는 적대감이 깔린 때가 많아서, 상황에 유용했을 법한 성향이 극단으로 치달아 자율신경계를 다그쳐 스트레스성 건강 이상을 일으킬 확률이 높아진다. 관점의 차이는 좀처럼 변치 않는 성격 특성과 연관될 수 있다. 2장에서, 성격의 5대 특성 중 친화성 점수가 낮은 사람은 관상동맥 질환에 걸릴 위험이 높다고 이야기했다. 그리고 A유형 행동을 촉발하는 원인을 피할 수 있는 몇 가지 조치도 언급했다. 이 책이 본격 자기계발서는 아니지만, 대부분의 사람에게 효과가 있고 내게도 (약간의 문제는 있었지만) 효과가 있었던 전략을 소개하고자 한다.

그렇다면 적대감을 대체 어쩌라고?

성격과 건강을 몇 년째 연구하던 나는 어느 대형 정신병원에서 주최하는 의료인 정기 교육에 참석할 기회가 생겼다. 병원에서 그달에 시연한 내용은 적대적 행동을 줄일 '생각 중단' 실험이었다. 그곳에 모인 우리 15명은 옷차림도, 직업도, 적대감의 수준도 제각각이었다. 진행자는 우리에게 약 3분 동안 눈을 감고, 좌절감에다 약간의 적대감마저 느끼는 상황을 상상하라고 했다. 나는 내 A유형 친구가 자주 목격하고 나 역시 학교에 차를 몰고 출근할 때 종종 마주친 멍청한 운전자들을 떠올렸다. 그 모습에 집중하며 분노 덩어리를 한참 키워가는데 마이크로 진행자의 외침이 들려왔다. "그만!!!" 우리는 모두 화들짝 놀라 동시에 생각을 멈추었다. 강사가 물었다. 적대감을 일으킨 사건을 지금 이 순간에도 생각하는 사람이 있느냐고. 아무도 없었다. 내 경우에는 "그만"이라는 중단 지시가 도로에서의 분노와 손가락질을 상상하던 나를 깨우기에 충분했다.

실험의 다음 단계는 적대감이나 분노 또는 좋지 않은 다른 감정을 불러일으키는 생각에서 벗어나고 싶을 때 "그만"이라는 신호를 어떻게 스스로 내보낼 수 있는지 알아보는 것이었다. 실험 진행자가 항상 우리 곁에 붙어서 우리가 안 좋은 감정을 느낀다 싶을 때 소리를 질러준다면, 그러니까 일종의 GPS, 즉 '위성 정신 외침 장치Global Psychiatric Screamer'가 되어준다면 좋겠지만 그건 불가능할 테고. 그래서 우리는 적대감이나 불안이 점점 쌓인다 싶을 때 "그만"이라는 말로 스스로 생각을 차단하는 훈련을 하기로 했다. 처음에는 "그만"을 크게 소리 내어 말했지만, 곧 자기만 알도록 속으로 말하는 법을 익혔다. 이후 몇 주 사이 나는 "그만"이라는 말을 날카롭게, 그러나 소리 내지 않고 외치는 것만으로 원치 않는 마음 상태에서 벗어난 순간이 여러 번 있었다. 속으로 그 말을 외칠 때 눈을 빠르게 깜빡이면 효과가 더 크다는 것도 알게 되었다.

의료인 정기 교육 시연을 열심히 들은 지 일주일 만에 생각 중단 기술을 활용할 상황과 마주쳤다. 학과장이 내게 대학 강의 평가에서 교수의 학생 성적 책임 문제를 어떻게 다루면 좋겠느냐고 물었다. 논리는 이랬다. 정부는 대학이 본연의 임무를 얼마나 잘 수행하는지 알아보는 평가 방식을 대학에 적용하려고 하는데, 그전에 대학이 스스로 평가 기준을 만들어 선수를 친다면 좋지 않겠는가? 그 이야기는 내가 대학의 모든 과를 일일이 돌아다니며 우리의 자기 책임 시스템을 설명해야 한다는 뜻이었다. 대학은 변화를 싫어하기로 악명 높은 곳이라 학교의 기본 시스템을 바꾸는 것은 묘지를 옮기는 것과 비슷하다는 것을 나는 익히 알고 있었다. 그래서 그런 부탁을 받았을 때, 차라리 마취 없이 직장 개복 수술을 받는 편이 낫겠다고 말했다. 그러자 학장이 대답했다. "그 방법도 넣는 게 좋겠어요, 리틀 교수님."

과를 돌아다니며 설명하기 전날 밤, 앞으로 험난한 길이 펼쳐져 있음을 확신하게 만드는 이메일을 받았다. 고참 경제학과 교수가 학생 성적에 대한 책임 평가 절차를 간단히 설명한 내 보고서를 보고 노골적으로 우려를 표시한 이메일이었다. "당신 보고서에 치가 떨립니다. 내일 회의 때 봅시다. 각오하고 오세요." 몇 분 뒤 잠자리에 들 때 나는 동료가 보낸 게 맞나 싶은 예상치 못한 이메일에 꽤 스트레스를 받았던 것 같다. 아내가 내게 긴장되느냐고 물었다. 내가 잠을 안 자고 서 있었으니 그리 생각한 모양이었다. 상황을 설명하자 아내는 최근에 내가 배운 생각 중단 기술을 써보라고 했다. 우리는 통제 불능의 A유형 거시경제학자가 물어뜯을 때 내가 받을 스트레스를 떨칠 단어가 있어야 한다고 생각했다. 아내는 내게 속으로 꽥꽥 소리를 내면서 오리 등에서 물이 떨어져 내리는 장면을 상상하면 어떻겠느냐고 했다. 아주 좋은 생각이다 싶었다. 다음 날 아침 새로운 경적 소리를 내 행동 목록에 추가한 채 학교로 차를 몰았다.

회의에서 내 입장을 변호하려고 일어서자, 나와 싸울 전사도 동시에 자리에서 일어났고 우리는 서로를 노려보았다. 나는 속으로 꽥꽥거렸고, 모든 불안감이 흩어졌다. 그리고 차분하고 조심스러운 말투로, X 교수가 아주 중요한 이야기를 할 것이라고 말했다. 그 경제학자는 다소 놀라며 조용히 자신의 요지를 설명하고 자리에 앉았다. 나는 속으로 꽥꽥거린 덕에 회의 내내 논란의 여지가 많은 정책을 제법 침착하게 옹호할 수 있었다. 그런데 회의가 거의 끝날 무렵, 심리학자와 정치학자가 논쟁을 벌였고, 나는 논쟁에 끼어들어 정치학자의 발언에서 다소 모호한 부분을 명확히 했다. 그러자 그가 몸을 홱 돌려 나를 노려보더니 소리쳤다. "리틀 교수, 대신 말해달라고 한 적 없으니, 가만히 계세요!" 나는 깜짝 놀랐지만, 새로 습득한 생각 중단 기술이 재빨리 가동되었다. 그런데 어이없게도 속으로 소리를 낸다는 게 어쩌다 선을 넘어 소리가 바깥으로 크게 나와버렸다. 꽥! 정치학자가 어리둥절한 표정으로 물었다. "브라이언 선생, 지금 꽥, 했어요?" 나는 꽤나 애처로운 탈출 시도를 감행했다. 마치 방금 기침을 했다는 듯이 누가 들어도 꽥꽥거리는 소리를 다시 네 번이나 반복했다. 그다지 즐거운 순간은 아니었다.

이 이야기가 주는 교훈은 적대감, 불안, 그리고 그 밖에 스트레스에 대한 단기적 반응은 인지행동 치료사들이 사용하는 생각 중단이나 전략적 휴식 같은 기술로 대처할 수 있다는 점이다. 하지만 반응을 억누르려다가 역효과가 날 때도 있다. 앞에서 댄 웨그너의 모순 과정과 흰 곰을 (또는 초록 고양이를) 생각하지 않으려는 과정을 설명한 것을 기억하는가? 생각을 억누르려 하면 오히려 더 또렷하게 생각난다는 이야기였다.[6] 다시 한 번 해보라. 지금 당장 3분 동안 오리 생각하지 않기. 시작!

일관성 인식: 성격, 건강, 맥락

4장과 5장에서, 삶에서 조절력 인식, 즉 행위 동력 인식과 삶의 질과의 관계를 살펴보았다. 이때 삶의 질은 신체적 건강뿐 아니라 학문과 직업에서의 성공을 포함해 형태가 매우 다양하다. 우리는 삶에서 조절력을 인식하면 분명한 이점이 있다고 결론 내렸지만, 자신의 조절력을 정확히 평가해야 한다는 전제가 있다. 그리고 스트레스에 노출된 사람에게 강인함이 어떻게 유익한 효과를 내는지도 보았다. 하지만 강인함의 요소에는 A유형 사람처럼 극단으로 치달을 경우 건강을 해칠 위험이 줄기는커녕 오히려 늘어나는 것도 있다. 마지막으로, 개인의 기질이 어떤 식으로 인생 행로와 삶의 질을 이끌어가는지, 나아가 그 과정에서 주변 환경이 어떤 식으로 중요한 역할을 하는지를 이해하는 데 도움이 되는 중요한 이론을 살펴보자.

이 통합 이론을 제안한 사람은 의료사회학자 애런 안토놉스키Aaron Antonovsky다. 그는 질병의 원인 추적에 초점을 둔 병원체 관점과 그가 '건강 발생salutogenic 과정'이라 부른, 건강의 근원과 변화 과정 조사에 초점을 둔 접근법을 구분했다. 건강 발생 접근법의 핵심은 개인의 '일관성 인식'이고, 그는 일관성 인식을 이렇게 정의했다. "주변 환경이 예측 가능하며 모든 일이 이성적으로 예상할 수 있을 만큼 순조롭게 진행되리라는, 역동적이지만 마음 깊이 새겨진 지속적인 자신감의 정도."[7] 일관성 인식에는 다음 세 요소가 밑바탕이 된다. 일상이 논리적으로 타당하고 질서 있으며 예측 가능하게 돌아가는 정도를 나타내는 이해 가능성. 주변 환경에 대처할 수 있다고 느끼는 정도를 가리키는 관리 가능성. 일상의 계획과 목표에 진심으로 전념할 가치를 느껴 힘을 쏟을 수 있는 정도를 뜻하는 유의미성. 일관성 인식 수준이 높은 사람은 안토놉스키가 "일반적 저항 자원"이라 부른, 도전에 직면한 뒤에도 정신적, 육체적 건강을 유지하게 하는 자원을 많이 가지고 있다.

일관성 인식을 정의하는 말 중에 나는 특히 "이성적으로 예상할 수 있을 뿐 아니라"라는 문구가 마음에 든다. 이 말은 조절력을 장악했다고 속단하기 전에 단추를 확인하라고 이야기할 때, 그리고 A유형과 달리 강인한 사람은 삶에서 도전을 어떻게 받아들이는지 이야기할 때 했던 것과 똑같은 말처럼 들린다. 그러나 일관성 인식은 건강과 삶의 질에 또 하나의 중요한 메시지를 던진다. 그것은 주변 환경과 공동체의 성격을 일관성의 중요한 요소로 보고 집중 조명한다는 점이다. 그 대표적인 사례가 이스라엘에서 공동체 세 곳을 대상으로 실시한 연구다. 한 곳은 전통적인 농촌 공동체이고, 한 곳은 현대적 도시 공동체, 그리고 한 곳은 그 둘의 중간쯤 되는 곳이다. 일관성 인식과 건강 상태는 세 공동체에서 다르게 나타나리라고 예상했다. 예를 들어 관리 가능성을 보자. 농촌 마을에서는 일상생활의 예측 가능성이 전통적 관습을 따라 전해 내려온다. 그러다 보니 개인이 조절력을 쥐고 있다기보다 "상황이 통제되고 있다"고 느끼고, 거기서 일관성 인식이 생긴다. 반면에 대도시에서는 일상에서 추구하는 것들을 자신이 직접 조절할 수 있어야 일관성 인식이 생기는 성향이 있다. 그 중간쯤 되는 곳에 사는 사람들은 전통에서 오는 안정감도, 현대 사회에서 생기는 행위 동력도 갖고 있지 않기 때문에 삶에서 느끼는 일관성 인식이 낮으리라 예상할 수 있다. 연구 결과도 이 예상을 뒷받침했다. 일관성 인식을 측정한 결과, 전통 사회와 도시 사회에 사는 사람들 모두 (거의 같은 정도로) 비교적 높은 수치가 나온 반면, 그 중간 지역에 사는 사람은 수치가 매우 낮았다. 그리고 일관성 인식이 건강에 미치는 영향을 살펴보니 이론적으로 예상했던 대로 중간 지역에 사는 사람에게서 건강상의 문제가 흔히 나타났다.

일관성 인식이 낮아지면 건강이 나빠지는 현상은 우리 삶에서도 과도기에 나타나리라고 예상할 수 있다. 집을 떠날 때, 직업을 바꿀 때, 사랑에 빠지거나 사랑을 끝낼 때, 아이를 가졌을 때, 퇴직했을 때 등 많은 사람이 흔히 겪는 일들이 일관성 인식을 일시적으로 변화시킬 수 있다. 성격 차이가 드러나는 시기도 바로 이런 과도기라는 것을 우리는 알고 있다.[8] 과도기에는 외향적인 사람은 더 외향적이 되고, 성실한 사람은 더 질서 있고 체계적이 되며, 반친화적인 사람은 유난히 더 불쾌한 사람이 된다. 일관성 인식 연구는 어떻게 주변 환경과 공동체를 이해 가능하고 관리 가능하며 의미 있게 만드는지에 대한 흥미로운 문제도 제기한다. 다시 말해, 성격과 장소의 상호작용 원리를 안다면 삶이 더 좋아질 뿐 아니라 삶을 이성적으로 예상할 수 있다는 뜻이다. 아니, 어쩌면 그 이상일 수도 있다.

CHAPTER 7

나 홀로 영웅의 허상 :

창조적인 사람은 행복할까

이보다 더 실행하기 어렵고
성공이 불확실하고 관리하기 어려운 것은 없다.
바로 새로운 질서를 도입하는 것이다.

니콜로 마키아벨리, 《군주론》(1532).

곡을 쓰든, 글을 쓰든, 어떤 창작을 하든,
바로 그 순간 자신이 만들고 있는 아이디어와
짜릿하고 무책임하고 콘돔 없는 섹스를 하는 것이야말로
당신이 할 일이다.

레이디 가가[1]

살면서 맞닥뜨린 사람 중에 가장 창조적인 사람을 생각해보라. 그중 몇은 작품을 통해서 간접적으로만 아는 사람들일 것이다. 그가 쓴 소설에 빠졌거나, 그가 만든 비디오 게임에 중독되었거나, 그의 음악에 맞춰 혼자 춤을 췄거나, 그의 행위예술에 기분 좋게 정신을 잃었던 적이 있거나. 아니면 창조적인 사람을 좀 더 직접적으로 알 수도 있다. 아이에게 실제로 효과가 있었던 식이요법을 처방해준 의사나, 아무도 손을 못 써서 골치를 앓던 하수구 배수관을 고친 배관공이나, 역경을 극복하게 도와주고 그 불행을 새로운 시각으로 보게 해준 두 번째 배우자 같은 사람들. 이런 사람들에게 공통점이 있을까? 삶에서 생기는 문제와 어려움을 기존 방식으로 해결하려는 사람들과 이들의 차이점은 무엇일까? 당신은 창조적인 사람인가? 이번 7장을 읽은 뒤에도 여전히 창조적인 사람이고 싶을까?

아래의 간단한 평가를 해보면 앞으로 이어질 내용이 개인적으로도 더 의미 있고 흥미롭게 다가올 것이다. 아래 테스트에서 나를 정확하게 표현한다고 생각하는 형용사에 모두 체크해보라.

가식적인	지적인
능력 있는	관심사가 좁은
신중한	관심사가 넓은
똑똑한	창의적인
진부한	예의바른
자신만만한	독창적인
보수적인	사색적인
관습을 따르는	수단이 좋은
불만스러운	자기 확신에 찬
이기적인	성적 매력이 있는
정직한	진실한
익살스러운	잘난 척하는
개인주의적인	순종적인
격식에 얽매이지 않는	의심 많은
통찰력 있는	관습에 얽매이지 않는

캘리포니아 대학교 버클리 캠퍼스 해리슨 고프Harrison Gough가 개발한 이 검사는 창조적 성격을 알아보는 간단하고 효과적인 검사로 연구 목적에 널리 쓰였다.[2] 점수 계산법은 다음과 같다. '능력 있는, 똑똑한, 자신만만한, 이기적인, 익살스러운, 개인주의적인, 격식에 얽매이지

않는, 통찰력 있는, 지적인, 관심사가 넓은, 창의적인, 독창적인, 사색적인, 수단이 좋은, 자기 확신에 찬, 성적 매력이 있는, 잘난 척하는, 관습에 얽매이지 않는' 중에 표시한 형용사 개수를 모두 더하라. 그리고 나머지 '가식적인, 신중한, 진부한, 보수적인, 관습을 따르는, 불만스러운, 정직한, 관심사가 좁은, 예의바른, 진실한, 순종적인, 의심 많은' 중에 해당하는 형용사 개수를 모두 더한 뒤, 앞의 형용사 개수에서 뺀다. 이론적으로는 -12에서 +18점까지 가능하다. 10점 이상은 고도로 창조적인 사람이라 할 만하다.

성격평가연구소의 창조성 연구

캘리포니아 대학교 버클리 캠퍼스에 있는 성격평가연구소IPAR는 원래 그리즐리피크 대로 옆 캘리포니아 대학 캠퍼스 꼭대기, 나무가 무성한 길에 있는 개조한 남학생 친목회관에 있었다. 1967년 여름, 연구소 2층에 있는 작은 방에서 박사 학위 종합시험을 치던 기억이 아직도 생생하다. 열린 창문으로 유칼립투스 향이 흘러 들어오고, 복도 건너편에서는 커피 향과 창조성의 기운이 함께 번졌다. 도널드 매키넌Donald MacKinnon 성격평가연구소 소장의 사무실이 몇 발짝 떨어진 곳에 있었는데, 그를 처음 만났을 때가 기억난다. 나는 연구 계획을 설명했고, 그는 내 지도교수를 맡을지 생각 중이었다. 그는 표현을 잘 안 하는 편이라 속마음을 전혀 드러내지 않은 채 내 연구 계획서를 읽어 내려갔다.

그리고 고개를 들더니 잠깐 뜸을 들이고는 이렇게 말했다. "리틀, 자네는 행동하는 사람인가, 생각하는 사람인가?" 나는 바로 대답했다. "행동하는 사람이라고 생각합니다." 그는 내 대답에 만족한 듯했다. "생각합니다"라는 말을 강조하는 바람에 생각하는 사람이 곧 행동하는 사람일 수 있다는 내 확신을 드러내긴 했지만. 얼마 안 가 나는 그 두 가지 특징인 생각과 행동, 특히 혁신적인 생각과 그 생각을 실천하는 능력인 행동은 성격평가연구소가 자기 분야를 바꿔놓은 눈에 띄게 창조적인 사람들을 가려내고 연구할 때 사용하는 핵심 기준이라는 사실을 알게 되었다. 성격평가연구소가 1960년대 초에 실시한 광범위한 연구는 성격과 창조성을 새롭게 인식하게 했다.[3]

내가 한 일을 보라! 표준, 자기 도취, 창조적 과시

창조적인지 아닌지를 어떻게 판단할까? 이 분야 연구자들 사이에서 가장 널리 퍼진 판단 기준은 창조적인 사람은 참신하면서 실용적인 상품을 생산하는 사람이라는 것이다. 그 상품은 아이디어일 수도, 물건일 수도, 작업 과정일 수도 있다. 참신함만으로는 창조적이라고 말하기 어렵다. 쓸모도 없이 괴상하기만 하다고 창조적이라고 할 수는 없지 않은가. 쓸모만 가지고도 역시 창조적이라 하기 어렵다. 둘 다 필요하다. 참신함과 유용성을 모두 평가하는 것이 가장 일반적인 판단이다. 그리고 그 판단 기준은 프랑스 요리든, 유기화학이든, 갱스터 랩이든, 건축 디자인이든, 특정 영역에서 관례적으로 표준이라고 인정하는 것과의 비교다.

하지만 창조성을 이렇게 정의하는 것은 처음부터 문제의 소지가 있다. 특히 창조적인 상품인지, 창조적인 사람인지를 짧은 시간 직접 본 후 판단해야 할 때면 더욱 그렇다. 입사 면접 때나 잠재적 고객에게 짧게 상품을 설명할 때가 그런 경우다. 이를테면 이런 문제가 생긴다. 지금 우리가 면접을 하거나 평가하는 저 사람이 자기 도취에 빠진 사람이라면? 최근 연구 결과를 보면, 자기 도취에 빠진 사람은 자기 상품이나 계획을 대단히 창조적으로 평가한다.[4] 사실 자기 도취에 빠진 사람은 사람들 사이에서 두드러져 보이려고 많은 투자를 하는데, 그 방법 하나는 자기 과시적 목표에 투자하는 것이다. 특정 조류에서 나타나는 짝짓기 모습과 닮았다. 나는 자기 도취에 빠진 학자들이 학회에서 자기 실력을 광고하는 모습을 꽤 많이 보았는데 마치 지나치게 흥분한 공작이 꼬리를 활짝 펼친 것 같았다. "내 이력을 보라고! 이력을!" 그러나 연구에 따르면, 자기 도취에 빠진 사람은 스스로를 창조적이라 생각하지만 적어도 객관적 시험 결과를 보면 그렇지 않다. 이 착각은 단지 자기 기만에 그치지 않는다. 이들은 자기가 창조적이라고 다른 사람들을 설득시키는 데에도 뛰어나다. 예를 들어 할리우드 영화 각본을 쓸 만한 좋은 생각을 말해보라고 하면 자기 도취에 빠진 사람은 대단한 열정과 카리스마로 열변을 토한다. 그리고 자신과 타인에게 그 생각이 혁신적이라는 확신을 심어주는 능력이 있다 보니 사람들은 그 생각이 정말로 창조적이라고 오해할 수 있다. 특히 참신함이나 가치를 측정하는 객관적 기준이 거의 없는 분야에서는 자기 도취에 빠진 사람의 열변 한 번으로 판단하기보다 혁신적이고 영향력 있는 생각을 얼마나 자주 내놓았는지 장기적 평가를 살펴보는 게 좋다.

성격평가연구소가 한 것도 바로 그것이다. 연구소는 자기 분야에서 장기적으로 창조적 성과를 내놓아 그 분야에 새로운 기준을 제시한 다양한 전문가들에 대한 평가를 연구 자료로 삼았다. 이들은 소설가, 과학자, 관리자, 장교, 수학자, 대학원생 등 다양한 집단을 연구했다. 하지만 이들 연구에서 가장 유명하고 가장 영향력 있는 부분은 창조적 건축가를 평가한 부분이다.

이 연구에서 가장 먼저 한 일은 북아메리카에서 건물을 가장 많이 설계한 건축가가 아니라 가장 창조적인 건축가로서 자격을 갖춘 사람이 누구인지 결정하는 것이었는데, 결코 쉬운 일이 아니었다. 선별 기준은 단순하지만 엄격했다. 버클리로 초대받을 창조적인 사람들은 세 가지를 충족해야 했다. 참신하고 혁신적 형태의 건축을 고안했어야 하고, 그 참신한 형태가 실제로 실현됐어야 했다. 다시 말해 생각하는 사람이자 행동하는 사람이어야 한다. 그리고 그 창조적 산물이 건축 분야에서 창조적 우수성을 가늠하는 새로운 기준을 제시했어야 했다.

그런데 이 기준에 따라 건축가를 가장 잘 평가할 사람은 누구일까? 창조적 성과는 해당 분야 전문가들의 의견으로 평가한다. 나는 성격심리학에서만큼은 학생들의 생각이 창조적인지 아닌지 제법 잘 판단하지만, 미용사나 전문 요들송 가수 또는 장의사의 창조성을 판단하라고 하면 속수무책이다. 분야마다 자기 분야 상품의 독창성을 평가하는 정통한 전문가 집단이 있기 마련이다. 따라서 건축 전문가들에게 우선 건축 분야를 바꿔놓은 사람들을 추천받기로 했다. 그리고 각 전문가에게 참신함, 실행, 기준 제시라는 세 기준에 따라 창조성이 높은 건축가를 추천해달라고 부탁했다. 하지만 시작부터 실패 가능성이 감지되었다. 전문가마다 서로 다른 사람을 창조적 건축가로 추천할 수도 있지 않은가? 하지만 다행히도 그런 일은 일어나지 않았다. 전문가들의 의견은 일치하는 부분이 많아서 40명이 뽑혔고, 이후에 다른 건축가 판정단도 그 40명을 건축 분야를 창조적으로 바꾼 사람으로 인정했다.

성격평가연구소가 단지 이 창조적 집단의 특성만 연구했다면, 집단의 모든 사람이 수준 높은 작업을 수행했고, 대부분이 대도시에 살면서 자기 분야 사람들과 적극 교류한다는 사실을 확인하는 데 그쳤을 것이다. 이번 연구에는 그런 특징을 갖고 있지만 창조적이지 않은 건축가들로 구성된 대조 집단 또는 비교 집단이 필요했다. 성격평가연구소의 연구 기획에서 특히 훌륭한 점은 창조적 집단과 같은 회사, 같은 도시에서 일하지만 창조적이라는 평가를 받지 못하는 건축가들을 함께 연구한 부분이었다. 이들은 창조적 건축가들을 비교해볼 수 있는 훌륭한 '대조군'이었다.

연구소는 창조적 집단을 10명씩 조를 짜서 사흘 동안 연구소로 초청해 평가를 진행했다. 이들은 밤에는 근처 버클리힐스에 있는 호텔에 묵었지만, 그 외에는 하루 종일 성격평가연구소 심리학자들과 함께 지냈다. 심리학자들은 이들을 대상으로 면담도 하고, 다양한 테스트도 하고, 여러 과제를 준 뒤에 점수도 매겼다. 점심시간에, 그리고 평가 시간 사이사이에 사람들과 어울리는 모습도 관찰하고 평가했다. 이들에게 일부러 스트레스를 준 뒤에 정신적 압박 상태에서의 업무 수행 능력도 평가했다. 꽤 힘든 주말이었고, 모든 참가자가 이 연구를 즐긴 것은 아니었다. 작가를 대상으로 한 창조성 연구 실험에 참가했던 시인 케네스 렉스로스는 이 평가가 불쾌했다고 분명히 밝혔다. 그는 〈머리통이 분해되는 경험〉이라는 제목으로 심술궂고 익살스럽고 명백히 조롱하는 투의 기사를 썼다.[5] 창조적인 사람들을 평가해 창조성을 연구하는 것은 지나치게 고된 작업이기도 했다. 그중 어떤 이들은 우리가 자기의 마법을 망친다고 생각했다. 반면에 어떤 사람은 기대대로 상황에 적절히 대처하고 적극 참여하면서 그 시간을 즐겼다.

이 연구의 핵심 질문은 이렇다. 고도로 창조적인 건축가들은, 능력은 뛰어나지만 그다지 창조적이지 않은 다른 동료들에 비해 능력, 성장 배경과 초기 경험, 성격과 사교 능력이 어떻게 다른가? 이번 연구 결과가 다른 창조적 집단을 대상으로 한 연구 결과와 대체로 비슷하니, 앞으로 이 결과를 창조적인 사람들 전반에 적용해 이야기하되, 건축가에만 해당되는 경우는 따로 언급하도록 하겠다.

심리 연구에 관해 이야기를 하거나 책을 쓸 때 위험한 점 하나는 그 이야기를 듣는 사람이나 그 책을 읽는 사람이 연구 결과에 대해 "뻔한 얘기지", "당연하지", "그걸 누가 몰라" 같은 식으로 대꾸하리라는 점이다. 당혹스러운 반응이다. 그 말이 맞을 수도 있어서 당혹스럽지만, 그 사람들이 연구 결과를 미리 예상하지 못해놓고 그렇게 말할 수 있어서 당혹스럽다. 그래서 나는 강의를 할 때 청중에게 '미리' 물어보곤 한다. 이제 막 이야기하려는 연구의 결과가 어떨 것 같으냐고. 경주마에 돈을 걸려면 경주가 끝난 뒤가 아니라 시작하기 전에 걸어야 하지 않겠는가.

그렇다면 독자의 예상을 돕는 뜻에서 한번 물어보겠다. 고도로 창조적인 사람이 평범한 사람에 비해 성격과 삶의 경험이 어떻게 다르다고 예상하는가? 이 질문은 이번 장에서 다룰 주제 중 일부에만 해당하지만, 수많은 중요한 연구 결과와 관련이 있다. 고도로 창조적인 사람은 평범한 사람보다 더 지적일까, 덜 지적일까? 부모와 사이가 더 좋을까, 더 안 좋을까? 학교 성적은 좋았을까, 별로였을까? 이들의 관심사는 은행원과 비슷할까, 법률가와 비슷할까? 이들은 외향적일까, 내향적일까? 무질서하고 복잡한 것을 더 좋아할까, 세련되고 단순한 것을 더 좋아할까? 정신적으로 더 약할까, 더 안정됐을까? 이런 질문을 고민하다 보면, 이와 같은 성격 특성, 선호, 취향에서 나 자신은 어떤 결과가 나올지 궁금하게 마련이다.

지능과 창조성 : 당연히 더 똑똑하다?

고도로 창조적인 사람은 평범한 사람보다 당연히 더 똑똑하고 지능이 더 좋을까? 성격평가연구소의 연구에 따르면 그렇지 않다. 두 집단은 지능지수가 크게 다르지 않다. 하지만 성격평가연구소 연구에 참가한 사람들은 창조적이든 창조적이지 않든 모두 교육을 많이 받은 전문가라는 점을 기억하라. 수준 높은 전문직 사람들은 보통 지능지수가 120 정도 되는데, 120이 넘어가면 지능지수가 더 높아도 창조성과는 무관해서, 지능지수가 145인 사람이 창조적일 수도 있고, 평범할 수도 있다. 하지만 한 가지 밝혀둘 점은, 기존의 지능지수 검사는 지능지수가 평균 100 정도인 사람들의 경우에는 믿을 만하지만, 그보다 훨씬 낮거나 훨씬 높은 양극단의 경우에는 그다지 믿을 만하지 않다는 점이다. 따라서 이들이 기존의 지능지수 검사를 받았다면, 평범한 건축가와 창조적 건축가가 차이가 없다는 결과는 측정법이 효과적이지 못한 탓일 수도 있다. 그런데 성격평가연구소는 '터먼 고지능 검사Terman Concept Mastery Test'라는 특별한 평가 도구를 사용했다. 지능지수가 120 정도일 때 신뢰할 만한 결과가 나오도록 고안한 측정법이다. 연구소는 정교한 이 측정법을 사용했고, 그 결과 창조적인 사람과 평범한 사람이 같은 점수가 나왔다. 한마디로, 창조성이 매우 높은 사람들은 분명 똑똑하지만, 덜 창조적인 동료보다 더 똑똑하지는 않다.

훗날 창조적인 혁신가가 되는 사람들은 고등학교 때도 훌륭한 학생이었을까? 전 과목이 A냐고 묻는다면, 그렇지는 않다. 사실 이들은 B학점으로 졸업한 경우가 대부분이다. 대개는 흥미를 느낀 과목에서는 점수가 매우 높지만 그렇지 못했던 과목에서는 중간 정도거나 그 이하였다.

초기 경험 : 자유의 폭 넓히기

초기 경험 그리고 초기 교육과 관련해 고도로 창조적인 사람들에게서 몇 가지 공통된 경향이 발견되었다. 이들이 어렸을 때 가족은 이들을 무척 존중했고 스스로 탐구하게 하고 개인의 자율성을 깊이 인식하도록 해주었다. 부모와 과도한 감정적 친밀감도 적었다. 대단히 부정적인 것을 경험한 적도 거의 없어 보였는데, 예를 들어 그들이 살았던 시대에 비해 잘못을 해도 체벌을 받은 일이 거의 없었다. 긍정적인 면에서도 마찬가지여서, 자립심을 억누를 정도의 끈끈한 유대 관계는 없어 보였다. 나중에 고도로 창조적으로 성장하는 사람들의 경우, 부모와의 관계는 비교적 편안했고, 커서도 지나치게 가깝기보다는 기분 좋게 친밀한 정도였다.

어린 시절 종교의 역할에서도 비슷한 유형이 나타났다. 창조적인 건축가나 평범한 건축가나 교파 분포는 다를 바 없었지만, 창조적 건축가의 성장 배경에서는 종교 교리를 엄격하게 지키기보다 내적 가치관을 발달시키는 데 초점이 맞춰져 있었다.

창조적 집단은 자라면서 이사를 많이 다녔다. 그러다 보니 오랜 시간 같은 장소에 머무는 경우와 달리 상황에 적응하는 융통성이 발달했을 것이다. 개인 구성개념 이론으로 보자면, 이들은 개인 구성개념 체계가 더욱 복잡해졌을 것이다. 하지만 이사를 자주 하다 보니 외톨이가 된 느낌을 받았을 수도 있다. 따라서 이들은 오랜 우정의 안정적인 지지를 받기보다 자기 자신에게 의존하게 되었다.

고도로 창조적인 사람들이 어렸을 때 영향을 받거나 경험한 것에서 나타나는 공통점은 이들은 개성과 자율을 존중받고, 더 평범한 사람의 삶에서 나타나는 감정적, 지적 제약을 벗어나 많은 자유를 누렸다는 점이다.

흥미와 취향

성격평가연구소에서 실시한 검사 중에 스트롱직업흥미검사SVIB가 있다. 참가자의 흥미가, 광범위한 규범이 존재하는 다양한 직업군에 속한 사람들의 흥미와 얼마나 유사한가를 측정하는 검사다.[6] 고도로 창조적인 집단과 관심사가 유사한 직업은 심리학자, 작가, 언론인, 법률가, 건축가, 예술가, 뮤지션 등이다. 이들의 관심 분야는 구매 대리인, 사무직 종사자, 은행원, 농장주, 목수, 수의사, 경찰관, 장의사 등과는 사뭇 다르다.

이런 흥미 유형을 볼 때 고도로 창조적인 사람은 어떤 사실 자체에 흥미를 느끼기보다 그것이 가진 의미, 중요성, 결과에 더 흥미를 느낀다. 이들은 나무 하나하나보다 눈앞에 펼쳐지는 숲을 보는 경향이 있으며, 그러한 생각을 깊이 있게 주고받기를 좋아한다. 관습적 행동이나 지나치게 규제된 행동은 싫어하는 편이며, 사소한 일에 분노를 폭발하기도 한다. 관심사를 보건대 이들은 융통성 있게 생각하고, 세련된 말을 구사하며, 지적 호기심이 충만하다. 자신의 충동과 생각을, 어쩌면 다른 사람의 충동과 생각도 통제하기 싫어할 것이다.

성격평가연구소의 연구 대상은 당시의 사회적 상황과 인식 탓에 모두 남자였다.[7] 이 연구에서 매우 흥미로운 검사 하나는 그들의 관심사가 좀 더 남성적인 것을 추구하는 쪽인지 아니면 좀 더 여성적인 것을 추구하는 쪽인지 알아본 것이었다. 그 둘의 구분은 스트롱직업흥미검사 지침을 따랐는데, 그 지침에는 준거집단의 남성과 여성에게서 다르게 나타난 관심 항목이 열거되어 있었다. 그 결과, 창조적 건축가의 관심은 남성적인 것보다 여성적인 것에 치우쳐 있었다. 성격평가연구소가 연구한 다른 집단에서도 같은 결과가 나왔다.

이 결과는 자세히 들여다볼 필요가 있다. 경험적으로 여자와 남자가 서로 다르게 나타난 관심 분야를 살펴보면, 대개 음악회나 전시회에 가는 것이었는데, 엄밀한 의미에서 이런 활동은 여성적이라기보다 문화에 대한 관심이라고 보는 게 나을 듯하다. 여기서 또 하나 눈여겨볼 점이 있다. 스트롱직업흥미검사에서 여성성을 측정하는 방법은 여러 관심 항목이 각각 남성성과 여성성이라는 양극단 사이에서 어디에 놓이는가를 정한 뒤 그 점수를 계산하는 식이다. 따라서 성격평가연구소 검사에서는 남성적 관심과 여성적 관심에서 모두 높은 점수를 받기는 불가능하다. 이후 정신적 남성성과 여성성을 공존할 수 있는 별개의 취향으로 보고 따로 평가하는 기술이 개발되었는데, 고도로 창조적인 건축가들은 두 가지 취향에서 모두 높은 점수를 받지 않았을까?[8]

선호 유형

세상을 대하는 상반된 성향을 판별하는 마이어스-브릭스 유형 지표MBTI에서도 창조적 건축가들은 비슷한 유형을 보였다.[9]

첫 번째 상반된 성향은 세상에 대한 내향적 반응과 외향적 반응이다. 성격평가연구소에서 고도로 창조적이라고 평가한 사람들은 거의 항상 내향적 성향에 가깝게 나온다. 정확히 말하면 성격평가연구소에서 연구한 창조적 집단의 3분의 2가 내향적인데, 일반적인 경우보다 훨씬 높은 수치다.

두 번째 상반된 성향은 외부 또는 내부에서 나오는 정보를 해석하는 방식에 관한 것이다. 이에 따라 두 가지 태도가 구분된다. 한쪽은 어떤 일을 감지하고 그 의미와 중요성을 기꺼이 받아들여 그것을 인식하는 반면, 다른 한쪽은 어떤 일의 결론을 이끌어내어 그것을 판단한다. 판단 지향의 잠재적 문제 하나는 속단하고 결론을 내릴 수 있다는 점인데, 이 경우 삶에 질서가 잡힐지는 몰라도 새로운 것을 배울 기회는 사라진다. 이처럼 사건을 인식하는 태도와 판단하는 태도 중에 창조적 집단은 거의 항상 인식하는 쪽에 가깝다. 이런 성향일 경우, 어떤 자극의 내부 출처와 외부 출처에 훨씬 더 주의를 기울이고 그것에 더욱 적극적이고 개방적인 태도를 보일 수 있지만, 경험에 의지해 살아가는 삶에서 질서와 체계를 부여하기는 어려울 수도 있다. 그래서 창조적인 사람들의 삶은 무질서하기도 하다.

세 번째 상반된 성향은 서로 다른 지각 유형이다. 즉, 즉각 감지되는 사건과 사물의 실체에 주의를 기울이는 감각형, 그리고 인지된 것에 내재하는 의미와 가능성을 지각하는 직관형이다. 평범한 사람들은 감각형이 절대적으로 많다. 감각을 좋아하는 사람들은 "현실적인" 사람들로 규정되기도 하는데, 이들은 눈앞의 현실을 떠나 잠재성과 가능성을 상상하는 직관적 사람들을 보면 당황하며 짜증을 내기도 한다.

성격평가연구소에서 연구한 고도로 창조적인 집단은 예상대로 직관형이 월등히 많았다. 평범한 사람들은 25퍼센트가 직관형으로 추정되는 반면, 버클리에서 연구한 창조적인 사람들의 경우 작가의 90퍼센트, 수학자의 92퍼센트, 과학자의 93퍼센트가 직관형이었다. 그들 중에서도 창조적 건축가는 100퍼센트가 직관형이라는 놀라운 결과가 나타났다.

MBTI 검사에 나타나는 네 번째 상반된 성향은 사건이나 사물을 판단할 때 사고에 의지하느냐 감정에 의지하느냐는 것이다. 사고 지향형은 논리와 이성적 분석을 바탕으로 평가하고 판단하는 반면, 감정 지향형은 감정 반응이 기초가 된다. 이 경우는 창조적인 사람이 속한 분야가 중요한 요소여서, 사고와 감정의 차이는 창조적 과학자와 창조적 예술가 또는 작가가 다르게 나타난다. 창조적 과학자는 사고 지향 점수가 높고, 창조적 작가는 감정 지향 점수가 높다. 흥미롭게도 창조적 건축가는 사고형과 감정형이 50 대 50으로 똑같이 나뉘었다.

매력적인 복잡함, 세련된 단순함

소규모 세미나 수업에서 창조성을 주제로 강의할 때가 있는데, 한번은 중간 휴식 시간 직전에 "덤 디딜리 음 덤"이라고 아주 큰소리로 노래한 적이 있다. 단, 흔히 맨 끝에 붙는 "덤 덤"은 붙이지 않았다. 학생들의 반응을 지켜보면 퍽 재미있다. 내가 그러는 이유는 삐딱해지고 싶어서가 아니라 강의 후반에 다룰 주제를 암시하기 위해서였다. 그 주제는 복잡하고 비대칭적이고 긴장감을 유발하는 미적 체험과, 단순하고 대칭적이고 긴장감을 줄이는 미적 체험 중에 고도로 창조적인 사람과 덜 창조적인 사람은 어느 쪽을 선호하느냐는 것이다. 성격평가연구소도 이 선호도를 연구한 적이 있지만, 그때는 시각적 아름다움에 국한한 연구였다. 고도로 창조적인 사람은 열린 결말에다 비대칭적이고, "덤 덤"이 빠진 반복구 같은 시각적 표현을 더 좋아했을까?

30분 안에 가로 25센티미터, 세로 20센티미터 널빤지에다 다양한 색깔의 2.5센티미터 정사각형을 가득 채워 재미있는 모자이크를 만들어야 한다고 상상해보자. 어떤 모자이크를 만들겠는가? 이 실험에서 창조적 집단은 복잡하고 비대칭적인 유형을 눈에 띄게 선호한 반면, 평범한 사람들은 단순하고 균형 잡히고 대칭적인 모자이크를 선호했다.

다양한 그림을 놓고 선호도를 평가하는 실험에서도 비슷한 결과가 나왔다. 성격평가연구소는 참가자들에게 유럽 회화를 복사한 엽서 크기의 그림 102점을 주고 네 종류의 선호도로 분류하게 했다. 그 결과, 모든 창조적 집단이 평범한 사람들에 비해 복잡하고, 비대칭적이고, 균형이 잡히지 않은 그림을 훨씬 더 좋아했다. 하지만 여기에 뭔가 빠진 게 있다. 고도로 창조적인 사람들이 복잡함을 선호하는 성향이 창조성 시험 초기에는 뚜렷이 드러나겠지만, 연구가 진행되는 사이에 새로운 동기가 부여되어 그 복잡함을 창조적으로 재해석하게 될 것이라는 점이다. 그 결과물은 언뜻 단순해 보일 수 있지만, 사실은 오랜 시간 복잡하고 힘든 질문과 씨름해 색다르지만 세련된 스타일, "덤 덤" 하고 명확하게 종지부를 찍는 스타일로 복잡함을 새롭게 풀어낸 것이라고 보아야 한다.

창조적 성격 : 이상한 또는 대담한?

자신을 설명하라고 했을 때 창조적 건축가와 평범한 건축가의 성격 차이가 두드러졌는데, 이런 차이는 성격평가연구소가 연구한 다른 창조적 집단에서도 똑같이 나타났다. 고도로 창조적인 사람은 자신을 창의적이고, 단호하고, 독립적이고, 개성적이고, 열정적이고, 부지런하다고 말한다. 반면에 평범한 사람은 자신을 책임감 있고, 성실하고, 신뢰할 수 있고, 믿음직하고, 생각이 명확하고, 관대하고, 이해심 있다고 말한다.

개인의 성격 차이를 세세한 부분까지 평가하는 캘리포니아성격검사CPI에서도 비슷한 결과가 나왔는데, 창조적인 건축가와 덜 창조적인 건축가가 어떻게 다른지 몇 가지 세부 항목을 살펴보는 것도 좋겠다. CPI를 개발한 심리학자 해리슨 고프는 창조적 집단을 다음과 같이 자세히 묘사했다.

> 고도로 창조적인 사람은 주도적이다. 이들은 사회적 지위를 성취하는 데 기본이 되는 자질과 특성을 갖추고 있다. 침착하고, 자발적이며, 개인적 또는 사회적 상호작용에 자신감을 갖고 있는데, 특별히 사교적이거나 참여적인 성격은 아닐 수도 있다.

창조적인 사람은 대개 내향적이라는 증거와 CPI 결과를 종합해보면, 타인을 향한 그들의 전형적인 태도를 보여주는 재미있는 그림이 나온다. 창조적인 사람은 비사교적이라고 생각될 수도 있다. 사실 그들은 사람들과의 교류를 좋아하지도 않고, 그렇다고 특별히 싫어하지도 않는다. 그보다 창조적인 일에 열정을 집중하고, 그러다 보니 무뚝뚝하고 다소 거만한 인상을 주기도 한다. 하지만 필요한 경우에는 사교성을 발휘해 매력적이고 심지어 사랑스럽게 행동한다. 그래도 어쨌거나 지속적인 사교성은 대단히 창조적인 사람들의 전형적인 모습은 아니어서, 그들의 카리스마에 매료되지만 그것이 순간적으로 끝나는 통에 실망하는

동료나 친구들과 마찰을 빚기도 한다.[10]

> 지적 유형에서 보면, 고도로 창조적인 사람은 총명하고, 거침없고, 날카롭고, 까다롭고, 공격적이고, 자기중심적이며, 설득력 있고 청산유수에다, 자신만만하고 자기 확신에 차 있으며, 걱정과 불만을 표시할 때도 비교적 거리낌이 없다.

간단히 말해, 고도로 창조적인 사람은 같이 일하는 사람에게는 극도로 까다로울 수 있다. 더러는 강한 성격만으로도 소심한 사람을 자기도 모르게 공포에 질리게 만들 수도 있다. 창조적인 사람과 일할 때 생길 수 있는 또 다른 어려움은 그들이 틀에 박힌 것을 불편해하고 과감하고 다소 이상한 것도 기꺼이 받아들인다는 점이다.

> 관습과 규제에 비교적 얽매이지 않고 다른 사람의 시선을 개의치 않기 때문에 독자성과 자율성을 마음껏 발휘할 수 있으며, 자신의 평범하지 않고 파격적인 면도 비교적 잘 알아보고 인정한다. 독자적 사고와 독자적 행동이 필요한 상황에서는 성취 동기가 대단히 강하다. 그러나 덜 창조적인 동료들과 달리 집단에 순응해 행동해야 할 때는 성취욕이 떨어진다.

이들의 성격을 보건대 고도로 창조적인 사람들이 속한 조직의 어려움을 쉽게 짐작할 수 있다. 이들은 자신의 개성을 드러내는 데 거리낌이 없고 남들에게 좋은 인상을 주려는 마음도 없기 때문에 기존 체계를 뒤엎을 수 있다. 그러다 보니 요령과 사교술 그리고 주고받기가 지속적으로 필요한 상황에서 고도로 창조적인 사람들은 대참사를 부르기도 한다. 이들은 매력과 카리스마를 발휘할 줄도 알지만, 겁에 질린 동료들의 애원을 무시한 채 무자비하게 행동하고 자신을 통제하지 못할 때도 있다. 영리한 관리자라면 관례적 문제를 의논하거나 여러 선택 사항을 조심스럽고 신중하게 저울질해야 하는 회의에는 이런 부류의 창조적인 사람들을 빼놓는 전략을 시도할 것이다. 창조적인 사람들이 사랑을 받든 미움을 받든 어쨌거나 대담한 것만은 사실이다. 그런데 혹시 대담할 뿐 아니라 이상한 사람들은 아닐까? 창조성과 광기는 한 끗 차이라는 오래된 생각이 맞는 말일까?

이상한 사람들? 창조성, 기벽, 정신장애

창조적인 사람들, 기인, 정신장애자는 분명히 구별해야 한다. 이들은 공통점도 있지만 중요한 점에서 서로 다르다. 여기서 잠깐 방향을 바꿔 기벽에 대해 살펴본 뒤에 성격평가연구소에서 창조적이라고 분류한 집단이 혹시 어떤 의미에서는 정신 질환이 있는 사람들은 아닌지 알아보기로 하자.

기인 : 행복한 망각

데이비드 위크스David Weeks와 제이미 제임스Jamie James는 기인에 관해 꽤 흥미로운 설명을 내놓았고, 덕분에 그들의 다채로운 행동을 생생하고 재미있게 이해할 수 있게 되었다.[11] 가장 눈에 띄는 사례가 조슈아 에이브러햄 노턴Joshua Abraham Norton인데, 19세기에 자신이 '미국 황제'이자 '멕시코의 보호자'라고 주장한 인물이다. 노턴은 샌프란시스코에서 그에 걸맞은 대단한 특혜를 누렸다. 그는 파란색 군복을 제대로 갖춰 입고 깃털을 꽂은 모자에 칼까지 차고 샌프란시스코를 활보했다. 그러면서 칙령을 수없이 발표했고, 자신이 공화당과 민주당을 해산시켰다고 믿었으며, 자기 통화를 발행했는데 이 통화는 베이 지역의 상점과 기관에서 인정받고 통용되었다. 칙령은 대개 우스꽝스러웠지만, 어떤 것은 선견지명이 있었다. 그는 오클랜드와 샌프란시스코를 잇는 다리를 건설하고 샌프란시스코 만 아래에 터널을 뚫어야 한다고 주장했는데, 둘 다 1880년에 그가 죽고 난 뒤 한참 지나 완성되었다.

샌프란시스코는 완전히 정신 나간 도시는 아니더라도 무척 자유로운 도시여서, 노턴 황제가 한껏 공상을 펼쳐도 사람들은 그를 이해해주고 좋아했다. 다른 도시에서는(말 안 해도 독자들은 어디인지 알겠지만) 그가 그렇게 잘 지내지는 못했을 것이다. 그리고 오늘날 같았으면 공항 검색대 앞에 줄을 선 사람들이 노턴 때문에 한없이 기다려야 했을 것이다. 비단 그가 칼을 찼기 때문만은 아니다. 그렇다면 이처럼 기이한 행동이 만연할 수 있는 환경은 어떤 환경일까? 조슈아 에이브러햄 노턴은 온갖 종류의 기벽에 관대하기로 유명한 영국 런던에서 태어났다는 것을 눈여겨볼 필요가 있다.

나 역시 노턴도 울고 갈 영국 기인을 만난 적이 있는데 그때의 일을 적어볼까 한다. 나는 해마다 영국 케임브리지에서 몇 달을 보내는데, 그곳에는 기인들이 끊이지 않는다. 자주 보는 한 나이 든 여성은 핸들이 높이 달린 자전거를 타고 자갈길을 무서운 속도로 달린다. 무아마르 카다피 스타일 군복을 입고 강렬한 색깔의 깃털 모자에, 빨간 운동화를 신었다. 나는 그 여자를 '모드'라 부른다[걸핏하면 자살을 시도하는 청년 해롤드와 남의 오토바이나 차를 타고 과속으로 달리는 할머니 모드의 우정을 그린 영화《해롤드와 모드Harold and Maude》에서 따온 명칭 - 옮긴이]. 모드는 항상 요란한 소리를 내는 호루라기를 물고 다녔는데, 마치 호루라기가 그녀 입에 붙어 있는 것 같았다. 모드는 짜증이 치밀어 오르는 무언가를 보면 그 몹쓸 인간들이 눈앞에서 사라지거나 자신을 이상하게 쳐다보지 않을 때까지 주위가 떠나갈 듯 호루라기를 계속 불어댄다. 흥분하면 거의 랜스 암스트롱급 속도로 자전거를 모는데, 스테로이드제의 힘은 아닌 게 분명하다. 모드는 자전거를 조종하는 데 그치지 않고 자전거로 사람들을 조준하기도 한다. 한번은 버스에서 우르르 내린 중국인 관광객이 감히 그녀가 가던 길을 건너려고 하다가 자전거를 탄 채 돌진하는 모드를 피해 볼링 핀처럼 사방으로 흩어진 적도 있다.

모드는 기인이 분명하지만 추가 정보가 없다면 창조적인 사람인지 내면이 불안한 사람인지 구별하기 어렵다. 장소가 케임브리지니 알고 보면 사정없이 몰려드는 관광객에게서 그녀가 사랑하는 대학을 구해내려는 살짝 맛이 간 명예교수일 수도 있다. 하지만 나는 모드가 현금자동입출금기를 향해서도 호루라기를 부는 소리를 들었는데, 그렇다면 그녀는 단지 남을 불안하게 하는 사람이라기보다 본인이 불안한 사람에 가깝다. 기인을 정신 질환자와 구별하는 방법 하나는 다른 사람들이 그들의 삶을 이상하게 보더라도 그들 자신은 자기 운명에 그런대로 혹은 대단히 행복해한다는 점이다. 모드는 호루라기로 다른 사람들을 무척 괴롭히지만, 자신이 타인에게 미치는 영향을 인식하지 못한 채 자기만의 방식으로 만족해하는 것 같다.

노턴이나 모드 또는 다른 기인들이 정신 질환을 앓고 있을 수도 있지만 반드시 그렇지는 않다. 마찬가지로 창조적이라고 단정할 수도 없다. 우리가 창조성을 성격평가연구소의 규정대로, 어려운 문제에 부딪혔을 때 혁신적이고 종래와는 다른 생각으로 문제를 해결하는 능력으로 본다면 더욱 그렇다. 기인이 창조적인 사람들과 구별되는 점은 그들은 공동체가 중요시하는 일보다 자기 개인 목표에 집착한다는 점이다. 그리고 그들이 정신 질환자들과 구별되는 점은 자신의 모습에서 큰 기쁨을 얻고, 관습을 기꺼이 거부하고, 구속받지 않는 삶을 살면서 엄청난 자유를 누린다는 점이다. 이와 달리 정신 질환은 선택이 아니다. 기벽과는 달리 비정상적 방식일지언정 원하는 삶을 살도록 개인을 해방하는 것이 아니라 개인의 선택권을 심각하게 제한한다. 그리고 정신 질환은 기벽과 달리 대개 당사자를 두렵게 하고, 지치게 하며, 쇠약하게 한다.

창조성과 정신장애 : 여과되지 않는 생각

창조적인 사람들은 남에게 좋은 인상을 남기는 데 특별한 관심이 없으며 자기 느낌이 부정적이든 아니든 그것을 거침없이 표현한다고 앞서 이야기했다. 그 점에서 그들은 기인을 닮았다. 성격평가연구소 연구원들은 고도로 창조적인 집단이 과연 정신장애 징후를 보이는지 궁금했다. 언뜻 보면 그런 듯했다. 이를 알아보기 위해 가장 적합한 척도는 창조적 집단과 좀 더 평범한 사람을 비교하는 미네소타 다면적 성격검사MMPI다. 이 검사는 검사 대상과 우울증, 히스테리, 피해망상, 정신분열 진단을 받은 환자들과의 유사성을 측정한다. 이 검사를 비롯해 비슷한 다른 검사에서도 창조적인 사람들은 다른 사람들보다 유사성이 상당히 높게 나온다. 그렇다면 이들은 단지 대담할 뿐 아니라 이상한 사람들이라는 게 아주 틀린 말은 아니다. 창조적인 사람들은 확실히 아주 이상한 면을 가진 사람들이다. 하지만 이들이 정신질환에 걸릴 위험이 더 높다고 말한다면 과연 옳을까? 내 생각에 그 답은 "그렇지 않다"이다. 하지만 이는 복잡한 문제라 내 대답은 검증이 필요하다.

성격평가연구소에 초청되었던 사람들처럼 사회생활에 문제가 없는 사람들의 MMPI 점수는 생활에 문제가 있거나 정신병원에 있는 사람들의 점수와는 다르게 해석되어야 한다. 창조적인 사람을 정신장애 위험이 있는 사람과 구별하는 한 가지 지표는 '자아 강도'라 불리는 항목의 점수다. MMPI의 자아 강도 검사는 원래 심리 치료가 도움이 될 사람과 그렇지 않을 사람을 예상할 목적으로 개발되었다. 자아 강도가 높게 나온 사람은 지적이고, 수완이 좋고, 현실적이고, 대립하는 상황을 견딜 줄 안다.[12] 고도로 창조적인 사람들은 자아 강도가 높게 나오는 반면, 정신장애를 겪을 가능성이 큰 사람은 점수가 낮다.

내가 MMPI의 자아 강도 조사와 정신장애 측정의 중요성을 분명히 느낀 순간은 이제 막 고위직 채용을 마무리한 어느 조직에 자문을 할 때였다. 탈락한 후보 한 사람, 댄은 (편의상 '댄'이라고 부르자) 그 업계에서 고도로 창조적이고 심지어 선견지명이 있는 지도자로 유명한 사람이었다. 나는 선발 위원들과 대화를 나누면서, 그 후보가 떨어진 이유 하나가 그의 MMPI 검사 결과 때문이었다는 것을 알게 되었다. 그 결과에 따르면 그는 위원회의 다소 투박한 용어로 말하자면 "그냥 미친 놈"이었다. 나는 인재 선발에 심리 테스트를 이용하는 것에 대해 조언해야 했는데, 솔직히 MMPI 같은 테스트를 그런 목적으로 사용하는 것에는 절대 반대다. 그래서 나는 선발 위원회의 허락을 받아 댄의 MMPI 결과를 볼 수 있었다. MMPI 결과에는 자아 강도가 나오지 않는 게 보통이다. 주로 연구원이 사용할 목적으로 실시하는 특별한 검사이기 때문이다. 댄의 검사 결과를 보니, 아니나 다를까 정신장애 점수가 높았다. 하지만 자아 강도 점수는 반영되지 않았다. 그래서 52개 항목의 자아 강도 검사를 따로 구해 살펴보니 댄의 점수가 대단히 높았다. 간단히 말해, 선발 위원회는 댄의 성격에서 상황에 대처하는 긍정적인 면을 무시해, 진짜 창조적이고 열정적인 지도자를 채용할 기회를 잃고 말았다. 댄은 분명 이상한 사람이었다. 하지만 똑똑하고 의욕적일 뿐 아니라 자신의 독창적이고 다소 별난 생각을 이용해 창조적 성과를 낼 수 있는 사람이었다. 그는 이상하지만 또한 대담한 사람이었다.

최근의 연구 결과에 따르면 기인과 창조적인 사람과 정신장애 위험이 있는 사람은 자신에게 지장을 주는 불필요한 정보를 걸러내는 능력이 떨어진다는 점에서 서로 닮았다.[13] 상황에 적응하고 살아남으려면, 동기 부여가 안 되고 전략적으로 중요하지 않은 정보는 선별적으로 걸러낼 필요가 있다. 이 능력을 '잠재적 억제력'이라 부르는데, 잠재적 억제력이 매우 '낮은' 사람은 창조적인 사람, 기인, 그리고 정신 질환 중에서도 특히 정신분열 성향이 있는 사람이다. 그러나 잠재적 억제력이 낮은 것도 좋은 점이 있다. 효과적인 여과 장치가 있었다면 걸러냈을, 연관성이 거의 없는 생각과 이미지를 풍성하게 접할 수 있다는 점이다. 그런 생각과 이미지는 창조적 통찰력과 예민한 감성, 그리고 세계를 바라보는 참신한 시선에 훌륭한 밑거름이 된다. 생각이 걸러지지 않을 때의 나쁜 점은 상황에 곧잘 압도되며 대처 능력이 떨어질 수 있다는 점이다.

그렇다면 잠재적 억제력이 낮으면서 사회생활을 잘하는 창조적인 사람들은 정신장애에 굴복한 사람들과 어떻게 구별될까? 조던 피터슨Jordan Peterson과 그의 동료들이 제시한 증거에서 그 해답의 실마리를 찾을 수 있다.[14] 하버드 학부생을 대상으로 실시한 이 연구는 지능과 우수한 단기 기억력이 그 핵심 요인일 수 있음을 보여주었다. 지적 능력이 뛰어난 사람은 걸러지지 않은 채 물 흐르듯 흘러나오는 정보를 감당할 능력이 있을 수 있다. 이 결과는 성격평가연구소 연구에 나타난 자아 강도와 관련해 우리가 이미 살펴본 것과 일맥상통한다. 지능과 자아 강도는 넘쳐나는 정보와 복잡성을 상황에 유익하게 활용하는 능력을 포함한다. 그런 능력이 없다면 기능적 효용성이 없는 인지적, 감정적 정보를 주체하지 못한 채 수많은 자료에 익사하고 말 것이다.

매키넌은 성격평가연구소 연구에 관한 글에서 버클리에서 평가한 사람 중에는 심각한 정신적 문제를 겪고 있는 사람도 있었지만 그런 사람은 극소수였다고 했다. 한마디로 고도로 창조적인 사람들은 정신적 취약점이 있지만 대개는 그 약점을 넘어서거나 심지어 창조적으로 변형하는 능력이 있었다. 안정되고 유쾌하고 행복하고 밝은 성격은 디즈니 크루즈의 오락 책임자에게는 더없이 좋겠지만, 괴상함을 뛰어넘어 대담한 창조성을 발휘하려면 변덕스럽고 복잡하고 도전적이고 예민한 성격이 제격이다.

창조성 재고하기: 대조군을 위한 노래

시상식마다 빠지지 않는 장면이 있다. 수상자가 창조적 영웅인 자신을 드러내기보다 보이지 않는 곳에서 자신을 지원해준 사람들에게 영광을 돌리면서, 그들이 없었다면 창조적 목표는 결코 결실을 맺지 못했으리라고 말하는 모습이다. 진심인지 의례적 인사인지는 누가 알겠는가. 하지만 여기서는 고도로 창조적인 사람들과 함께 일하는 사람들의 노고를 인정하는 실험적으로 입증된 사례를 소개하고자 한다. 성격평가연구소 연구에 참여했던 대조군에 초점을 맞춘, 주목받지 못하는 이들을 위한 일종의 찬가다.

우선 성격평가연구소의 전반적인 연구 이유부터 살펴보자. 이곳 연구는 자신의 분야를 창조적으로 바꿔놓은 사람의 성격에 나타난 특성을 알아보고자 기획되었다. 건축 분야 연구를 보면 창조적 변신에는 혁신적 성취로 널리 인정받으면서 이후에 지속적으로 영향을 미친 건축

성과가 뒤따랐다. 그런데 이런 창조적 성취가 어떻게 실현되었을지 잠깐 생각해보자. 창조적인 사람들이 놀라운 자질을 많이 갖고 있다 해도 그들과 함께 일하기가 고역일 수도 있다. 그들은 자기밖에 모르고, 걸핏하면 화를 내고, 세세한 부분은 무시하고, 서로 협력하는 우호적인 작업 환경을 만드는 사회적 교류에는 관심이 없을 수 있다. 그렇다면 창조적 목표가 대체 어떻게 성취될 수 있었을까?

사람들은 흔히 세계에서 가장 대담하고 혁신적인 성취는 단 한 사람의 창조적 영웅의 머리에서 나온다고 생각한다. 그건 신화일 뿐이다. 이와 관련해 건축가 '대조군'의 특징을 좀 더 자세히 들여다볼 필요가 있다. 앞에 나온 이들의 성격 특성을 기억해보라. 이들은 책임감 있고, 성실하고, 신뢰할 수 있고, 믿음직하고, 생각이 명확하고, 관대하고, 이해심 있는 사람들이었다. 그리고 사교적이며 착실하고, 세밀한 작업도 불편해하지 않았다. 창조적 목표가 결실을 맺으려면 반드시 필요한 특성이다. 세상을 바꿔놓는 창조적 목표에는 혁신가만 필요한 게 아니라 협상가, 조정자, 회계 담당자, 분위기를 띄우는 사람, 문 앞의 사냥개를 달랠 사람, 지퍼가 열렸다고 세련되게 말해주는 부드러운 목소리의 안내원도 필요하다. 창조적 영웅은 사람들에게 때로는 놀랍도록 큰 혜택이 분명하다. 하지만 그들도 그들의 성격을 보완해주는 사람들의 도움을 받을 뿐 아니라 그런 사람들이 없었다면 혁신적 목표도 결코 실현되지 못했을 것이다.

창조적인 사람과 평범한 사람이 이처럼 서로 의지하는 상황에서, 창조적 스타와 같은 회사에 근무하는 그렇지 않은 건축가들이 피해를 보는 일은 없을까? 성격평가연구소가 연구한 바에 따르면, 창조적인 사람들과 함께 일하는 사람들은 실제로 피해를 보기도 했다. 이들은 창조적인 건축가와 함께 일하지 않는 사람들에 비해 일관되게 심리적 적응도가 낮고, 불안감이 높으며, 갈등이 심했다. 매키넌은 평범한 건축가들이 갈등하는 이유가 이들도 창조적 스타와 똑같은 특성을 많이 가지고 있지만 그 잠재력을 적극적으로 드러내기를 주저하는 반면, 창조적 스타들은 그 능력을 효과적으로 이용하기 때문이 아닌가 추측한다.[15] 창조적 스타가 될 잠재력이 있지만 많은 시간과 힘을 동료를 돕는 데 쓰면서 동료를 스타로 만드는 사람이 그런 동료와 함께 일할 때 얼마나 갈등과 근심을 겪을지 상상하기는 어렵지 않다. 이런 일은 가족 관계나 운동선수들 사이에서도 일어날 것이다.

창조성과 삶의 질: 다윈에게 얻는 교훈

7장을 시작하면서 독자들에게 물었다. 당신은 창조적인 사람인가? 7장을 다 읽은 뒤에도 여전히 창조적인 사람이고 싶은가? 창조적인 사람이 되고 창조적인 삶을 사는 것은 여러 면에서 힘든 일이다. 첫째, 창조적인 사람은 여러 부정적인 감정을 견뎌야 한다. 다양한 경험을 받아들이다 보면 통제하기 어려운 초조함과 우울 같은 감정을 마주하게 마련이다. 둘째, 통념을 거스르는 데 뒤따르는 압력이다. 사람들은 자신이 선호하고 익숙한 행동 유형을 순순히 포기하지 않는다. 창조적인 사람이라면 진정한 개혁가를 향한 노골적인 적대감 아니면 적어도 불신의 표정을 경험하게 되는데, 꽤 힘이 빠지는 일이다. 셋째, 창조적인 일을 하려면 지친다. 창조적 목표에 열정적으로 매달리다 보면 잠과 싸워야 하고, 대인관계가 틀어질 수 있으며 건강을 잃을 수도 있다. 그래도 당신은 창조적인 사람이 되고 싶은가? 혹은 계속 창조적인 사람이고 싶은가?

창조적인 사람이 되면 긍정적인 면도 있다. 첫째로, 앞서 말했듯 부정적인 감정도 분명히 있다. 하지만 다양한 경험을 받아들이는 태도 덕에 긍정적인 감정 또한 보통 사람보다 더욱 민감하게 느낄 수 있다. 그러면서 환희와 기쁨을 만끽하고, 개방적인 태도일 때 이따금씩 밀려드는 부정적인 감정을 보상받고도 남는다. 둘째, 통념을 거스르다 보면 지칠 수 있지만 통념으로 해결되지 않는 문제를 창조적 목표를 세워 해결하고 나면 힘이 솟는다. 그리고 그런 힘은 창조적 목표를 부추기는 내면의 동기에서 생겨난다. 사실 외부에서 창조적 행위를 유도하고 인정하면 의욕이 오히려 꺾일 수 있다.[16] 셋째, 창조적인 사람은 건강을 잃을 수도 있지만 여기에는 검토해야 할 미묘한 반전이 있다.

찰스 다윈을 보자. 다윈이 질병으로 여러 해 동안 꼼짝도 못했다는 사실은 유명하다. 그는 가벼운 어지럼, 두근거림, 구토, 복부 팽만감, 가슴 통증을 수시로 겪었다. 이런 증상은 그 유명한 5년간의 비글호 항해를 떠나기 직전에 처음 나타났다. 비글호 항해는 훗날 진화론의 근거가 된 다양한 정보를 수집한 항해다. 항해 중 다윈은 강인하고 원기왕성하고 모험을 즐겼으며 이상 증상은 없었다. 그런데 영국으로 돌아온 뒤에 이상 증상이 다시 나타났고, 그 증상을 의학적으로 설명할 길은 없었지만, 저명한 의학계 권위자들은 그에게 집에서 쉬라고 강력히 권고했다. 다윈이 앓았던 질병의 성격을 설명하려는 시도가 이제까지 여러 번 있었다. 그중에서 흥미로운 이론 하나는 조지 피커링George Pickering 경이 《창조적 질병Creative Malady》이라는 책에서 밝힌 내용이다.[17] 피커링은 다윈, 플로렌스 나이팅게일, 마르셀 프루스트처럼 고도로 창조적인 사람들은 여러 질병 덕에 오히려 창조성이 높아졌을 수 있다는 견해를 내놓았다. 육체적 질병은 창조적 발전에 도움이 안 될지라도 정신적 질병은 도움이 될 수도 있다. 피커링은 다윈의 경우 그의 질병이 정신신경증이며, 중요하지 않은 사교 활동에서 다윈을 보호하는 기능을 했다는 앞선 진단에 동의한다.

다윈의 편지는 이런 견해를 뒷받침하는 좋은 자료다. 그는 지질학회Geological Society 사무총장이 되어달라는 요청을 받았지만, 사람들을 수없이 만나야 할 것 같아 거절했다. "근래에는 당혹스러운 일을 겪으면 나중에는 완전히 진이 빠지고 가슴이 미칠 듯이 두근거립니다."[18] 다윈은 사람들과 만나면서 갈등이 생기는 상황을 가장 당혹스러워했던 게 분명하다. 여전히 대단히 보수적이었으며 신의 천지창조를 절대적으로 믿던 시대에, 다윈의 이론만큼 많은 논쟁을 불러온 이론도 없었다. 다윈은 은둔하는 병약자가 되어, 사회적으로 교류하는 삶 대신 자신의 핵심 목표인 진화론의 집필 작업에 몰두하는 삶을 택했다. 피커링의 자세한 기록에서 보듯, 다윈이 진화론에 관한 창조적 집필을 완성할 수 있었던 것은 그 기념비적인 작업을 위해 삶에서 다른 모든 것을 희생했기 때문이다. 이 같은 핵심 목표를 지속적으로 추구하는 것이 삶의 질에 어떤 영향을 끼치는지 앞으로 다루겠지만, 지금은 대담하고 창조적인 목표를 성취하려면 주위의 도움이 필요하다고 했던 앞의 이야기를 다시 한 번 강조하고자 한다. 다윈에게 다른 사람, 특히 아내 엠마의 도움이 없었다면 그는 창조적 작업을 지속하기가 거의 불가능했을 것이다. 아내는 43년간의 결혼생활 내내, 사회적 자극을 막아 남편을 보호했고, 날마다 피아노를 쳐주며 남편을 편안하게 했으며, 비서이자 편집자 역할을 하며 다운하우스 정원에서 사랑하는 찰리 곁을 지켰다.

결국 고도로 혁신적인 사람들은 아닌 게 아니라 특이하고 대담한 사람이지만 결국 성격평가연구소의 대조군 사람들이나 엠마 다윈 같은 알려지지 않은 조력자들의 도움에 의지한다고 결론 내릴 수 있다. 창조적 목표의 성취에 필요한 이런 도움은 제대로 인정받지 못할 때가 많지만, 다윈은 아내가 얼마나 소중한 존재인지 한시도 잊지 않았던 게 분명하다. 다윈은 엠마에 관해 이렇게 썼다. "아내는 나의 가장 큰 축복입니다. (…) 평생 현명한 조언을 해주고 활기찬 모습으로 나를 위로했지요. 아내가 없었다면 긴 세월 동안 환자로 비참하게 지냈을 것입니다."[19]

그렇다면 요약하는 뜻으로, 성격과 창조성 연구가 자신과 타인을 돌아보는 데 어떻게 영향을 미치는지 결론을 내려보자. 7장 도입부에서 소개한 고프의 창조적 성격 검사에서 높은 점수를 얻은 사람은 이 책에서 묘사한 고도로 창조적인 사람의 모습에서 자신의 모습을 보았을 것이다. 경험에 개방적이고, 다른 사람들은 무시하거나 아예 눈치채지도 못하는 감각과 이미지와 생각에 민감하기 쉽다. 이런 성향은 때때로 자신과 자신이 접촉하는 다른 사람을 불편하게 만들기도 한다. 하지만 창조적 행위의 산물은, 즉 풍부한 아이디어와의 (레이디 가가의 표현대로) "콘돔 없는" 만남은 문제를 해결하는 참신한 방법을 제시해, 자신과 타인이 모두 그 수혜자가 될 수 있다.

고프 검사에서 높은 점수를 받지 않은 사람은 창조적 과정에서 좀 더 평범한 사람이 맡은 역할을 마음에 새긴다면 좋겠다. 마키아벨리의 짧은 경구처럼 질서를 바꾸는 것은 어렵고, 성공도 불확실하고, 위험할 수 있다. 그 이유 중 하나는 창조적인 혁신가의 성격 특성은 참신함을 처음 생각해내기에는 적합할지언정 그 창조적 생각을 실현하기에 최적은 아니기 때문이다.

마지막으로 좋은 삶에는 여러 가지 다른 측면이 있고 그것들은 서로 충돌할 수 있다는 사실을 깨달아야 한다. 창조적 모험을 추구하다 보면 엄청난 만족감이 생길 수 있고, 그것이 삶의 절대적 이유가 되기도 한다. 그리고 결국 세상을 바꿀 수도 있다. 하지만 그러다 보면 건강과 대인관계가 희생될 수 있다. 종국에는 이처럼 삶의 다양한 측면 중 어느 것에 가장 큰 의미를 두느냐 하는 선택의 문제가 된다. 무엇보다도 자신의 열정을 따르라. 하지만 그러다 보면 독을 선택할 수 있다는 점도 명심하라.

CHAPTER 8

나는 어디에 있는가 :

성격과 장소의 궁합

당신은 지금 어디에 있는가? 시내 카페에? 정원 구석에? 인터넷에? 또 다시 길고 지루하고 시끄러운 출근길에? 아니면 직접 만든 작은 독서 공간에 틀어박혀 있는가? 당신은 쿵쾅거리고 흥분되는 분위기를 더 좋아하는가, 고요하고 평온한 분위기를 더 좋아하는가? 당신이 자신을 가장 잘 느낄 수 있는 장소를 당신의 파트너는 불편해하는가? 당신은 트위터에 모든 것을 드러내는가, 아니면 그런 소셜 미디어를 유해하고 위협적이라고 보는가? 8장에서는 이와 같은 문제를 다루면서, 물리적 환경이 어떻게 성격과 상호작용하여 삶의 질을 높이는지 살펴보려 한다. 이제 곧 독자에게 벚꽃 위에 앉은 잠자리, 타임스 스퀘어, 노스다코타 주의 파고 시, 그리고 페이스북을 생각해보라고 할 것이다. 그리고 삶의 질에 대해 생각하다 보면 성격은 장소와 궁합이 맞아야 한다는 사실도 곧 알게 될 것이다. 더불어 실제 공간에서 가상 공간으로 옮겨가면서, 그러니까 이를테면 진짜 도시에서 '사이베리아'[Cyberia : 사람들이 인터넷 연결망으로 서로 소통하는 가상의 공간 - 옮긴이]로 옮겨가면서 장소 자체에 대한 개념의 본질이 급격히 바뀔 것이다.

잠자리, 조화 그리고 삶의 질

나는 건축이나 도시 설계 수업에서 성격심리학을 자주 강의했는데, 거기서 만난 학생들의 모습은 흥미롭고 도전적이었으며, 솔직히 말해 더러는 약간 이상하기도 했다. 나는 성격심리학으로 박사 과정을 밟았지만 당시에는 아주 새로운 분야였던 환경심리학이 두 번째 관심 분야여서 버클리 대학원에 다닐 때 이 분야의 첫 수업을 듣기도 했다. 그때가 1960년대 중반이었는데, 당시 건축가와 도시 설계사들은 사람과 장소의 관계에 대해 심리학자들이 어떤 이야기를 하는지 관심이 많았다. 그리고 우리는 우리대로 그들이 주택과 도시를 설계할 때 사용하는 무언의 심리적 추정에 호기심이 있었다. 그래서 나는 건축과 설계 논문을 샅샅이 뒤지고, 환경설계와 행동과학이 만나는 회의를 찾아다녔다. 그런 와중에 1975년에 캔자스 주 로렌스에서 열린 회의는 특히 흥미로웠다. 크리스토퍼 알렉산더Christopher Alexander 덕분이었다.

알렉산더는 케임브리지 대학에서 수학과 건축학을 공부했고, 당시 하버드에 신설된 건축학 박사 과정을 첫 번째로 졸업한 학생 중 한 사람이었다. 그가 쓴 《형태 통합에 관한 고찰Notes on the Synthesis of Form》은 여러 분야에 큰 영향을 미쳤다.[1] 이 책은 소프트웨어 디자인이라는 신생 분야에서 핵심 서적이 되었고, 지금도 다양한 디자인 분야에서 영향력을 발휘한다. 이 책이 건축에 미친 영향은 극과 극으로 엇갈렸다. 그 이유 중 하나는 최고의 건축 설계는 창조적 건축가의 전문성에서 나오는 것이 아니라 해당 지역의 지식을 바탕으로 한, 시대를 초월한 방식에서 나온다는 알렉산더의 믿음 때문이었다. 건축가가 없어도 건물을 짓는 데 큰 문제가 없다는 이 믿음은 많은 건축가에게 쉽게 용납되지 않았다. 알렉산더는 '유형 언어pattern language[건축을 언어에 빗댄 말로 건축가가 아닌 평범한 사람들도 반복되는 일정한 유형을 모아 복잡한 건물을 만들 수 있다는 주장에서 나온 건축 설계 방식 - 옮긴이]'를 만들었다. 환경은 계속 순환하면서 인간의 욕구를 충족하도록 진화한다는 일종의 생성 문법이다. 이것이 내게는 사람과 장소의 연결 고리를 살피는, 그러니까 실제로는 성격과 장소의 조화를 살피는 대단히 유용한 방법으로 보였다. 그래서 캔자스 대회의에서 그가 기조연설을 한다는 소식을 들었을 때, 나는 심오한 이야기를 들으리라는 기대에 차서 수첩을 들고 맨 앞줄에 앉았다.

알렉산더는 실망시키지 않았다. 그는 키가 크고 날씬해서, 이카보드 크레인[워싱턴 어빙의 소설《슬리피 할로우의 전설The Legend of Sleepy Hollow》에 나오는 호리호리한 남자 주인공. - 옮긴이] 같았다. 사회자가 그를 소개하자 그는 생각에 잠긴 듯 몇 차례 꼼짝 않고 서 있다가 머뭇거리며 천천히 말문을 열었다. 내가 기억하기로 그의 발표 주제는 "건축이란 무엇인가?"였고, 그는 영상 하나로 발표를 시작했다. 그가 일본 교토에 있는 어느 정원에 앉아 있는데, 잠자리 한 마리가 파란 하늘에서 재빨리 날

아와 벚꽃에 가볍게 착지하는 모습이었다. "바로 이것이" 알렉산더는 극적인 효과를 위해 잠깐 멈췄다가 다시 말을 이었다. "건축의 본질입니다." 그리고 다시 긴 침묵이 이어졌다.

그 순간 내가 무엇을 느꼈는지 확실히 기억나지 않는다. 흥미를 느낀 것은 분명하지만 약간 혼란스러웠던 것도 같다. 나는 다음 말이 궁금해 몸을 앞으로 숙였다. 내 옆에 앉은 사람은 반응이 달랐다. 그는 고집스럽고 냉철하며 쥐 실험을 좋아하는 계량 심리학자였다. 그가 내 쪽으로 몸을 숙여 말했다. "대체 무슨 개소리랍니까?" 무언가에 홀린 듯 멍하던 내가 이 말에 정신이 들었다. 건축가는 심리학자와, 적어도 일부 건축가는 일부 심리학자와 생각이 다르다는 사실을 일깨운 말이었다. 하지만 크리스토퍼 알렉산더가 전달하려던 것과 내가 8장에서 다루려는 것은 같은 내용이다. 즉, 환경을 어떻게 설계하면 인간의 삶의 질을 높일 수 있느냐는 것이다. 알렉산더가 볼 때 그 해답은 생명체와 그 주변 환경을 조화롭게 연결하는 것이었다. 당연한 소리 같지만, 당시에도 지금도 당연한 이야기만은 아니다. 그 사정을 들여다보자.

1982년 11월 17일, 하버드 건축대학원에서 알렉산더와 다른 저명한 건축가 피터 아이젠만Peter Eisenman이 이 주장을 두고 전에 없는 논쟁을 벌였다.[2] 이 논쟁은 잊지 못할 고전으로 꼽히는데, 그 이유 중 하나는 가시 돋치고 다소 저속한 말이 난무했기 때문이기도 하다. 아이젠만은 포스트모더니즘 건축가이자 해체주의 건축가로, 자크 데리다와 함께 일했으며, 모더니즘과 그것이 강조한 기능적 설계를 몰아내는 운동에 대단히 정통한 사람이었다. 그는 건축은 도전적이고, 엉뚱하고, 조화롭지 못하고, 당혹스러워야 한다고 생각했다. 혼돈의 긴장을 표현했다가 또 그 혼돈을 해소해야 했다. 한마디로 건축은 그 시대의 불안과 혼란을 반영해 당대의 주요 쟁점과 감성을 비추는 거울이어야 했다. 알렉산더는 그런 식의 접근을 혐오했다. 그는 주택과 도시 설계는 조화와 균형이 있어야 한다고 믿었다. 벚꽃에 앉은 잠자리처럼.

알렉산더빌 : 친밀한 접촉과 도시 설계

알렉산더가 생각하는 설계는 그 건물에 살 사람의 가장 절실한 욕구를 반영해야 했다. 그런데 건축가와 설계사가 심리적 욕구를 바탕으로 공간을 만들려면 무엇을 염두에 두어야 할까?

알렉산더는 〈인간의 접촉을 지속하는 작동 체계로서의 도시The City as a Mechanism for Sustaining Human Contact〉라는 놀라운 글에서, 심리학, 사회학, 정신의학 분야에 걸친 광범위한 연구를 바탕으로 이 문제를 명쾌하게 다루었다.[3] 그는 친밀한 접촉을 인간의 보편적인 욕구라고 보았으며 삶의 질을 향상시키는 필수 요소로 생각했다. "인간은 가깝게 만나는 서너 명이 있어야만 건강하고 행복할 수 있다. 사회는 각 구성원이 자신의 실존 단계마다 가깝게 만나는 서너 명이 있어야만 건강하다."

이런 접촉은 특정한 형태를 갖춰야 했다. 사람들은 있는 그대로의 자기 모습을 두려움 없이 자유롭게 드러내야 한다. 그렇다면 거의 날마다 만나야 한다는 뜻이고, 그런 교류는 정해진 대본이나 역할 없이 철저히 자유롭게 이루어져야 한다는 뜻이다. 접촉의 유일한 목적은 가장 깊은 곳에 있는 자의식을 타인에게 내보이는 것이다.

알렉산더는 산업혁명 전에는 작은 마을이 이런 친밀한 접촉의 욕구를 충족시키고도 남았다고 본다. 그러나 산업화가 진행되면서 사람들은 공동 거주지에서 떠나 좀 더 사적인 거주지로 옮겨갔다. 그러다 보니 알렉산더가 '자율 은둔 증후군autonomy-withdrawal syndrome'이라 부르는 현상이 나타나 개인과 사회의 삶의 질을 심각하게 위협했다. 그는 이를 자급자족과 자율에 대한 병적인 믿음으로 보았다. 커다란 정원에서 혼자 노는 아이의 모습은 이런 현상을 가장 잘 보여주는 가슴 아픈 장면이다. 많은 사람이 이 모습을 긍정적으로 생각하겠지만, 알렉산더에게는 개인의 삶의 질과 사회의 건강을 모두 위협하는 크게 잘못된 체계를 상징하는 모습으로 보였다.

개인과 사회의 안녕을 위협하는 이런 현상을 해소하는 방법 중 하나는 주택을 설계할 때 주민의 정서를 고려해, 친밀한 접촉 욕구가 꺾이지 않게 하는 것이다. 알렉산더는 이를 위해 사회적 접촉을 장려하는 도시 설계를 제안했는데, 이를테면 어린 아이들이 다른 아이들을 만날 기회가 많아지고, 어른들은 지나는 길에 서로의 집에 잠깐 들르기 좋도록 설계하는 것이다. 그의 설계는 12가지 기하학적 특징에 기초하는데, 고밀도 단위 구조를 이용해 사람들을 자발적으로 모이게 하는 데 최적화된 특징이다. 여기서는 이 설계를 '알렉산더빌'이라 부르되, 더 자세히 다루지는 않을 것이다. 이 설계안이 나오고 몇 년이 지나 알렉산더 자신이 그것을 지나치게 제약이 많고 지나치게 결정론적이었다고 말했기 때문이다. 우리가 눈여겨봐야 할 점은 도시 설계가 사람들의 욕구를 충족시켜 삶의 질을 높인다고 본 알렉산더의 전반적 시각이다.

성격심리학자인 나는 인간의 욕구와 환경 형태를 설명한 알렉산더의 글을 매우 흥미롭게 그리고 약간의 회의를 갖고 읽었다. 이 책 1장을 시작하면서 "누구나 어느 면에서는 다른 모든 사람과 똑같고, 다른 몇몇 사람과 똑같으며, 다른 누구와도 똑같지 않다"라는 뻔한 이야기를 했던 것을 기억해보라. 알렉산더는 우리 모두가 친밀한 상호작용을 원하며 그가 설계하는 도시는 그 욕구를 반영한다고 말한다. 하지만 이 책 곳곳에 반복적으로 나타났듯이, 성격은 개인차가 있다. 우리는 다른 몇몇 사람과 똑같고 다른 누구와도 똑같지 않은 것이다. 그러다 보니 알렉산더빌에 사는 것이 누군가에게는 즐겁고, 누군가에게는 그냥 그렇고, 누군가에게는 지옥 같기 쉽다. 이 경우와 가장 관련이 깊은 특성은 내향형/외향형 구분이다. 서너 사람과 수시로 적극적이고 일상적인 상호작용을 해야 한다면 외향적인 사람에게는 이상적인 환경이다. 하지만 내향적인 사람에게도 그럴까? 내 생각에는 그렇지 않다.

그렇다면 알렉산더빌은 수시로 적극적이고 자유로운 교류를 하도록 설계된 이론상의 도시로 인구밀도가 높고 활기찬 장소다. 이제 도시를 바라보는 다른 견해를 살펴보자. 도시의 활기가 어떻게 삶의 질을 높이는지 조금 다르게 바라보는 견해다. 이를 '밀그래모폴리스'라 부르자.

밀그래모폴리스 : 과부하 도시

우리는 1장에서, '낯익은 모르는 사람'에 대해 설명하다 스탠리 밀그램을 처음 만났다. 밀그램이 낯익은 모르는 사람을 언급한 것은 도시가 인간의 삶의 질에 어떻게 기여하는지 좀 더 포괄적으로 논하기 위해서였다. 밀그램이 설명하는 도시는 적어도 사회적 자극의 정도에서 알렉산더의 견해와 정반대다. 밀그램은 도시를 자극의 원천으로 보았고, 이 자극이 누적되면 삶의 질을 떨어뜨린다고 생각했다.[4]

그는 한 개인이 도시에 들어갈 때면 인구와 관련한 세 가지 사실과 마주한다고 했다. 수많은 사람들, 압축된 (따라서 고밀도의) 공간, 사회적 이질성이다. 이 세 요소가 한데 모이면 "정보 입력 과부하"라는 심리적 환경이 조성된다. 밀그램의 주장에 따르면 이 과부하는 정신적으로 해로워 사람들이 환경에서 오는 자극의 양과 속도를 줄이는 적응 전략을 쓰도록 유도한다. 이런 자극 감소 전략은 개인적 차원에서 보면 긍정적인 이점이 있지만, 사회적 차원에서는 문제가 된다. 그렇다면 사람들이 과부하에 대응해 사용하는 세 가지 적응 전략을 살펴보자.

첫째, 자극의 원천에 쏟는 시간의 양과 질을 낮춘다. 도시와 시골에서 일상의 속도가 어떻게 다른지 살펴보면 그 사실을 잘 알 수 있다. 도시에서 삶의 속도는 비도시 지역보다 빨라서, 사람들의 걸음걸이는 더 빠르고, 상호작용은 더 짧다.[5] 빠르게 성큼성큼 걷는다는 것은 과부하를 초래하는 사람과 사건을 곧잘 보지 않고 지나친다는 뜻이다. 거래도 마찬가지다. 한 예로, 우표를 도시에서 우체국 직원에게 살 때와 작은 마을에서 살 때 시간이 얼마나 걸리는지 조사한 연구가 있다. 그 결과, 도시에서의 시간이 훨씬 짧았다. 도시에서는 대화의 질도 더 떨어지기 쉽다. 작은 마을에서는 우체국에 가면 한바탕 이야기꽃을 피우기 쉽다. 날씨가 어떻다느니, 내 여동생의 특별한 친구와 간밤에 그녀의 아파트 앞에 주차돼 있던 차가 어떤 관계라느니, 지금 입은 옷이 함께 온 고양이와 아주 잘 어울린다느니. 도시에서도 이런 것들이 이야기 소재가 될 수는 있지만, 그런 수다를 떨 시간은 없다. 내 뒤로 다섯 사람이 줄을 서 있기 때문이다. "감사합니다. 다음 분!"

둘째, 중요도가 낮은 정보는 무시한다. 우리는 도시에서 다가오는 일부 자극을 간단히 무시할 수도 있다. 그런데 이 적응 전략은 개인의 과부하는 막을지언정 심각한 사회적 비용이 발생할 수 있다. 인구 구성의 다양함을 상기해보라. 도시는 사람들도 다양하지만, 우연히 마주치는 사건과 상황 유형도 여러 가지다. 이런 환경에서 사회적 비용이 발생하는 적응 전략 하나는 별로 중요하지 않다고 생각하는 사람을 무시하는 것이다. 중요도를 부여하는 기준은 무수히 많다. 30대가 지난 사람을 걸러낼 수도 있고, 30대가 안 된 사람을 걸러낼 수도 있으며, 문신이 있는 사람, 키 작은 사람, 걸인, 벤츠에서 내리는 사람을 걸러낼 수도 있다. 여과 기준이 무엇이든 간에 재빨리 식별할 수 있는 기준이라야 한다. 그러다 보니 크기, 색깔, 장식 등 한눈에 들어오는 특징이 효과적인 여과 장치가 된다. 그런데 이를테면 특정 정치 성향을 지닌 포스트모더니즘 사회학자에게 최저 순위를 부여해 무시하려 한다면 제대로 가려내기 쉽지 않을 것이다. 슬리퍼에 수염, 배낭 같은 것들로 어느 정도 짐작은 하겠지만.

셋째, 외부 정보가 정보 처리 체계에 들어오기도 전에 미리 막아버릴 수 있다. 예를 들어 (휴대전화가 나오기 전에) 도시에 사는 사람은 작은 마을에 사는 사람보다 전화번호부에 '미등록'된 개인의 전화번호 개수가 더 많을 것이다. 이는 원치 않은 접촉을 줄이는 효과적인 방법이다. 그러나 원치 않는 사회적 자극을 피하는 좀 더 은밀하고 흥미로운 방법이 있다. 미등록된 '얼굴'로 방해받고 싶지 않다는 뜻을 전달하는 방법이다. 나는 특히 여성이 얼굴을 미등록시키는 방법이 도시마다 약간 다르다는 것을 알게 되었다. 이를테면 토론토는 똑바로 앞을 바라보되 약간 짜증스럽다는 표정이 섞인다. 몬트리올도 마찬가지인데, 다만 여기에 살짝 치켜뜬 눈썹과 좀 더 튀어 나온 광대뼈가 더해져 형언키 어려운 느낌을 자아낸다. 하지만 이런 관찰을 확신할 실험적 증거는 전혀 없다.

도시에 들어가면서 정보 과부하를 처리하는 이런 여러 수단을 사용하기로 의식적으로 마음먹고 타인의 요구와 부탁을 줄일 방법을 본격적으로 고민해야 한다면, 우리의 인지 자원이 꽤 소모될 것이다. 하지만 다행히 적어도 우리에게는 이 일이 상당히 쉽다. 도시에는 남의 일에 끼어들지 않는다는 규범이 있기 때문이다. 다시 말해, 타인의 삶에 간섭하지 않는 이유를 설명해야 하는 것이 아니라 타인의 삶에 간섭하는 이유를 설명해야 한다는 뜻이다. 이 규범은 절대적이며, 스탠리 밀그램도 직접 목격한 바 있다.

사건의 발단은 밀그램의 장모였다.[6] 그의 장모는 그에게, 뉴욕 시 지하철에서 사람들은 왜 머리가 하얗게 센 할머니에게 자리를 양보하지 않는지 물었다. 장모 역시 그런 노인이었다. 누구보다 호기심이 많은 밀그램은 그 이유를 알아보기로 마음먹었다. 그는 학생 중에 지원자를 모아, 맨해튼에서 지하철을 타고 사람들에게 자리를 양보해달라고 부탁하기로 했다. 그는 여러 가지 대사를 준비했는데, 가장 흥미로운 건 아주 단순한 말이었다. "자리 좀 양보해주시겠어요?" 흥미롭게도 대학원생 여럿이 한참 생각하더니 실험에 참여하기를 포기했다. 결국 한 학생이 과감히 도전했고, 들뜬 목소리로 실험실에 결과를 알려왔다. "사람들이 자리에서 일어나요!" 하지만 그 학생에게 이 실험은 극도의 스트레스였다. 결국 밀그램이 직접 나서기로 했다. 그는 전철에 올라타 한 사람에게 다가가 자리를 부탁하다가 거의 질식할 뻔했다. 그 순간 실제로 몸이 안 좋아졌다고 한다. 이 상황을 어떻게 설명해야 하나? 남의 일에 끼어들지 않는다는 규범은 대단히 막강하고 사회 깊숙이 내재해서, 어길 때는 대가가 따른다. 밀그램은 이것이 과부하를 만들어내는 도시에 살 때 겪는 핵심 체험이라고 보았다. 우리는 과부하 축소 체계를 가동해 대처한다. 그런 다음 이 전략을 도시에서 기대되는 행동 방식으로 만드는데, 그러다 보니 사람들 사이의 기본 도리마저 미안하게 생각해야 하는 행동이 된다.

당신의 유토피아, 나의 디스토피아 : 우리더러 저쪽으로 떠나라고?

그렇다면 한 걸음 물러서서, 알렉산더빌 시각과 밀그래모폴리스 시각에서 도시를 바라보며 우리가 무엇을 배웠는지 살펴보자. 알렉산더가 생각하기에, 도시는 개인이 행위 동력이라는 인식을 강화하고 고립감을 높이는 속성이 있어서, 사람들의 접촉과 친밀한 교류를 더욱 자극하도록 급진적으로 재설계되어야 한다. 한편 밀그램의 생각에 따르면, 도시는 사람들의 접촉이 너무 많은 탓에 과부하가 생기고 그 부정적 여파를 줄이려는 적응 전략이 나타나게 마련이다.

알렉산더는 가정과 이웃 차원의 환경 설계에 관심을 두고, 밀그램은 도심에 집중한다. 더불어 알렉산더는 인간이 잘 살기 위해 도시를 어떻게 설계해야 하는가를 노골적으로 규정하는 반면, 밀그램은 도시에 살면서 체험하는 것들을 설명하는 데 초점을 둔다. 여기서 문제는 알렉산더가 바라보는 도시는 인간의 접촉이 확대되어, 친밀한 교류를 원하는 인간의 보편적 욕구가 충족되어야 하는 곳인 반면에, 밀그램이 바라보는 도시는 인간의 접촉이 줄어들어, 우리의 정보 처리 능력의 한계가 과부하로 위협받지 말아야 하는 곳이라는 점이다. 둘 다 자신의 관점이 우리 모두에게 해당한다고 생각한다. 하지만 둘 다 사회적 자극을 원하는 정도가 사람마다 다를 수 있다는 사실을 간과한다.

인간의 거주지를 고립되고, 개인적이고, 자극이 낮은 곳으로 본 알렉산더의 초기 묘사를 생각해보자. 그런 환경은 예를 들어 내향적인 사람이나 내적 조절 중심 정도가 높은 사람에게는 매력적이기 쉽다. 그리고 내가 알렉산더빌이라 부른 그의 해법은 사회적 접촉이 높아 친화적이고 외향적인 사람과 경험에 개방적인 사람에게 특히 매력적일 것이다. 반대로 밀그램이 묘사한 도시, 즉 혐오스러운 과부하의 원천이자 불특정 다수에게 보내는 메시지가 정신없이 난무하는 도시는 외향적인 사람이나 특히 A유형 사람에게는 피하고 싶은 곳이 아니라 살고 싶은 도시일 수 있다.

간단히 말해, 누군가에게는 유토피아가 누군가에게는 디스토피아일 수 있다. 그래서 우리가 사는 공간을 설계할 때는 성격과 장소가 어떻게 상호작용하는가에 대한 지식을 반영해야 한다. 그리고 그 상호작용을 이해하려면 성격의 5대 특성만으로는 부족하다.

환경과 성격: 환경을 바라보는 여덟 가지 태도

외향성이니 신경성이니 하는 성격의 5대 특성은 우리가 어떤 장소에 자연스럽게 끌리는지를 이해하는 데 도움이 되지만 그것은 피상적인 이해일 뿐이다. 환경심리학자들은 훨씬 더 정교한 성격 특성을 제시한다. 이들이 환경 기질이라 부르는 것인데, 물리적 환경에 대한 다양한 지향성을 통틀어 이해하는 데 도움이 된다.[7] 조지 매케크니George McKechnie는 이런 환경 기질을 알아보는 가장 포괄적인 평가 방법인 환경 반응 검사ERI : Environmental Response Inventory를 개발했다.[8] 이 검사는 날마다 마주치는 물리적 환경과 관련한 여덟 가지 기질에 점수를 매긴다. 배우자, 방 친구, 가족 등과 다른 도시나 마을로 이사하는 문제를 두고 진지하게 대화를 나눈 적이 있는 사람이라면, 환경 반응 검사의 각 항목에서 높은 점수를 받은 사람의 환경 취향을 설명한 아래의 글이 흥미로울 것이다. 독자도 아래의 설명에 해당하는지 살펴보라.

목가성

목가성 점수가 높은 사람은 순수한 환경 체험에 민감하고, 토지 개발에 반대하며, 탁 트인 공간에 가치를 두고, 천연 자원을 보존하려 한다. 또한 자연의 힘이 인간의 삶을 만들어 간다고 생각하고, 자연에서의 자급자족을 지지한다.

도시성

도시성 점수가 높은 사람은 고밀도 생활을 즐기고 도시만의 다양한 자극을 높이 평가한다. 또, 문화생활에 관심을 갖고 인간의 풍부한 다양성을 즐긴다.

환경 변형

환경 변형 점수가 높은 사람은 환경은 무엇보다도 편안함과 여유를 제공하고 인간의 욕구를 채워주어야 한다고 생각하며, 그러한 목적 달성을 위해서는 환경 개조도 지지한다. 토지의 사적 이용과 첨단 기술을 이용한 문제 해결에 찬성하며, 환경의 세세한 부분이 양식화된 것을 좋아한다.

자극 추구

자극 추구 점수가 높은 사람은 평범하지 않은 장소를 여행하고 탐험하는 데 큰 관심을 보인다. 강렬하고 복합적인 육체적 감각을 즐기며, 관심 분야가 상당히 넓다.

환경 신뢰

환경 신뢰 점수가 높은 사람은 환경에 반응하고, 의지하고, 열린 태도를 보이며, 주변을 탐색하며 돌아다니는 데 자신감을 보인다. 자신의 안전에는 관심이 없는 편이며 혼자 있거나 무방비 상태에서도 편안함을 느낀다.

골동품 애호

골동품 애호 점수가 높은 사람은 오래된 물건과 역사적 장소를 좋아하고, 현대적인 디자인보다 전통적인 디자인을 선호한다. 앞선 시대의 잘 손질된 환경과 풍경 그리고 당시 문화를 담은 공예품을 보는 미적 감각이 있다. 추억이 담겼거나 정서적 의미가 있는 물건을 수집하는 성향이 있다.

사생활 보호 욕구

사생활 보호 욕구 점수가 높은 사람은 자극적인 것이나 주의를 빼앗는 것에서 물리적으로 떨어지려는 욕구가 강하다. 고독을 즐기며, 이웃을 넓고 깊게 알고 지내기를 싫어한다.

기계 선호

기계 취향 점수가 높은 사람은 사물의 작동 원리와 다양한 형태의 기계에 관심을 보인다. 자기 손으로 직접 해보기를 좋아하며, 기술적 과정과 과학의 기본 원리에 흥미가 있다.

도널드와 레이첼 부부를 보자. 이들은 다른 곳으로 이사를 가려고 생각 중이다. 경제적인 이유 때문이 아니라 새로운 생활방식을 찾아 떠나는 것이며, 좋은 지역 여러 곳을 놓고 선택할 수 있을 만큼 여유가 있다고 가정하자. 도널드는 환경 반응 검사 중에 도시성과 자극 추구에서 높은 점수를 받은 반면, 레이첼은 목가성과 골동품 애호에서 높은 점수를 받았다. 이들은 이사 갈 장소를 정하기가 힘들 것이다. '차가운' 지성의 차이 때문이 아니라 환경을 바라보는 '뜨거운' 감성적 태도의 차이 때문이다.

도널드가 도시성에서 높은 점수를 받았다는 점을 생각하자. 매케크니의 설명에 따르면, 이런 사람들이 추구하는 가치는 다음과 같다.

> 인간 삶의 본질은 타인과의 관계에 있다. 도시는 흥미롭고 정보가 많은 사람들이 모이는 곳이며, 인구 밀도가 높지 않으면 불가능한 문화적, 미적, 지적 삶을 가능케 하는 곳이다. 도시는 사람들의 상호 의존을 강요하며, 상호 의존은 인간 존재의 기본 얼개를 엮어가는 역할을 한다.

도널드는 자극 추구에서도 높은 점수를 받았으니 다음과 같은 태도도 보일 것이다.

> 삶은 모험이다. 해야 할 일도 있고, 정복할 산도 있고, 탐사할 도시도 있다. 느낀다는 것은 살아 있다는 뜻이고 주위 환경에 민감하고 적극 반응한다는 뜻이다. 모험 추구를 사소한 규범이나 관습으로 금지해서는 안 된다. 삶에서 핵심적으로 추구해야 할 것은 새롭고, 유일하고, 시도된 바 없고, 흥미로운 것이다.

도널드는 당연히 사회적 접촉과 문화 다양성 그리고 흥미로운 모험이라는 욕구를 충족할 수 있는 곳으로 가려고 할 것이다. 그에게는 도시만 한 곳이 없다. 대도시 심장부의 널찍한 공간에 살면서 도시 삶의 끝없는 매력에 빠진다면 더없이 이상적인 삶이 될 것이다.

그러나 레이첼에게 도시는 안타깝게도 가장 살고 싶지 않은 곳이다. 목가성에서 높은 점수를 얻은 레이첼은 환경을 바라보는 태도가 사뭇 다르다.

> 자연의 경이와 아름다움을 음미하라. 그것을 삶에 받아들이고, 그것에 삶을 맡겨라. 무엇을 하든 자연환경을 훼손하거나 낭비하지 않도록 조심하라. 생태계를 이해하라. 그래야 내가 살 수 있다. "세상은 야생 안에서 보존"되기 때문이다.

골동품 애호에서 높은 점수를 받은 레이첼의 취향에는 좀 더 섬세한 부분도 있을 것이다.

> 물건은 기억이나 회상을 봉인 해제하는 열쇠다. 꽃병의 부드러운 곡선이나 탁자의 당당한 세부 디자인을 보면 마음이 편안해지고 미래를 맞이할 주체성과 마음가짐 그리고 힘을 얻는다. 개인의 환경을 규정하는 물건에 감정을 몰입해 미적으로 가까워지고 의존하면서 삶이 지탱된다.

레이첼의 취향은 시골 작은 마을에서 옷가게를 열고 싶은 쪽이다. 옷가게 이름은 '고요한 봄의 앤티크'. 공정무역 커피, 위탁받은 골동품, 오래된 옷, 수공예 가구를 판다. 레이첼은 남편 도널드도 사업에 동참하기를 바라지만, 남편은 눈에 흙이 들어가기 전에는 절대 안 된다고 으름

장을 놓았다.

레이첼은 대도시가 정말 싫다. 사정상 어쩔 수 없다면 혼자서라도 시골로 내려가 날마다 매끈한 꽃병과 당당한 탁자 그리고 고양이 네 마리와 함께 살 생각이다. 사회적 자극이라면 단골손님 몇 사람으로 충분하다. 도널드에게는 썩 흥미로운 사람들이 못 되겠지만, 전설적인 델 제수의 바이올린이 홀연히 판매대에 나타났다거나 새로 입고된 코피루왁 커피가 매장에 풀렸다거나 고양이 한 마리가 사라졌을 때 함께 기뻐하고 슬퍼하며 의지할 수 있는 사람들이다.

우리가 추구하고 싶은 목표와 그것을 추구하고 싶은 장소가 맞지 않을 때 어떤 일이 일어나는지는 이 책의 마지막 10장에서 더 자세히 살펴볼 예정이다. 도널드와 레이첼은 약간의 협상이 필요할 것이다.

당신이 사는 곳은 어떤 성격인가? 도시와 지역의 성격 파악하기

이제까지 우리는 환경을 이야기할 때 그곳의 인구 구성, 환경이 만들어내는 자극의 양, 그리고 환경이 사회적 접촉을 얼마나 잘 충족해주는가와 같은 비교적 객관적인 특성을 이야기했다. 한편 리처드 플로리다 Richard Florida는 《후즈 유어 시티Who's Your City?》에서, 환경의 다른 측면을 훌륭하게 포착한다.[9] 그의 관점에 따르면, 장소에도 성격이 있어서, 도시나 마을 또는 이웃을 외향적이다, 친화적이다, 신경과민이다, 개방적이다, 성실하다 같은 식으로 말할 수 있다. 케임브리지 대학의 제이슨 렌트프로우Jason Rentfrow와 오스틴 텍사스 대학의 샘 고슬링Sam Gosling은 북아메리카와 영국 전역의 도시와 지역을 성격의 5대 특성에 따라 나눈 지도를 만드는 흥미로운 연구를 처음 시작했다.[10] 온라인상에서 대대적인 5대 특성 검사를 실시해(75만 명 이상 표본 추출), 응답자의 평균 점수로 도시와 지역의 점수를 산출하는 방식이다. 이 밖에 삶의 질을 나타내는 중요한 지표인 건강, 사망률, 사회적 교류 등에 대해서도 자료를 수집했다. 결과는 흥미로웠다. 빤히 예상한 수치 때문이 아니라 다소 예상치 못한 수치 때문이다.

적극적이고 사교적이고 활달한 기질인 외향성부터 시작하자. 외향적인 사람이 가장 많이 모인 곳은 어디일까? 연구 결과를 확인한 뒤, 나는 청중에게 여러 차례 이 질문을 던졌지만 이제까지 정답을 맞힌 사람은 아무도 없었다. 가장 자주 나온 대답은 텍사스, 뉴욕, 캘리포니아 정도였다. 하지만 모두 정답이 아니다. 미국에서 가장 외향적인 주는 노스다코타다. 왜일까? 연구자들은 시카고에서 이주한 사람들의 영향이 아닐까 추측한다. 시카고는 외향적인 사람들의 중심지인데, 그 이유는 아마도 영업직 종사자를 비롯해 사람들과의 접촉이 많은 직업을 가진 사람들이 많기 때문일 것이다.

하지만 노스다코타가 외향적인 데에는 다른 이유도 있는 것 같다. 2008년, 노스다코타 북서 지역에서 석유가 대량 생산되었다. 1950년대에도 석유가 대량 발견되었지만, 프래킹이라는 새로운 공법이 개발되고 나서야 비로소 상용화가 가능해졌다. 노스다코타에서 2005년에 5천

명을 조금 넘던 석유 관련 노동자가 2009년에 1만 8천 명을 넘어섰다. 이들 대부분은 석유 채굴, 기계 조작, 잡역 등 이 분야에서 전문적으로 일하는 젊은 남자들이다. 이들은 야심 있고, 대개는 가족관계에 얽매이지 않으며, 거의 틀림없이 대단히 외향적이다. 사실 외향성은 1세대 정착민들이 고향의 안락함과 예측 가능한 일상을 버리고 새로운 가능성을 찾아 국외로 떠난 이래 이민을 부추긴 성격 특성 중 하나다. 외향적인 사람들은 가장 희망적인 미래가 보이는 곳으로 가는데, 노스다코타가 그런 곳이었다.[11]

성격의 5대 특성 중 친화성은 어떨까? 유쾌하고 싹싹한 이 기질은 남부 지역에서 높게 나타난다. 그러나 이 기질에서 가장 높은 점수를 받은 주는 이번에도 노스다코타였다. 이곳에는 유쾌하고 적극적인 사람들을 끌어들여 그곳에 눌러살게 하는 일종의 파고[노스다코타에서 가장 큰 도시이자 경제 중심지 - 옮긴이] 요인이나 비즈마크[노스다코타의 주도이자 파고 다음으로 큰 도시 - 옮긴이] 유대 같은 것이 있는 것일까? 사람들을 노스다코타로 유인한 재정적 요인이 노스다코타의 외향성과 분명 관계가 있어 보이지만 친화성과도 관계가 있는지는 분명치 않다. 친화성이 높은 사람들을 끌어들여 눌러살게 하는 곳은 협동이 당연시되고 사람들 사이의 갈등이 최소화되는 노스다코타의 정겨운 소도시들이다. 미네소타 무어헤드에서 차로 2분 거리에 있는 파고 같은 적당한 크기의 도시도 매우 정겹고 유쾌한 곳으로 알려져 있다. '파고-무어헤드 연합 관광국'은 인터넷 홈페이지 맨 앞에 이 점을 정확히 포착해놓았다. "따뜻한 가슴으로 여러분을 기다립니다"라는 제목으로 시작하는 이 글은 이렇게 이어진다. "일기예보는 잊으세요. 일기예보는 열기를 알려주지만, 우리는 온기를 이야기합니다. 직접 오셔서 우리 마을과 사람들을 경험해보세요. 전국에서 손꼽히는 따뜻한 도시 파고-무어헤드를 만날 수 있습니다."[12]

친화성의 특성 중 하나는 겸손이며, 위의 환영 인사에서 "전국에서 손꼽히는 따뜻한 도시"라는 말도 사실은 겸손한 표현이다. 노스다코타와 미네소타는 친화성에서 각각 1등과 2등을 기록한 곳이며, 사람들이 이곳에서 경험하는 친화성을 평가해 상투적이지만 객관적인 표현인 "미네소타의 친절"이라는 말까지 생겼을 정도다. 한 가지 예를 들어보자. 2004년에 독감 대란이 일어나자 미국을 비롯한 세계 곳곳에서 백신 접종이 폭발적으로 늘면서 예방접종을 받으려는 사람들이 길게 줄을 섰다. 이때 예외가 있었는데, 바로 친절함의 대명사인 노스다코타와 미네소타다. 《뉴욕 타임스》는 이곳 주민들이 독감 대란 중에도 그 유명한 친화성을 발휘해 다른 사람에게 백신을 양보했다는 기사를 실었다. 미네소타 보건부 예방접종 부서 책임자는 주 정부에, 노인이나 허약자에게 접종할 독감 예방 백신이 충분한데도 접종하는 사람이 극소수라며 이렇게 말했다. "미네소타의 친절이라고 하죠. 사람들은 나보다 더 필요한 사람을 위해 양보해야 한다고 생각해요."[13]

주 차원에서 친화성은 사회적 교류, 독실한 신앙, 공공 의식과 상관관계가 있지만, 술집에 들르는 빈도와는 반비례한다. 친화성 점수가 낮은 곳은 대개 북동부 도시인데, 그곳 사람들이 그 사실에 "I'll drink to that"이라는 말로 동의를 표시하는 것도 무리가 아니다["I'll drink to that"은 원래 술자리에서 상대가 건배를 제안할 때 맞장구 치며 "나도 그런 뜻에서 건배!"라는 뜻으로 쓰였지만, 지금은 술자리가 아니어도 상대의 말에 동의할 때 널리 쓰인다. 동의를 뜻하는 말은 여럿 있지만, 술을 좋아하는 북동부 도시라면 당연히 이 말을 쓸 것이라는 뜻. - 옮긴이].

탐색하기 좋아하고 호기심 많고 창조적인 기질인 경험 개방성은 북동 지역, 특히 뉴욕 시가 으뜸이어서, 창조적이고 예술적인 직업을 가진 사람이 다른 지역보다 월등히 많다. 이는 창조적인 사람들의 분포와 관련해 이미 알려진 사실과도 일치한다. 뉴욕은 대담한 목표를 추구하기에 좋은 곳을 찾아 이주하는 사람들 그리고 그런 목표를 지원할 재능 있는 사람들이 몰려 인구 다양성이 무척 높은 곳이다. 노스다코타도 개방성에서 눈에 띄는 점수를 얻었을까? 물론이다. 꼴찌였으니까! 사람들마다 그들에게 어울리는 환경을 추천한다면, 친화성 있고 외향적인데도 파고에 살지 않는 사람에게는 당장 짐을 싸서 파고로 가라고 추천해야 마땅해 보인다. 단, 그 유형에 딱 들어맞는 사람이라면 그 말을 귀담아듣지 않으리라는 점만 빼면.

의무를 다하고, 책임감 있고, 절제력이 강한 기질인 성실성은 친화성과 비슷한 양상을 보여, 미국 남부 주에서 집중적으로 나타나고 흔히 생각하는 것과 달리 북동부에서 낮게 나타났다. 가장 놀라운 점수는 아마 플로리다가 아닐까 싶은데, 이곳도 사람들의 예상과 달리 성실성에서 가장 높은 점수를 받았다. 플로리다에 노인 인구가 많은 것도 한 가지 요인일 수 있다. 성실성은 확실히 나이 든 사람에게서 더 두드러지니까.

마지막으로 신경성은 대략 동부와 서부를 가르는 '스트레스 띠'로 규정되기도 하는 흥미로운 공간적 성격을 지녔다. 신경과민인 지역은 감정이 불안정하고, 걱정이 많고, 충동적이며, 그런 곳에 사는 사람들은 운동을 잘 하지 않고, 질병 발병률이 높고, 수명이 짧다. 이런 특징은 특히 뉴욕 시에서 흔히 나타난다. 그렇다면 신경과민과 가장 거리가 먼 지역은 어디일까? 캘리포니아다. 캘리포니아라고 하면 전형적으로 떠오르는 느긋한 해안 지대 사람들을 생각하면 정확하다.

성격심리학자들은 사람과 장소의 이런 흥미로운 관계를 이제 막 눈여겨보기 시작했다. 이 작업이 성격 연구에서 차지하는 의미는 장소와 관련해, 살면서 느끼는 기쁨의 근원뿐 아니라 일상의 잠재적 불안감의 근원에도 주목한다는 점이다. 우리 주위에는 성격에 맞지 않는 도시에 살면서 다른 곳으로 이사해야 한다는 심한 압박감에 시달리는 사람도 있을 것이다. 이를테면 상냥하고, 폐쇄적이고, 신경과민과는 거리가 먼 사람이 뉴욕 시에서 잘 살아가리라고 보기는 어렵다. 차라리 파고로 옮기는 쪽이 나을지도 모른다.

사이베리아에서의 성격: 사회적 접촉 재고하기

8장을 시작하면서 당신이 인터넷에 접속해 있느냐고 물었는데, 그렇지 않더라도 오늘 언젠가는 인터넷에 접속할 확률이 높다. 우리는 트위터, 스마트폰, 유튜브, 페이스북 등 모든 사람을 연결하는 수많은 새로운 기술의 세계인 사이베리아에 갈수록 깊이 연관되고 있다. 우리가 그 세계에 점점 깊이 관여하고 그것이 우리가 일하고 놀고 자신을 표현하는 환경이 되어가면서 우리 삶의 질에 어떤 영향을 미치며, 사이베리아에서 체험하는 것들이 어떤 식으로 우리 성격을 규정하고 또 어떤 식으로 성격에 의해 규정되는지 질문해야 한다.

사이베리아를 바라보는 시각은 상충하는 두 가지가 있다. 하나는 효율적이고 효과적으로 타인과 연결하는 수단이자 무한한 체험과 정보의 세계로 안내하는 수단으로 보는 유토피아적 시각이다. 다른 하나는 사이베리아에서 살다 보면 사람들과의 진짜 접촉에서 멀어질 뿐 아니라 과부하에 걸리고, 가짜 세계에 빠지고, 인간성을 잃는다고 보는 디스토피아적 시각이다. 다시 말해, 사이베리아는 낙관적인 유토피아적 시각으로 보자면 알렉산더빌, 즉 인간의 접촉을 양산하는 곳이고, 비관적인 디스토피아적 시각으로 보자면 밀그래모폴리스, 즉 과부하로 스트레스와 무관심을 유발하는 척박한 환경이다. 최근의 몇몇 실험적 연구는 인터넷으로 연결된 오늘날의 세계를 바라보는 이 두 가지 시각을 조명한다.

토론토 대학의 배리 웰먼Barry Wellman은 인터넷과 이동통신이 부추기는 사회적 연결을 주제로 일련의 광범위한 연구를 진행했다. 이 연구의 기본 틀이 된 이론에 따르면 첨단 기술이 발달하면서 사회조직에도 새로운 형태가 나타나고 있는데, 이들은 이 현상을 "연결된 개인주의"라 부른다.[14] 웰먼 연구팀의 설명에 따르면, 사람들은 집단으로 서로 연결되기보다 개별적으로 사회 연결망을 형성하는데, 가상 세계의 이 연결망은 비가상 세계의 인맥과 겹치는 부분이 극히 적다. 이처럼 새로운 형태의 사회조직이 생기면서 새롭게 떠오른 난제는 전통적 공동체가 담당하는 기능인 구성원을 응원하고 서로 연결해주는 기능을 새로운 형태의 연결망이 담당할 수 있느냐는 것이었다. 일부 초기 연구는 사이베리아에 참여하다 보면 그곳에 관심과 힘을 빼앗겨 실제 세계에서 타인과의 상호작용에 소홀하게 되고, 결국 인터넷과 이동통신 기술은 개인을 소외시켜 스트레스를 주고 삶의 질을 떨어뜨린다고 결론짓기도 했다. 그러나 웰먼 연구팀은 초기의 이런 걱정과 달리, 연결된 개인주의가 긍정적으로 발전하고 가상의 연결이 삶의 질을 높인다는 강력한 증거를 내놓았다. 예를 들어, 온타리오 북부에 있는 어느 외딴 공동체에서는 인터넷 상의 연결이 비가상 세계의 교류에서 관심과 힘을 빼앗기는 커녕 오히려 실세계에서의 봉사 활동을 촉진했다.[15]

연결된 개인주의를 연구하면서 알렉산더빌을 다시 들여다보는 것도 흥미롭다. 알렉산더빌은 가까운 다른 집단과 좋든 싫든 자주 대면하는 것이 인간의 기본 욕구라고 규정했는데, 가상의 소통에서도 그 욕구를 충족할 수 있을까? 페이스북이나 트위터 같은 사회 연결망을 광적으로 좋아하는 사람에게 그 답은 당연히 "그렇다"일 것이다. 가상의 만남과 실제 만남은 질적으로 차이가 있는 게 분명하다. 이를테면 페이스북에서는 서로의 냄새를 맡을 수 없다, 아직까지는. 하지만 사이베리아 세계에 참여하다 보면 우리 관심사를 소중한 타인에게 쉽게 전달하는 핵심적 소통 기능이 크게 향상되기도 한다.

웰먼 연구팀은 사회학에 더 관심을 두다 보니 사이베리아에 반응하는 개인차에는 큰 관심을 보이지 않는다. 그러나 케임브리지 대학 사회생태연구팀SERG에 있는 우리 학생들은 그러한 개인차를 탐구하는 데 각별한 흥미를 보였다. 특히 어떤 사람의 성격 특성 점수와 개인 목표 평가를 알면 그 사람의 성격과 소셜 미디어 활용 사이의 좀 더 미묘한 관계를 파악하는 데 도움이 되지 않을까 생각했다. 우리는 주로 페이스북과 그 다양한 기능, 이를테면 상태 업데이트, 메시지, 채팅, 담벼락 글 올리기 등을 중점적으로 살폈다. 이런 식으로 타인과 접촉하면 삶의 질이 높아지는지, 특히 페이스북의 여러 기능을 이용해 자기 목표를 사람들에게 알려 목표를 달성하도록 격려 받을 가능성이 높아진다면 삶의 질이 높아지는지 알아보기로 했다.[16]

선행 연구 결과, 사용자 모두 페이스북에 만족했지만, 담벼락 글쓰기나 상태 업데이트처럼 전체가 볼 수 있는 좀 더 광범위한 기능보다 어느 한 사람과의 친밀한 소통이 가능한 (어느 모로 보나 이메일과 상당히 비슷한) 기능을 선호했다. 여기에 흥미로운 개인차도 드러났다. 일반적으로 외향적인 사람이 페이스북을 더 자주, 더 즐겨 사용하는데, 이는 어떤 사람이 알렉산더빌 유형의 환경을 편안하게 느낄지에 대해 우리가 앞서 예측한 결과와 일치한다. 페이스북에 올린 개인 목표는 대개 취미, 대인관계, 학구적인 것들이었다. 사람들에게 쉽게 공개하지 않는 개인 목표는 크게 두 가지였다. 하나는 이를테면 바꾸고 싶은 내 모습 등 내면의 목표로, 너무 사적이라 그런 모양이다. 또 하나는 유지, 관리와 관련한 것들로, 이를테면 자동차 타이어 교체 같은 것인데 공개하기에는 너무 사소해 보이기 때문일 것이다. 트위터로 오면 물론 이런 중요도가 달라진다. 그곳에서는 '친구들'이 치실로 이를 구석구석 닦았다는 둥, 옆집 개가 토하는 모습을 보니 기분이 날아갈 것 같다는 둥 일상적인 일들을 정기적으로 올려 우리를 일깨운다.

남녀 차이도 있다. 여자들은 스트레스를 받는 목표를 서슴없이 페이스북에 올려 사람들에게 공개하는 반면, 남자들은 그렇지 않다. 이 결과는 소셜 미디어가 나오기 전에 실시한 연구와도 어느 정도 일치하는데, 스트레스성 목표를 일상적으로 다른 사람에게 공개하는 남자는 삶의 질이 낮았고, 같은 경우의 여자는 삶의 질이 높았다. 스트레스성 목표를 공개할 때 남자는 오히려 스트레스가 심해지는데 그 이유는 약점이 드러나기 때문일 수 있고, 반면에 여자는 스트레스가 줄어드는데 그 이유는 사람들에게 격려를 받을 수 있기 때문이다.[17]

웰먼 연구팀과 사회생태연구팀의 연구 결과가 낙관적이고 유토피아적인 사이베리아 시각과 일치한다면, 좀 더 비관적이고 디스토피아적인 견해에 나타난 우려를 뒷받침하는 연구도 있다. 한 예로, 사이버 과부하에 관한 최근 연구를 보자. 연구원들은 새롭게 떠오르는 첨단 기술이 가져온 과부하가 삶의 질을 떨어뜨리는지 궁금했다. 이들은 2단계 연구를 진행한 결과 사이버 과부하가 심하면 스트레스가 높아지고 나중에는 건강도 나빠진다는 결론을 내렸다. 건강이나 스트레스와 관련 있는 모든 인구 분포 변수와 기준을 통제한 뒤에도 결과는 같았다. 그리고 8장에서 우리가 주장한 대로, 이 연구에서도 과부하와 삶의 질의 연관 관계에 성격이 중요한 영향을 미친다는 사실이 밝혀졌다. 사이버 과부하는 감각 추구에서 높은 점수를 받은 참가자에게는 큰 영향을 미치지 않았는데, 이는 외향성 그리고 환경 반응 검사에서 자극 추구와 밀접하게 연관된다. 그리고 이들이 말하는 장소 과부하, 쉽게 말해, 우리가 밀그래모폴리스와 연관 지었던 종류의 과부하에서도 같은 결과가 나왔다.[18]

결국 사이베리아를 인간을 연결하는 힘으로 보는 유토피아적 시각과 끊임없는 과부하의 원천으로 보는 시각은 모두 실험으로 그 타당성이 입증되었다. 비록 신기술이 삶의 질에 미치는 영향을 단정하기는 아직 이르지만. 그러나 환경과 삶의 질의 관계가 사람의 성격에 크게 좌우된다는 8장의 핵심 논지만큼은 확인된 셈이다. 성격과 환경 기질의 측정가능한 측면들을 알면 우리가 특정 환경을 좋아하고 그곳에서 잘 살 수 있을지 가늠할 수 있다. 어떤 사람은 대도시처럼 무질서하고, 예측이 어렵고, 시끄럽고, 정신없고, 활기 넘치는 장소를 찾고, 어떤 사람은 조용하고, 평온하고, 외딴 장소의 고즈넉한 아름다움을 더 좋아한다. 설계자들의 목표는 기획자나 건축가처럼 특별한 감성을 지닌 사람만이 아니라, 취향과 성격이 제각각인 모든 종류의 사람을 수용할 공간을 만드는 것이다. 주거 환경을 만드는 사람에게 결코 쉬운 일은 아니다. 용감무쌍한 많은 설계자들은 그런 개별적인 취향을 수용하겠다는 목표를 단박에 거부하고 우리 모두가 잘 살 수 있는 보편적으로 사랑받는 장소를 만들려 할 것이다. 하지만 심리학자인 우리는 여전히 회의적이다. 끊임없는 흥분과 무질서를 좋아하는 뉴욕 사람이 있는가 하면, 덜 고되고 더 큰 충만함을 주는 장소로 떠나고 싶어 안달하는 사람도 있기 때문이다.

사이베리아와 그 주변 세계인 트위터, 페이스북, 유튜브 등은 성격과 취향이 다른 개인의 욕구를 충족하는 환경을 만드는 한 가지 방법일 수 있다. 사이버 세계는 개인에 맞게 얼마든지 변형할 수 있어서 우리는 바깥세상보다 사이베리아에서의 삶에 더 큰 충족감을 느낄지도 모른다.

장소 과부하든 사이버 과부하든 끝없는 자극을 감당할 수 없을 때, 나는 인터넷에서 마음을 추스를 곳을 찾는다. 교토 정원의 벚나무에 잠자리가 내려앉는 영상을 틀어놓고, 저것도 새로운 건축을 규정하는 흥미로운 방식이 될 수 있지 않겠는가 하는 알렉산더의 질문을 곰곰이 생각한다. 그렇지 않은 것 같다는 생각이 들지만, 독자를 설득하기 위해 나는 무엇이 자연스럽고 자발적인 것이며, 무엇이 치밀하게 계획된 것인가 하는 질문에 눈을 돌릴 필요가 있다. 더불어 우리가 목표 추구에 어떤 식으로 자신을 투자하는지 설명하고, 침을 삼키는 행위에 주목하면 어떤 놀라운 통찰력을 얻을 수 있는지도 다음 장에서 소개하겠다.

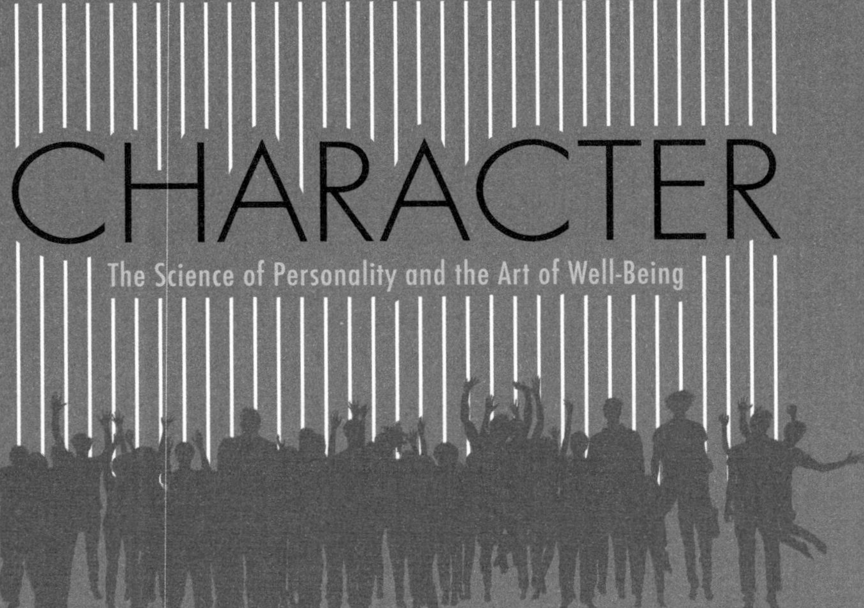
CHARACTER
The Science of Personality and the Art of Well-Being

CHAPTER 9

목표가 행복과 불행에 관여하는 방식 :

목표 추구와 행복

딸아이의 열 번째 생일날, 파티 30분 전에 아이가 내게 다가와 이상한 부탁을 했다. 손님이 오면 최면을 걸어 전부 동물농장에 나오는 동물로 변신시켜줄 수 있느냐는 부탁이었다. 물론 나는 윤리적, 법적, 현실적 이유를 포함해 열일곱 가지 이유를 들어 그러면 안 된다고 했다(이를테면, 소가 닭을 물어뜯기 시작하면 어쩌겠니?). 아이는 크게 실망하더니 다른 꼼수를 부렸다. 그럼 아이들을 '정신적으로' 재미있게 해달란다. 나는 침을 꿀꺽 삼켰다. 열 살짜리 여자아이들이 모이면 소화불량 신경과학자가 방에 가득 찼을 때보다 더 골치 아플 수도 있었다. 나는 사랑스럽지만 감당하기 벅찬 파티 손님들에게 뭐가 "재미있을지" 생각해보았다.

침 뱉기: 개인적인 것이란?

우리는 주방에 모였고, 나는 자원자 한 명을 요청했다. 제니퍼가 자원했다(1980년에 북아메리카에 살던 열 살짜리 여자아이들은 죄다 제니퍼였다. 우리 딸아이만 빼고). 나는 제니퍼에게 지시 사항을 전달했다. "좋아, 제니퍼. 입에 침을 모아봐." 내가 입을 과장해서 움직이며 시범을 보이자 아이들이 즐거워했고, 제니퍼는 나를 따라 침을 잔뜩 모았다. "이제 삼켜." 제니퍼는 그대로 따라 했고, 잘 모르겠다는 표정을 지었다. 나는 제니퍼에게 기분이 이상하거나 언짢은지 물었고, 아이는 그렇지 않다고 대답했다. 전에도 삼켜본 모양이다. 여기까지는 마냥 지루했고, 딸아이를 곁눈질로 흘끗 보니 창피해 죽겠다는 표정이었다. 나는 반짝반짝 윤이 나는 유리컵을 가져와 제니퍼 앞에 놓고, 다시 한 번 입에 침을 모아보라고 했다. 제니퍼는 침을 모았다. "이제 침을 컵에 뱉어." 아이는 침을 뱉었다. "이제 마셔봐."

우웩! 말도 안 돼! 아이들은 자기 침을 마신다는 생각에 하나같이 몸을 움츠렸다. 나는 아이들에게 컵에 따른 침을 마시는 것이 그냥 침을 삼키는 것보다 더 이상한 '이유'를 물었다. 다른 제니퍼가 아주 똑 부러진 생각을 말했다. 그냥 삼키는 침은 따뜻하지만 컵에 있는 침은 차가워서 이상한 게 아니겠느냐고. 나는 침을 데우면 어떻겠느냐고 했다. 그럼 먹기가 조금 편하지 않까? 아이들은 일제히 "으으으" 하고 반응했다. 이 사소한 실험이 재미있었는지 딸아이는 내게 계속 말을 걸었다. 그리고 보너스로, 나는 동물농장의 동물들이 떠난 자리를 치우지 않아도 되었다.

내가 지금 이 이야기를 왜 할까? 진정으로 개인적인 것의 본질과 자아의 미묘한 본질을 직감적으로 이해하는 데 도움이 될 것 같아서다. 우리 침이 따뜻한 것, '내 것'에서 차가운 것, 낯선 것으로 탈바꿈하는 지점은 어디일까? 침이 아랫입술에서 떨어질 때? 침을 뱉는 행위의 역동성은 철학적 성향이 있는 치과 의사나 관심을 보일 테니, 이 문제를 더 붙잡고 늘어지지는 않을 참이다. 다만 9장 뒷부분에서 다시 한 번 이 문제를 언급할 것이다. 여기서 살펴볼 것은 이 일화가 삶에서 추구하는 개인 목표의 '개인적' 본질을 이해하는 데 도움이 된다는 점이고, 이제 주목할 주제도 바로 그것이다.

개인 목표: 우리는 대체 뭘 하고 있는가?

개인 목표라는 말은 앞에서도 계속 등장했는데, 이제 그 이야기를 확장하려 한다.[1] 개인 목표는 쉽게 말하면, 일상에서 우리가 하고 있거나 하려고 계획하는 것이라고 생각할 수 있다. 개인 목표는 일상적 행동("고양이 밖에 내놓기" 등)에서 일생일대의 큰 약속("우리 민중을 해방시키기" 등)에 이르기까지 다양하다. 혼자 추구하는 것일 수도 있고 다 같이 감행하는 것일 수도 있으며, 자발적으로 시작한 것일 수도 있고 강제로 떠맡은 것일 수도 있다. 진심으로 기쁜 것일 수도 있고 평생의 고역일 수도 있다. 개인 목표에 따라 우리가 느끼는 삶의 질도 달라진다. 9장에

서는 바로 이 연결고리를 설명할 것이다.[2]

개인 목표는 행위이지만, 모든 행위가 개인 목표는 아니다. 고의적 행위 중에는 개인 목표를 특징짓는 '개별 의미성personal saliency'이 없는 행위도 있다. 개별 의미성이란 어떤 행위가 그 개인에게 의미를 갖는지 가늠하는 말이다. 또, 개인 목표는 대개 순간적 행위 이상이어서, 일련의 여러 행위를 포함한다. 그리고 핵심적으로 '맥락'이 있는 행위다. 개인 목표를 해석하려면 그것이 속한 맥락을 고려해야 한다는 뜻이다. 예를 들어 "고양이 밖에 내놓기"라는 개인 목표를 보자. 비교적 사소한 목표라 거의 반사적 행위처럼 보인다. 밖으로 내보내달라고 닦달하는 약삭빠른 고양이를 보며 행복해하는 우리 대부분은 실제로 그런 경우다. 하지만 심각한 관절염을 앓아 보행보조기를 사용하는 사람을 생각해보자. 뒷문까지 가려면 가파른 4단 계단을 거쳐야 한다. 보행보조기는 놔둔 채, 꼼지락대는 고양이와 난간을 꽉 붙잡고, 계단을 조심스레 내려가 바깥문에 도달해야 고양이를 밖에 내놓을 수 있다. 그렇다면 결코 사소한 일이 아니다. 기술과 힘과 참을성 그리고 유머 감각까지 있어야 완수할 수 있는 개인 목표다. 이처럼 문제는 맥락이다.

우리가 조사한 바에 따르면 사람들은 보통 한 번에 약 15가지 개인 목표를 추구한다.[3] 멀티태스킹이라는 말은 있지만, 당연히 모든 목표를 동시에 실행할 수는 없다. 그러다 보니 여러 목표의 우선순위를 정하고, 서로 충돌하는 것을 정리하고, 우리가 가진 자원이 서서히 빠져나가 고갈되는 일이 없게 하는 등의 기술을 구사해 개인 목표를 관리해야 한다.

"요즘 뭘 하고 지내?" 개인 목표의 내용과 범주

지난 2, 30년 동안 학생들과 함께 개인 목표와 삶의 질 사이의 연관 관계를 연구하다 보니 목표 추구가 삶의 질을 어떻게 향상시키고 어떻게 엉망으로 만드는지 명확하게 보이기 시작했다. 나는 이 연관 관계를 연구하기 위해 '개인 목표 분석'을 개발했다. 개인 목표의 내용, 평가, 역학 그리고 그것이 삶에 미치는 영향을 점검하는 방법이다. 나는 이 방식이 성격을 바라보는 전통적인 방식을 대체한다고 본다. 성격 특성이 '타고난' 성격의 여러 측면에 질문을 던진다면, 개인 목표 분석은 '행동'에 나타난 성격의 여러 측면에 질문을 던진다.[4] 우선, 사람들에게 현재의 개인 목표를 나열하도록 한다. 우리는 이 과정을 비공식적으로 '목표 쏟아놓기'라 부른다. 우선순위를 정하거나 진지하게 분석하지 않고, 현재 하고 있거나 하려고 생각하는 것을 나열하면 된다. 독자들도 당장 해보라. 흥미로울 것이다.

요즘 뭘 하고 지내는가? 여러 해 동안 사람들에게 이 질문을 하며 살펴보니, 어떤 개인 목표는 아주 빈번히 등장했다. 가장 많이 등장하는 목표는 "살 빼기"고, 좀 더 구체적으로는 "5킬로그램 빼기" 같은 식이다. 나는 에너지 보존 법칙 따위는 쉽게 잊은 채, 가끔씩 체중 조절 목표로 해방된 엄청난 양의 살이 지구 궤적에 영향을 미치지 않을까 걱정하곤 한다. 재미있는 점은 인터넷 사이트 '43가지43 Things'도 똑같은 결과를 내놓았다는 점이다(지금은 오프라인으로만 운영한다). 43가지 사이트에는 개인이 추구하는 목표가 잔뜩 올라와 있고 같은 목표를 추구했던 사람들의 조언 그리고 그 목표가 가치 있거나 근사하다고 생각하는 사람들의 격려도 함께 올라온다. 43가지에 가장 많이 등장하는 목표는 단연 "살빼기"였다. "책 쓰기"와 "할 일 미루지 않기"도 곧잘 순위권에 오르는 목표다. 이런 개인 목표는 주로 '위어드WEIRD' 부류의 사람들이 추구하는 목표임은 두말할 나위가 없다. '위어드'는 브리티시컬럼비아 대학 연구원 세 명이 만든 말로, 서양에서Western, 교육 수준 높고Educated, 산업화하고Industrialized, 부유하고Rich, 민주화된Democratic 나라에 사는 사람들을 가리키는 말이다.[5]

가장 자주 등장하는 목표와 달리, 딱 한 번 등장하는 독특한 목표도 있는데, "더 나은 사람 되기"라든가 내가 개인적으로 무척 좋아하는 "프레드가 집에 도착하기 전에 뒷마당에 생긴 구덩이 메우기" 같은 것이다. 여기서도 맥락을 알아야 이 목표의 의미를 알 수 있다. 이 특별한 목표는 나이 든 심장병 환자인 프레드가 큰 수술을 받고 퇴원하기로 예정되면서 시작되었다. 뒷마당이 빗물에 패어 깊이가 2미터에 가까운 구덩이가 생겼는데, 프레드의 아내는 남편이 그 구덩이를 보고 자기가 들어갈 자리라고 생각하면 어쩌나 싶어 그 목표를 정했다.

더러는 개인 목표를 순서대로 나열해봐도 좋다. 어느 서른 살 남자는 목표를 다음과 같이 늘어놓았다.

- 조종사 자격증 따기
- 물침대 사기
- 콜로라도 가기
- 바하마 가기

그리고 단호하게 하나를 덧붙였다.

• **빚 청산하기**

어떤 목표는 개인의 성격 특성을 암시하기 때문에 눈여겨볼 필요가 있다. "여동생에게 그 재수 없는 남자친구와 헤어지라고 말하기"라는 목표 뒤에 "바보 같은 말을 내뱉기 전에 생각하기"라는 목표가 이어지기도 한다. 다음과 같은 개인 목표를 나열한 젊은 여자는 어떤 여자인지 쉽게 상상이 간다. "친구와 노래하기" "편히 앉아 음악 듣기" "개와 놀기" "친구 껴안기" 그리고 마지막 목표가 이어진다. "좀 더 느긋해지려고 노력하기" 더 느긋해진다고? 정말? 이런 사람이 더 태평해졌다가는 볼 장 다 본 것 아닌가!

개인 목표 표현하기

개인 목표를 이야기할 때 우리가 사용하는 언어는 목표를 성공적으로 추구할 수 있는지 판단하는 중요한 척도가 된다. 네일 체임버스Neil Chambers는 개인 목표를 표현할 때의 언어 특성을 훌륭하게 분석해, 우리가 목표를 표현하는 방법은 전반적인 삶의 질뿐만 아니라 목표가 어떤 식으로 드러나는가에 중요한 영향을 미친다는 사실을 입증했다.[6] 그는 "살 빼려고 노력하기"처럼 모호하게 표현한 개인 목표보다 "5킬로그램 빼기"처럼 직접적 행위로 표현한 개인 목표가 성공할 확률이 높고 삶의 질을 높일 가능성도 크다는 사실을 설득력 있게 보여준다. 체임버스는 삶의 질이 낮아질 가능성이 더 큰 "시도형" 사람들은 목표를 적극적 행위로 재설정하는 게 좋다고 말한다. 할 수도 있다고만 생각하지 말 것. '시도'만 하지 말 것. 일단 할 것!

개인 목표의 영역

개인 목표를 표현하는 방법과 별도로 어떤 영역에서 목표를 추구하는지 또한 삶의 질을 좌우하는 중요한 요소가 될 수 있다. 가장 흔히 등장하는 목표는 대인관계, 직장(또는 학교), 건강, 휴식과 관련된 목표다. 소위 "내면"의 목표("좀 더 사교적인 사람 되기", "화 다스리기" 등)는 그만큼 자주 등장하지는 않지만 매우 흥미롭다. 자아를 이해하고 바꾸려는 목표인데, 나중에 살펴보겠지만 이런 개인 목표는 삶의 질과 흥미롭고 다소 모순되는 관계가 있다. 이를 이해하려면 우리가 어떤 종류의 목표를 추구하는지 그리고 우리가 그것을 어떻게 평가하는지도 알아야 한다.

"요즘 어떻게 지내는가?" 개인 목표 평가하기

목표 추구에서 개인을 강조하는 중요한 이유 하나는 기본적으로 똑같은 목표를 두고도 사람마다 그것을 해석하는 방법이 천차만별이기 때문이다. 체중 감량이라는 흔한 목표를 보자. 예를 들어 운동선수라면 이 목표는 자신의 전문 종목에서 최상의 결과를 얻기 위해 몸을 키웠다가 다시 살을 빼는 여러 단계로 된 체력 관리 프로그램의 일환일 수 있다. 즐겁고 가치 있는 목표이며 자기를 표현하는 목표로, 목표를 달성하는 능력에 자신감을 느끼고, 동료 선수들에게 큰 응원을 받는다. 그러나 체육관에서 그 선수 옆에 있는 누군가는 체중 감량이 끝없는 좌절과 불안과 스트레스의 근원일 수 있다. 이 사람은 애초에 살을 빼려는 의도가 없었을 수 있다. 그런데 성과가 부진하자 주변 사람들이 이러쿵저러쿵 말을 해대는 통에 하는 수 없이 살을 빼기로 했다. 그녀는 과거 경험에 비추어 감량해도 나중에 결국 되돌아올 거라고 생각한다. 아니면 감량은 짝을 찾는다는 진짜 목표를 달성하기 위한 전제 조건이라고 생각한다. 이 두 사람을 볼 때 '체중 감량'이라는 개인 목표가 삶의 질에 미치는 영향은 하늘과 땅 차이다. 따라서 개인 목표 조사에서 우리 연구의 핵심 중 하나는 사람들이 자기 목표를 여러 평가 항목에서 어떻게 평가하느냐는 것이다. 우리는 수십 개의 평가 항목을 검토했고, 그 평가의 밑바탕에는 다섯 가지 주요 요소가 자리 잡고 있다는 사실을 거듭 확인했다. 다섯 가지 요소는 목표의 의미, 관리 가능성, 타인과의 연결, 부정적 감정, 긍정적 감정이다.[7]

목표의 의미 : 목표 추구의 개인적 의미

개인 목표의 핵심적인 특징 하나는 삶의 의미를 제공한다는 점이다. 예를 들어, 사람들이 자신의 목표와 관련해 스스로 평가한 점수를 보자. 10점 만점을 기준으로, 목표가 '핵심 가치와 일치한다'는 7.7점, '중요하다'는 7.5점, '나를 표현한다'는 6.8점, '몰입할 만하다'는 6.2점, '즐겁다'는 6.1점이 나왔다. 목표를 추구하면서 느낀 감정은 '긍정적' 점수가 '부정적' 점수보다 훨씬 높았다. 예를 들어 '행복하다'는 5.9점인 반면 '우울하다'는 2.1점이었다. 한마디로, 개인 목표를 추구하는 동안에는 대개 행복하다.

사람들은 어떤 종류의 목표를 긍정적으로, 정말 의미 있는 목표로 경험할까? 사람들은 특히 대인관계 그리고 휴식과 관련한 목표를 긍정적으로 평가한다. 사랑과 여가는 보상이 따르는 목표가 분명하다. 학생에게는 학업과 관련한 목표가, 일하는 사람에게는 직업과 관련한 목표가 재미는 떨어지고 부담은 큰 목표로 꾸준히 거론된다.

자아 정체성 : 다시 생각하는 침 뱉기

목표의 의미에서 가장 흥미로운 요소 하나는 자아 정체성이다. 개인 목표를 자아와 얼마나 동일시하고 얼마나 진정한 '나'로 여기느냐 하는 문제다. 개인 목표를 조사하던 처음 몇 년은 개인 목표 분석 평가에 자아 정체성을 포함시키지 않았다. 그런데 야간 수업에서 한 학생과 인상적인 대화를 주고받은 뒤에 그것이 필요하다는 확신이 생겼다. 개인 목표 분석을 이용해 몇 가지 예비 조사를 하고 나서 곧바로 개인 목표에 관한 첫 번째 강의를 마치던 때였다. 나는 학생들에게 목표 추구를 관찰하는 것의 중요성을 알리고 싶은 마음이 간절했다. 그리고 (1장에서 언급한) 조지 켈리가 '개인 구성개념 이론'을 주제로 일련의 강의를 끝내며 했던 극적인 말이 떠올랐다. "여러분이 바로 여러분의 개인 구성개념입니다." 그래서 나도 다소 오만하게 그날 밤의 강의를 끝내며 이렇게 말했다. "여러분이 바로 여러분의 개인 목표입니다." 그러자 팔짱을 끼고 상기된 얼굴로 세 번째 줄에 앉아 있던 여자 수강생이 소리쳤다. "저는 제 개인 목표가 아닌데요." 나는 약간 무안해져 "경우에 따라서는 아닐 수도 있죠"라는 말로 마무리했다. 학생들이 강당을 떠날 때 나는 전부터 알던 그 학생에게 다가가 왜 그렇게 언짢았느냐고 물었다. 다른 학생들보다 나이가 많은 우등생인데, 예전에 대학을 그만두고 결혼해 지금은 아이 엄마가 되었고, 공무원으로 일하면서 학위를 마치려고 다시 대학에 다니는 중이었다. 그녀 말로는 '목표 쏟아놓기' 시간에 자기 목표를 적었는데, 가만 보니 이 야간 수업을 듣는 것만 빼면 죄다 다른 사람의 목표였다는 것이다. 외부에서 주어진 일들로, 의무감으로 하긴 했지만, 자기가 어떤 사람인지, 앞으로 어떤 사람이 될지와는 전혀 상관없었다.

그날 밤 차를 몰고 집으로 가면서, 자아 정체성을 인식하는 것이 얼마나 큰 힘을 발휘하는지 생각했다. 어떤 목표는 따뜻하고 자연스럽지만, 어떤 목표는 차갑고 낯설다. 4년 전에 딸아이 생일파티에서 침 뱉기 실험을 하면서 육체적인 '나'를 설득력 있게 주장하던 때가 생각났다. 자아 정체성이 높은 개인 목표는 그것을 추구하는 사람에게 미묘하고도 강력한 힘을 발휘하는 것으로 보인다.

집에 돌아온 나는 저녁 강의로 다소 피곤해, 좋아하는 스포츠를 보며 쉬려고 아래층으로 내려갔다. 탁자에 땅콩이 한 그릇 있어 잘됐다 싶어 먹기 시작했다. 맛이 어째 좀 이상했다. 다시 위층으로 올라갈 때 딸아이에게 말했다. "저렇게 싱거운 땅콩은 처음 봤다." 아이는 기겁하며 말했다. "아빠, 설마 먹은 거 아니지?" 아이가 자초지종을 설명하기 전까지 나는 다소 어리둥절했다. 그 애는 다른 십대 아이들처럼 살을 빼기로 마음먹었는지, 땅콩을 소금기만 빨아먹고는 다시 그릇에 담아두었단다. 남이 쪽쪽 빨아먹은 땅콩을 한 사발이나 먹다니. 우웩!

청소년의 개인 목표에 담긴 자아 정체성

그 후로 나는 목표 추구에 나타난 자아 정체성과 침의 현상학 사이에 긴밀한 연관 관계가 있다고 확신하게 되었다. 그 뒤로 '위대한 침 뱉기'라는 제목으로 연구비 신청서를 써볼까 하다가 다행스럽게도 그 생각을 접었는데, 그 덕에 고등학생을 대상으로 한 자아 정체성 연구에서 연구비를 지원받을 수 있었다. 나는 대규모 고등학교에서 학생들을 개별적으로 만나며 그들이 어떤 개인 목표를 품고 있고, 그것을 어떻게 평가하는지 알아보았다. 고등학생에게는 어떤 종류의 목표가 개인적으로 가장 의미 있고 스스로 정한 것일지 상상해보라. 그리고 내킨다면, 어떤 종류의 목표가 차갑고 '타인' 같지 않고, 따뜻하고 '나' 같은지도 상상해보라. 10점 만점에, 평균 점수가 높은 목표들을 오름차순으로 적으면 아래와 같다.[8]

- **스포츠** 8.2
- **남자친구/여자친구** 8.5
- **섹스** 8.6
- **영적 생활** 8.9
- **공동체** 9.8

이 결과에서 몇 가지 눈여겨볼 점이 있다. 첫째, 학생들이 나열한 목록에 섹스라는 노골적인 목표가 비교적 자주 등장하는 것을 보고, 우리는 이 목표를 남자친구나 여자친구와 관련된 목표와는 구별하는 게 옳다고 생각했다. 섹스가 무척 즐거운 목표에 속한다는 것은 얼마든지 예상할 수 있고 확인된 사실이지만 자아를 가장 확실하게 느끼는 목표에 속한다는 것은 의외였다. 나는 이 결과가 흥미로웠다. 여러 해 동안 인간 발달 이론을 강의했는데, 그 이론에 따르면 사람들은 자신의 정체성을 인식한 '다음'에 타인과 친밀한 단계로 넘어갈 수 있기 때문이다. 적어도 성인 단계로 접어들기 직전의 학생들이 추구하는 개인 목표라는 관점에서 볼 때, 이 실험 결과는 정체성과 친밀함이 별개가 아니라 함께 만들어진다는 점을 시사했다. 우리는 친밀한 타인과 지내는 법을 발견함으로써 우리가 누구인지 깨닫게 된다. 내가 위의 결과를 회의에서 발표할 때면 사람들은 대개 자아 정체성에서 최고 점수를 받은 목표인 영적 생활과 공동체에 놀라움을 표시한다. 하지만 두 목표가 자주 등장하지는 않는다는 점을 밝혀야겠다. 이 목표는 고등학생들의 '목표 쏟아놓기'에 비교적 드물게 등장한다. 하지만 해당 학생에게는 자아의 깊은 내면을 표현하는 목표다.

개인에게 의미가 큰 이런 목표에 어떤 공통점이 있을까? 한 가지 가능한 공통점이라면 학생들이 타인과 주고받기를 배우는 목표이고, 꼭 필요한 목표이며, 친밀한 유대 형성에 필요한 자질을 인식해가는 목표라는 점이다. 스포츠는 여기에 별 해당 사항이 없다고 생각할 수 있다. 하지만 스포츠를 목록에 올린 학생은 거의 다 남학생이며, 팀 스포츠는 타인과 극도로 밀접한 유대를 형성하는 기회가 될 수 있다.

반대로 자아 정체성과 연관성이 가장 떨어지는 목표를 보면 다소 당혹스러운 결과를 마주하게 된다. 점수가 가장 낮은 부류에 속하는 목표를 내림차순으로 적으면 다음과 같다.

- **독서** 6.2
- **생활** 6.0
- **학업** 5.7

독서와 관련해서는 이 자료가《해리 포터》선풍이 일기 전에 수집되었다는 점을 염두에 두어야 한다. 최근에 연구를 진행했다면 독서 목표는 이보다 훨씬 높은 점수가 나왔을 게 분명하다. 생활 목표는 주로 방 청소나 잔디 깎기 같은 것인데, 이런 일이 자아 정체성이 낮은 주된 이유는 학생들이 그 일을 자발적으로 하기보다 시켜서 하기 때문일 것이다. 이 결과에서 가장 낭패스러운 부분은 학업 관련 목표다. 적어도 이 학생들에게는 학업이 우리가 조사한 목표 가운데 자아 표현과 가장 거리가 멀었다. 생활 목표와 학업 목표가 가장 점수가 낮은 것을 보면, 부모가 십대 아이들과 가장 소원해지기 쉬운 말이 "방 치워라"와 "숙제해라"라는 것을 알 수 있다. 이 말은 아이들에게 뱉은 침을 마시라는 것이나 마찬가지다.

"잘돼가는가?" 개시, 성취 가능성, 조절

지금 자신에게 큰 의미가 있는 개인 목표를 추구한다고 가정해보자. 그 목표에 공감하고, 그 목표는 내 가치와 일치하며, 그 목표가 워낙 좋아서 열정적으로 추구할 마음이 든다. 그런데 목표를 관리하기가 얼마나 수월한가? 의미 있는 목표를 추구한다고 해서 곧바로 삶의 질이 높아지지는 않을 수도 있지 않은가? 개인 목표가 어느 정도나 효율적으로 조직되고 잘 진행되는지 알아보기 위해 우리가 개인 목표 분석에서 살펴보는 요소가 세 가지 있다. 우선 '개시'는 애초에 본인이 목표를 시작했는지(이 경우 점수가 높음), 아니면 앞에서 이야기한 엄마가 된 학생의 경우처럼 다른 사람이 시작했는지(이 경우 점수가 낮음) 묻는다. '성취 가능성'은 목표를 성공적으로 성취하리라고 예상하는지 묻는다. 높은 점수(8~10)를 준다면 성취 가능성을 높게 본다는 뜻이고 낮은 점수(5미만)를 준다면 성공 가능성이 거의 없다고 생각한다는 뜻이다. 5장에서 다룬 '조절'은 성공과 긴밀하게 연관된 중요한 정신적 변수다. 그러나 5장에서는 조절을 비교적 고정된 성격 특성으로 본 반면, 여기서는 삶에서 추구하는 어떤 목표의 특성으로 본다. 이 세 가지 평가 요소는 앞에서 살펴본 의미 요소와 마찬가지로 긍정적인 정도에 따라 0점에서 10점까지 점수를 매길 수 있다. 우리는 대개 스스로 목표를 시작하고(7.1점) 목표의 성취 가능성을 높게 보며(7.2점) 목표를 자신이 조절할 수 있다고 생각한다(7.3점).

'개시'는 비교문화 연구와 연결해서 볼 때 특히 흥미롭다. 나는 대학

원생 베일링 샤오와 함께 중국 대학생들의 개인 목표를 주제로 비교문화 연구를 진행한 적이 있다. 우리는 중국 대학생들이 북아메리카 대학생들과 비교해 어떤 개인 목표를 가지고 있고 그 목표를 어떻게 평가하는지 궁금했다. 그리고 북아메리카 학생들이 집단주의 문화에 사는 학생들보다 목표를 주체적으로 시작하려는 의식이 높겠거니 예상했다. 번역된 결과가 처음 나왔을 때 실험실은 흥분에 휩싸였고, 여러 목표 가운데 유독 하나가 우리 눈길을 끌었다. "죄의식guilt 고치기." 혹시 중국에서 교회가 다시 생겨나다 보니, 회개해야 할 죄의식을 느끼는 사람도 늘어나서 생긴 목표인지 궁금했다. 우리는 한동안 이 주제를 놓고 생각이 오락가락했다. 하지만 표현이 조금 이상하다 싶어, 가장 처음 기록한 자료를 찾아보기로 했다. 아니나 다를까, 번역문에 틀린 글자가 있었다. 원래 목표는 "누비이불quilt 고치기"였다. 하늘과 땅 차이 아닌가! 그런데 이 목표가 개시에서 꽤 낮은 점수를 받은 사실도 눈에 띄었는데, 다소 의외였다. 그리고 다른 목표도 다른 집단 학생들보다 개시 점수가 지속적으로 꽤 낮게 나타난다는 사실도 알게 되었다. 우리는 이 점에 대해 통계 자료를 더 찾아보았고, 그 결과 우리의 추측은 사실로 드러났다. 중국 학생들은 서양 학생들보다 목표를 직접 시작하는 경우가 훨씬 적었다. 우리는 조금 더 조사한 뒤에, 이 현상은 개인이 속한 집단이나 그 집단의 간부들이 일상의 목표 수립에 큰 영향력을 행사하기 때문일 것이라고 결론 내렸다. 학생들의 일상적 목표가 공동체주의, 즉 공산주의 사회에 깊이 뿌리박혀 있다는 사실과도 일맥상통해 보였다. 이는 개인 목표의 중요한 특성을 드러낸다. 개인 목표는 우리의 기본적 욕구와 성격을 반영할 뿐 아니라 그 내용과 평가를 볼 때, 우리가 살아가는 장소와 정치적 맥락도 반영한다는 점이다.

'성취 가능성'은 응답자에게 개인 목표의 진척 정도 그리고 성공 가능성을 물어 평가한다. 우리는 이 평가 요소가 삶의 질을 가장 정확히 예측한다는 사실을 거듭 확인했는데, 거의 모든 표본 집단과 연령층에서 그러했다.[9] 인지행동 치료를 주제로 한 여러 논문에서도 성취 가능성은 다양한 문제 행동에 대처하는 개인의 능력을 결정하는 막강한 요소임이 증명되었다.

앞에서 의미 있는 개인 목표를 세우는 것만으로 삶의 질을 높일 수 있느냐고 물었던 것을 기억하는가? 놀랍게도 그 답은 '아니요'다. 대단히 의미 있는 목표를 추구해도 삶의 질은 아주 미미하게 향상될 뿐이다.[10] 그렇다면 이제는 관리 가능한 목표에 관해 똑같은 질문을 할 수 있다. 관리 가능하고 성취 가능한 목표를 추구한다면 삶의 질이 높아질 수 있을까? 독자들도 직접 작성했던 개인 목표 목록을 보라. 그리고 그것들이 대단히 의미가 있는지, 성공적으로 성취할 가능성이 있는지 자문해보라. 우리 연구 결과를 보면, 목표의 의미보다 성취 가능성이 삶의 질을 향상시킬 공산이 크다. 사실 우리는 목표 추구에서 의미와 관리 가능성이 서로 반비례하려니 예상했다. 그러니까 가장 의미 있는 목표는 날마다 관리하기가 가장 힘든 목표라는 뜻이다. "쓰레기 내다버리기", "우편물 가져오기", "치약 구입" 같은 목표가 "사람 되기", "서양중심적 사고 바꾸기" 같은 목표보다 삶의 질에 직결된다는 주장은 일반적 상식과 반대되는 것만 같다. 무엇이 정답일까? 내가 생각하는 최고의 답은 한 목표 안에 성취 가능성과 의미가 공존할 때 삶의 질이 높아진다는 것이다. 성취 가능성만으로는 충분치 않다는 뜻이다.[11]

'조절'은 삶에서 일어나는 일에 내가 직접 영향을 미칠 수 있다고 느끼는 정도와 관련 있다는 점에서 '성취 가능성'과 매우 비슷하다. 5장에서 조절을 다루면서, 조절력 인식은 삶의 질을 결정하는 매우 중요한 요소라는 사실을 살펴보았다. 하지만 그때는 조절을 성격 특성 같은 일반적 기질로 보았다. 그러나 여기서는 현재의 또는 앞으로의 목표를 얼마나 조절할 수 있다고 생각하는가의 문제다. 어떤 개인 목표는 백퍼센트 스스로 조절이 가능하다. 특히 "고양이 밥 주기" 같은 목표는 고양이가 지나치게 까다롭거나 사납지만 않다면 얼마든지 스스로 조절할 수 있다. 그러나 "아빠에게 무슨 일이 일어나고 있는지 깨우쳐주기"라든가 "저항운동 조직하기" 같은 목표는 우리가 아무리 아빠를 사랑하고 아무리 결의를 굳게 다져도 우리 힘으로 조절하지 못할 수 있다. 앞에서 본 대로 삶에서 우여곡절을 겪다 보면 조절력을 잃기도 하고 삶이 뒤흔들릴 때도 있다. 그리고 삶을 조절할 수 있다는 착각이 산산이 부서질 때면 그 결과는 신체적으로나 정신적으로나 심각할 수 있다.

개인 목표도 마찬가지다. 이 방면의 이론서는 이 현상을 다음과 같이 표현한다. "생태계의 제약과 생태계에서 우리가 의지할 수단을 정확히 파악한다면 조절력 인식은 상황 적응에 유용하다." 이 문제는 앞에서 다룬 단추 이야기로 거슬러 올라간다. 우리가 새로운 목표를 추구하려 할 때 단추가 전원에 연결되었는지 확인하는 문제다. 적어도 일부 개인 목표는 우리를 도와줄 수 있는 타인을 포함한 여러 자원을 점검하는 일이 중요하다. 마찬가지로 목표를 추구하는 도중 맞닥뜨릴 수 있는 타인을 포함한 장벽을 점검하는 일 또한 중요하다. 가끔 그런 자원과 제약이 언제 어떻게 작용할지 알기 어려운 경우도 있다. 이때 비슷한 개인 목표를 추구하는 사람에게서 조언을 얻는 것도 좋은 방법이다.

"응원하는 사람은 있는가?" 공유하고, 지지하고, 비켜주기

개인 목표에서 의미와 관리 가능성은 중요하다. 하지만 다른 사람이 내 목표를 쓸모없다거나 잘못 계획되었다거나 괴상하다고 생각한다면? 목표 추구에서 타인의 지지를 받는다는 것이 얼마나 중요할까? 아니면 좀 더 광범위하게, 우리 목표는 타인과 어떻게 연결될까?[12]

대인관계에서 상대가 내 목표를, 또는 내가 상대의 목표를 소중히 여긴다면 도움이 된다. 내가 가장 좋아하는 목표에 동료가 무관심하거나 무시하는 기색을 보일 때는 퍽 실망스럽다. 앤 황Anne Hwang은 하버드 학위 논문에서, 젊은 성인들 사이에서 대인관계가 만족스러울지를 가장 정확히 예견하는 지표가 개인 목표를 "공유"하는 정도라고 했다.[13]

우리 목표를 타인과 공유하려면 목표를 잘 보이게 (또는 잘 들리게) 해서 타인도 알게 해야 한다. 어떤 사람은 자기 개인 목표를 소매에 새기는가 하면, 어떤 사람은 마음속 깊이 넣고 다닌다. 앞서 보았듯 목표의 가시성에 대해서는 남녀가 다른 대응을 보인다. 스트레스를 받는 목표의 경우, 여자는 목표와 도전을 가시화할 때 목표 추구에 더 유리한 반면, 남자는 목표를 숨길 때 더 유리하다. 이는 문제 대처 방식에서 남녀 차이와 관련이 있다. 남자는 스트레스를 받는 상황에서 주로 싸울 (또는 도망갈) 준비를 하지만, 여자는 타인과 유대를 형성해 도전에 맞선다.[14]

고위 관리직 남자와 여자에게 조직의 여러 요소 중 자신의 삶의 질에 가장 크게 기여하는 요소가 무엇인지 물었을 때도 비슷한 성향이 나타났다.[15] 여자에게 가장 중요한 요소는 조직 문화가 자신의 목표를 지지해주는 정도였다. 반면에 남자에게 가장 중요한 요소는 조직이 목표 추구를 방해하지 않는 정도였다. 그러니까 길을 언제 비켜줘야 하는지 아는 사람이 그들에게는 가장 큰 힘이 되는 사람이다.

삶의 질에 직접적이고 강한 영향력을 끼치는 성취 가능성 인식과 달리 사회적 접촉은 좀 더 미묘하고 특정한 역할을 한다. 이를 매우 잘 보여주는 연구가 둘 있다. 하나는 임신 초부터 분만을 경험할 때까지의 여성을 대상으로 한 우리 연구다. 우리는 "개인 목표로서의 임신"을 관찰하면서, 출산을 앞둔 임신부들을 다양한 요소에서 평가한 다음 그것을 성공적 분만을 예측하는 주관적, 객관적 척도와 연결시킬 수 있었다.[16] 두 척도에서 성공적 분만을 예측하는 가장 확실한 지표는 배우자의 정신적 지지였다. 이보다 최근에 크레이그 다우든Craig Dowden은 도전적 기업가들의 여러 개인 목표 요소 가운데 삶의 질과 경제력이라는 두 분야에서 성공을 가장 정확히 예고하는 지표를 살핀 뒤 설득력 있는 자료를 내놓았다.[17] 무엇이 가장 정확한 지표였을까? 파트너의 정신적 지지였다. 기업가들은 특정한 목표를 "우리 아기"라고 표현하기도 하는데, 앞의 출산 연구를 생각해보면 제법 설득력 있는 비유인 셈이다.

"기분이 어떤가?" 개인 목표 추구에 나타나는 감정

개인 목표와 삶의 질에 관해 이제까지 살펴본 것을 요약하자. 개인 목표가 의미 있고, 관리 가능하고, 다른 사람들과 효과적으로 연결될 때 삶의 질이 향상된다. 그런데 개인 목표가 그 조건을 모두 충족하지만 한없이 재미없고 끝없이 스트레스만 준다면 어떨까? 치매에 걸린 부모를 돌보는 일도 그런 목표 중 하나로, 꾸준히 늘어나고 있으며, 온 가족을 두 손 들게 한다. 그렇다면 긍정적 감정은 어떨까? 즐겁고 활기찬 기분이 드는 목표를 추구하다 보면 우리 삶의 질도 변한다.

우선 목표 추구의 부정적인 면을 보자. 목표를 추구할 때 스트레스와 부정적 감정이 없어야 삶의 질이 높아진다는 사실은 앞에서 거듭 확인했다. 성취 가능성은 삶의 질 향상을 예견하는 가장 강력한 긍정적 지표인 반면, 스트레스는 가장 강력한 부정적 지표이며, 그 둘의 강도는 거의 같다. 멀리 바라본다면 이렇게 말할 수 있다. 어떤 사람이 개인 목표를 추구하면서 스트레스를 받는지 안 받는지만 알아도 그 사람의 사회경제적 지위, 인종, 성별, 그 외 인구 구성적 핵심 요소들을 아는 것보다 그 사람의 삶의 질을 더 잘 예측할 수 있다. 그리고 어떤 사람의 순조로운 삶의 이면에서 부정적인 감정, 특히 우울한 감정이 많이 드러나는 부분을 보게 된다면 같은 결론을 역으로 적용할 수 있다. 즉, 우울한 사람은 성취 가능성이 낮은 스트레스가 심한 목표를 추구하고 있다.

개인 목표를 추구할 때 감정을 느끼는 방식은 문화마다 다를까? 이에 대해서는 아직 연구할 점이 많지만, 우리는 캐나다 사람과 포르투갈 사람이 일상적 개인 목표를 추구하면서 어떤 감정을 경험하는지 비교하는 연구를 진행한 적이 있다. 나는 이 비교에 개인적으로 특별히 관심이 있었다. 아들이 결혼해 포르투갈 가족이 생겼는데, 우리는 두 문화가 감정을 표현하는 방법이 다르다는 이야기를 들었던지라 호기심이 생긴 터였다. 나는 특히 포르투갈의 파두 음악과 그 음악에 연관된 정서인 '사우다지saudade'에 관심이 있었다. 사우다지는 영어로 번역하기가 가장 힘든 말로 자주 거론된다. 나는 사우다지를 향수를 불러일으키는 일종의 열망으로 이해했고, 포르투갈 도시 코임브라에 있는 동료들이 저녁에 파두 음악이 나오는 작은 지하 식당에서 나와 아내에게 한턱을 낸 뒤로 사우다지에 대한 관심은 더 커졌다. 나는 현지 사람들이 사우다지를 어떻게 이해하는지, 그리고 일상에서 이 말이 어떻게 쓰이는지 몇 가지 사례를 알아보기로 마음먹었다. 그다음 주에 나는 포르투갈 포르투에 있는 서점에 들어가, 영어 코너에 있는 대학원생으로 보이는 젊은 남자와 가볍게 이야기를 나누기 시작했다. 나는 그에게, 인간의 감정 연구에 관심이 많아서 그러는데 사우다지가 뭔지 말해줄 수 있겠느냐고 물었다. 그는 영어를 잘했고, 극적인 재능이 있었다. 대답하기 전 잠시 멈춰 서서 생각하더니, "부인께서 오오랫동안, 오오랫동안, 아아주, 아아주 멀리 떠났다고 생각해보세요."라고 말하며 우리 부부를 멀찌감치 떨어져 바라보다가 다시 다가와 말했다. "그럼 기분이 어떻겠어요?" 내 기분이 어떨지는 뻔했지만, 가끔 내 안의 작은 악마가 빠져나오는 통에 나는 그의 질문을 되받아 대답했다. "기분이 어떻겠느냐고요? 해방이다!" 다행히 아내는 내가 자기를 아주 좋아한다는 걸 알고 있고,

내가 그 학생에게, 만약 아내와 떨어지면 슬프고 걱정되고 “사우다지가 가득할 것”이라고 거듭 이야기하고 나서야 학생은 우리 곁을 떠났다. 이 일이 있은 직후 코임브라 동료인 마르가리다 페드로사 드 리마와 이사벨 알부케르크는 나와 함께 긍정적 감정과 부정적 감정이 일상적 개인 목표에서 어떤 식으로 나타나는지 보여주는 자료를 모으기 시작했다. 우리는 캐나다 사람과 포르투갈 사람의 평가를 비교한 뒤, 포르투갈 사람들이 목표 추구에서 좀 더 긍정적인 감정을 느낀다는 것을 발견했다. 이들은 희망이나 행복 같은 감정을 훨씬 더 높이 평가했고, 일상적 목표 수행에서 경험하는 사랑의 감정에 매우 높은 점수를 주었다. 하지만 우울한 감정에도 훨씬 높은 점수를 주었고, 목표 추구에서 느끼는 모호한 감정에도 역시 매우 높은 점수를 주었다. 아마도 사랑, 우울, 모호함이 뒤섞인 이런 감정이 사우다지의 본질이 아닌가 싶다. 이 감정은 연애만이 아니라 포르투갈 문화 전반에 나타나는 광범위한 감정일 수도 있었다.

그렇다면 개인 목표가 의미 있고, 관리 가능하고, 사람들과 연결되고, 긍정적 감정이 부정적 감정보다 더 많이 포함되었다고 가정해보자. 우리 연구 결과, 삶이 그런 목표로 가득 차면 더 행복하고 삶이 더 좋아진다는 증거가 많이 나타났다. 그럼 그 반대 상황이면 어떨까? 일상이 의미 없는 목표로 소비되고, 무질서하고, 타인의 인정이나 지지를 전혀 받지 못하고, 마음이 끊임없이 고통스럽다면? 그렇다면 어떨까?

비교적 고정된 특성이나 환경의 제약 등 이 책 앞부분에서 다룬 요소들과 달리, 개인 목표는 스스로 얼마든지 바꿀 수 있다. 성격 특성은 우리가 가진 것인 반면, 목표는 우리가 하는 것이다. 성격 특성은 우리를 상황에 밀어 넣지만 목표는 우리를 새로운 가능성을 향해 나아가게 한다. 그리고 그런 가능성 하나는 더 나은 삶과 더 행복한 삶이다.

마지막 10장에서는 그러한 결과를 얻으려면 어떻게 해야 하는지 살펴볼 것이다. 그러려면 삶의 '핵심' 목표의 본질이 무엇이고, 그런 목표를 지속적으로 추구하는 것이 어떻게 삶의 질 향상에 열쇠가 되는지 이해해야 한다. 개인 목표를 바꾸려면 관습적이고, 친숙하고, 편안한 것을 뛰어넘어 다소 불편한 것으로 나아갈 수도 있다는 뜻이다. 그런 변화는 결국 자신에게서 우러나지만 처음에는 낯설다. 또한, 목표를 바꾼다는 것은 가장 깊은 내면의 열망을 객관적으로 살펴, 적절히 수정한 다음, 핵심 자아에 다시 통합한다는 뜻이다. 그리고 마음을 단단히 먹고, 삶을 바꾸는 동안은 취약해진 상태로 견뎌야 한다는 뜻이다. 용기가 필요한 일이며, 절대 비웃음을 살 일이 아니다.

CHAPTER 10

서로 다른 두 자아와 잘사는 법 :

자아 성찰

대학 강단에서 지금의 내 상황은 '정교수'와 '노망 초기' 사이에 놓인다. 한마디로 '노인성 수다'의 시기라는 이야기다. 그 증상 하나는 강의를 하면서 깨어 있으려고 또는 어떤 개념을 명확히 하려고 더러는 아무 관련도 없는 이야기를 자꾸 꺼내는 것이다. 맞다. 지금 하려는 이야기도 이야기를 하는 것에 대한 이야기다. 하지만 이번 '이야기의 이야기'는 이 책의 대미를 장식하는 마지막 10장과 밀접히 관련된다는 점을 약속한다.

예전에 칼턴 대학의 훌륭한 교육개발센터가 조직한 토론회에 토론자로 참석한 적이 있는데, 그때 우리 몇몇은 교수를 하면서 느끼는 즐거움과 고충을 털어놓았다. 질문 시간에 젊은 화학 교수가 우리 모두에게 단순한 질문을 던졌다. "마지막 강의에 대해 생각하신 게 있나요?" 아, 마지막 강의! 바로 그때 떠오르는 대답이 있었다. 나는 그에게 내가 들은 이야기를 전했다. 미시간 대학이 뛰어난 수업에 황금사과상Golden

Apple Award을 수여하면서, 마지막 강의의 중요성을 제도화했다는 이야기였다. 수상자는 '이상적인 마지막 강의'를 준비해 수업을 해야 했다. 이 흥미로운 발상은 2세기의 랍비 현인 엘리에제르 벤 후르카누스Eliezer ben Hurkanos가 한 말에서 영감을 받았는데, 그는 학생들에게 이렇게 훈계했다. "죽기 바로 전날 삶을 정리하라." 우리는 대부분 죽는 날이 언제일지 모르기 때문에 날마다 삶을 정리해야 한다. 황금사과상은 이 정신을 이어받아 늘 마지막처럼 강의하는 교수, 지식 전달에 그치지 않고 학생들이 직접 지식을 추구하도록 학생을 참여시키고 그들에게 영감을 주는 교수를 선정해 칭송한다.[1]

내가 이 이야기를 하는 동안 화학 교수는 다소 어리둥절한 표정을 지었고, 그래서 내가 완전히 잘못 짚었구나 싶었다. 아닌 게 아니라 정말 그랬다. "교수님, 제가 여쭤본 건 강좌 마지막 시간입니다. 삶의 마지막 강의가 아니고요. 복습은 진행하시는지, 시험에 무엇이 나올지 알려주시는지, 실험 보고서는 어디서 찾아가라고 말씀하시는지, 그런 거요." 나는 교수직을 시로 읊어댔고, 그 교수는 배관 작업을 물었던 셈이다.

하지만 마지막 강의라면, 또는 지금처럼 책을 마무리하는 단계라면, 배관 작업도 시도 모두 필요하다. 따라서 앞으로 이어질 이야기에는 배관 작업이니 노랫말이니 기도니 하는 것들이 뒤섞일 것이다. 그러면서 앞에서 다룬 핵심 개념들을 다시 정리하고, 그것들을 한데 엮는 새로운 주제를 몇 가지 언급하려 한다. 그중에서도 특히 강조할 주제는 핵심 목표를 지속적으로 추구한다면 어떻게 우리 삶의 질이 높아지는지에 대해서다. 지속적인 목표 추구를 자세히 살펴보면 우리가 삶을 어떻게 지나왔는지 돌아볼 수 있고, 또 자아의 가능성과 개인적 미래의 전망을 엿볼 수 있다. 그런데 이야기를 시작하기에 앞서 이 책 전체에서 추구한 것의 더 깊은 의미와 관련해 좀 더 내밀한 이야기를 하고자 한다. 책을 마무리하는 이 짧은 이야기를 지극히 사적인 것으로 받아들여주기 바란다.

핵심 목표 지속적으로 추구하기

9장에서 우리 삶의 질을 따질 때 개인 목표의 내용과 그 목표를 수행하거나 성취하는 동안 얼마나 진전을 이루었는지 또는 성공했는지에 대한 자신의 평가가 얼마나 중요한지 이야기했다. 이제는 그 부분을 조금 더 파고들어, '핵심' 목표를 '지속적'으로 추구하면 건강과 행복을 포함해 삶의 질이 전반적으로 높아진다는 이야기를 해보려 한다. 이를 위해 먼저 핵심 목표의 개념을 정리한 다음, 그 목표를 성공적이고 지속적으로 추구하는 데 영향을 미치는 다양한 요소를 살펴볼 것이다.

핵심으로 다가가기 : 연결과 거부

어떤 개인 목표는 스스로 정한 삶의 약속이 되어 개인에게 깊은 의미를 심어준다. 나는 이런 목표를 '핵심 목표'라 부른다. 내 개인 목표 가운데 어떤 것이 진정한 '핵심' 목표인지 어떻게 구별할 수 있을까? 이를 판단하는 방법은 몇 가지가 있다. 첫째, 그것이 얼마나 중요한지, 내 가치와 얼마나 일치하는지, 나를 잘 표현하는지 등을 따져 내게 가장 의미 있는 목표를 찾아본다. 여러 항목에서 의미가 있는 목표라면 핵심 목표라고 볼 수 있다.

핵심 목표를 찾는 또 다른 방법은 어떤 목표가 현재 추구하는 다른 목표와 어떤 식으로 연결되는지 알아보는 것이다. 다시 말해, 여러 개의 개인 목표를 하나의 덩어리로 보는 방식이다. 그 안에서 어떤 목표는 다른 목표와 긴밀히 연결되어 있다. 그 목표가 잘되면 다른 목표도 잘되고, 그 목표가 잘 안 되면 나머지 목표도 위험해진다. 여러 목표와 긴밀하게 연결된 핵심 목표를 흔들면 다른 일들도 모두 흔들린다.

여기 두 여자가 있다. 둘 다 '책 쓰기'가 목표다. 인터넷 사이트 '43가지'에도 대단히 자주 등장했던 목표다. 그런데 둘 중 한 사람에게는 책 쓰기가 다소 지엽적인 목표다. 이 여자는 그 목표가 다른 목표에 미치는 영향이 부정적이든 긍정적이든 그리 크지 않다고 생각한다. 책을 쓰기로 결심한 이유는 단지 해볼 만한 가치가 있고 적절한 목표 같았기 때문이다. 목표를 달성하면 멋지겠지만, 자신을 규정하는 모험은 아니다. 그리고 자신의 가장 깊은 내면에 있는 가치를 표현하지도 않는다. 이 여자는 책으로 자신을 표현하는 것보다 건강과 자녀의 행복에 관심이 더 많다. 반면에 다른 여자에게는 책 쓰기가 다른 모든 목표와 긴밀히 연결된다. 이 여자가 보기에 책 쓰기는 돈도 되고 남들 눈에도 그럴듯하다. 책을 쓰면 중요한 사람들을 만날 기회도 늘어날 것이다. 그뿐 아니라 시어머니에게는 자기가 그 잘난 아들에게 거추장스러운 짐이 아님을 증명하는 좋은 기회도 될 것이다. 그리고 더 중요하게는 다른 무엇보다도 책을 쓰면 계속 그 일에 집중하고 성취감을 느낄 것이다. 이 목표는 현재의 삶의 단계에서 그녀를 규정하는 것이다. 이 두 여자는 표면적으로 책 쓰기라는 똑같은 목표를 가지고 있지만, '개인적'으로는 매우 다른 목표다. 하나는 지엽적이고 선택적이며, 하나는 핵심적이고 대단히 중요하다.

핵심 목표가 중심에 놓이면 그 목표를 좀처럼 포기하지 않게 된다. 포기할 만한 이유가 있어도 그렇다. 핵심 목표를 포기하면 삶의 나머지 약속과 중요한 일들이 모두 흔들려버릴 것이다. 핵심 목표를 포기하지 않는다는 것은 다른 목표나 갑작스레 찾아오는 다른 기회에 쉽게 휘둘리지 않는다는 뜻이기도 하다. 하지만 포기를 거부해서 손해를 볼 수도 있는데, 핵심 목표가 동기나 생명력을 잃었는데도 비장한 각오로 계속 추진할 때가 특히 그렇다. 그런 조건에서는 목표가 지속 가능성을 잃고, 삶의 질이 떨어지게 된다.[2]

그렇다면 핵심 목표를 지속적으로 추구하는 방법을 자세히 알아보자. 앞의 여러 장에서 언급한 새롭게 떠오르는 세 가지 주제를 살펴본다면, 그동안 우리가 삶을 얼마나 잘 살아왔는지, 그리고 앞으로는 얼마나 잘 살아갈지 생각해볼 수 있다. 그 세 가지 주제는 목표를 지속적으로 추구하기 위한 필수 전략인 상황에 맞는 재해석, 자기 변화, 맥락 관찰이다.

상황에 맞는 재해석 : 다시 생각하기

1장과 2장에서는 세계를 복합적으로 그리고 상황에 맞게 재해석할 때의 이점을 이야기했다. 1장에서 보았듯이, 어떤 사람을 처음 만났을 때 첫인상에 얽매이지 말고 좀 더 정교한 특수 안경으로 그 사람의 행동을 주시하는 게 좋다. 중요하지 않은 일로 잠깐 만난다면 첫인상으로도 상관없겠지만, 상대가 애인이나 사업 동반자가 될 수도 있다면 첫인상만으로는 크게 낭패를 볼 수 있다. 간단히 말해, 상황을 고려해 융통성 있게 주변을 해석한다면, 특정 환경에서 어떻게 행동하고 어떻게 개입할지를 결정할 자유의 폭이 넓어진다. 앞에서 창조적인 사람들은 경험에 개방적이라는 이야기를 했는데 그들은 그런 태도 덕에 복합적인 사고를 할 수 있어서 이를테면 사건과 사물을 바라보는 상반된 시각을 동시에 갖고 있기도 하다. 그렇다면 이제부터 상황을 복합적이고 적응성 높으며 융통성 있게 해석하는 능력이 어떻게 핵심 목표를 지속적으로 추구하는 데 도움이 되는지 살펴보자.

처음 목표를 세웠을 때는 그 목표가 신선하고 의미 있으며, 대부분의 경우 성취 가능성이 있다는 낙천적 생각을 하게 마련이다. 하지만 시간이 지날수록 많은 목표가, 심지어 핵심 목표마저 빛을 잃고 점점 일관성이 없어지면서 변화하는 주변 상황과 동떨어진다. 목표가 이런 식으로 변질되면 목표를 지속적으로 추구하기 어렵고 삶의 질도 떨어지기 쉽다. 그렇다면 목표를 재해석하고 재구성해서 새로 만들 수도 있지 않을까? 목표를 재구성해서 긍정적인 결과가 나온 좋은 사례 둘을 소개하겠다.

하나는 저명한 조직심리학자 칼 웨익Karl Weick과 제인 더튼Jane Dutton의 개인적 성찰이 반영된 사례다. 두 사람은 미시간 로스 경영대학의 동료이자 친구다.[3] 이들은 한 권의 책에서, 교수로 살면서 목표를 새롭게 정하는 것을 주제로 각자 글을 쓰면서 목표를 갱신하는 자기만의 방법을 소개했는데, 상반된 방법을 묘사한 두 사람의 글이 솔직하고 감동적이다. 제인은 자신의 관심사인 정원 가꾸기를 이야기하면서 그것이 어떻게 교직 관련 목표에 활기를 되찾아주는 풍부한 비유가 되는지 설명한다. 칼은 제인과 주고받은 이메일에서 자기는 매우 다른 방법으로 목표를 갱신한다고 말한다. 그는 정원 가꾸기가 목표 갱신의 비유로 제격이라는 데 동의하면서 제인이 어떤 식으로 정원과 목표에서 잡초를 제거해 핵심 목표가 더욱 탐스럽게 꽃피게 하는지에 특히 관심을 보인다. 하지만 칼은 목표 갱신을 조금 다르게 본다. "당신은 나보다 (이를테면 6년) 더 장기적인 목표를 추구하지요. 당신은 삶을 새롭게 하는 문제를 생각해요. 나는 새로운 '순간들'을 생각하고, 그 순간은 훨씬 자주 찾아와요." 칼은 그 밖의 차이점도 지적한다. "당신은 큰 목표를 살리려고 잡초를 제거하지요. 나는 더 많은 목표를 받아들이려고 목표를 축소해요." 마지막으로 서로의 비유적 정원이 내용이 매우 다르다는 점에 주목한다. "당신 정원은 사람으로 가득 찼어요. 내 정원은 책으로 가득 찼고요. 당신은 사람들을 직접 만나죠. 나는 간접적으로 만나요."

이런 차이는 두 사람의 목표에 나타난 전반적인 성향의 차이와 관련되는데, 이 관련성은 두 사람이 어느 회의에서 논문을 제출하던 순간을 설명하는 칼의 이야기에서 분명히 드러난다. 제인은 붉은빛이 살짝 감도는 새 안경을 썼고, 칼은 돋보기를 쓰고 있었다. 제인이 쓴 안경은 청중을 사랑스러운 색깔로 보이게 했고, 칼이 쓴 안경은 청중을 뿌옇게 만들면서 그가 읽고 있는 논문을 선명하게 드러냈다. 제인은 세상을 말 그대로 장밋빛 안경으로 본 반면, 칼은 세상을 특정 지점에 초점을 맞춘 더 냉정한 안경으로 바라보았다. 그러나 칼은 세상을 보는 두 사람의 서로 다른 방법을 가만히 생각해보면 두 관점 모두 가치가 있다고 말한다.

보스턴 호텔에서 방을 정리하는 종업원들은 목표 재구성이 어떻게 삶의 질을 높일 수 있는지 보여주는 두 번째 사례로, 하버드 대학의 앨리아 크럼Alia Crum과 엘렌 랭거Ellen Langer가 실시한 연구에 나타난 경우다.[4] 이들은 보통 하루에 방 15개를 청소하는데, 방 하나에 20분에서 30분 정도 걸린다. 힘들고 반복되는 일이다. 하지만 이들 중 많은 수가 운동할 시간이 없다고, 그래서 많은 사람이 금방 녹초가 된다고 불평했다. 크럼과 랭거는 종업원들이 일상 업무가 건강에 유익할 수 있다는 사실을 안다면 어떤 일이 일어날지 궁금했다. 위약 효과[약효가 없는 가짜 약을 진짜 약인 줄 알고 먹었을 때 심리적인 이유로 효과를 발휘하는 현상 - 옮긴이]를 발휘해 생리적 변화가 나타날 수 있을까? 이를 실험하고자 종업원들을 무작위로 두 집단으로 나누었다. 그런 다음, 한 집단에는 방 청소가 운동이 되고 공중보건국장이 권고하는 활발한 생활 습관에도 맞는다고 알려주었다. 다른 집단에는 이 정보를 알려주지 않았다. 그리고 4주가 지났을 때 일상적 청소가 운동이 된다는 정보를 받고 일상적 청소 목표를 재구성한 집단은 체중과 체지방이 줄고, 혈압이 떨어졌으며, 엉덩이에 대한 허리의 비율이 줄고, 체질량 지수가 낮아졌다. 요약하자면 목표의 재구성, 그러니까 지금 하는 일에 대한 생각을 특수 안경을 끼고 새롭게 해석한다면 좋은 결과를 낳을 수 있다.

개인적 비유와 목표 재구성

비유를 전략적으로 이용하는 방법으로도 목표를 재구성할 수 있다. 나는 비유를 이용해, 관리자들과 다른 전문직 사람들이 정체되고 제 기능을 못하는 개인 목표를 창조적으로 재구성하도록 도왔다. 이때 사용하는 방법은 개인이나 집단의 전문 영역에서 연상되는 개념들을 많이 이끌어낸 다음, 관심을 갖고 고쳐야 할 목표에 그것을 적용하는 방식이다. 구체적으로 말하자면, 나는 우선 두 가지 목록을 만들게 한다. 하나는 정체된 목표를 구성하는 여러 요소이고, 또 하나는 비유적 영역을 구성하는 여러 요소다. 우리는 작성된 목록을 보면서, 비유를 이용해 문제가 되는 목표를 어떻게 다시 시작할지 고민한다.[5]

한번은 상급 장교들과 이 작업을 했는데 그때 한 참가자가(편의상 푸틴 대령이라 하자) 자신의 정체된 목표 하나가 "하급 장교들의 사기 부족에 대처하기"라고 했고, 그 문제를 잘 보여주는 요소로 "게으름", "마무리 부족", "동료 장교들과의 불화"를 꼽았다. 푸틴 대령은 동료 장교들이 뜨개질, 타이 요리, 플라이피싱, 유혹의 기술 등을 그들의 전문 분야로 꼽은 것을 보고 자신은 아이스하키를 전문 분야로 꼽았고(그는 어쨌거나 캐나다 사람이니까), 핵심 요소로 "골", "오프사이드", "어시스트", "패널티 샷"을 적었다.

다음 단계에서는 두 가지 목록을 훑으면서 어떤 항목이 서로 연관되는지 살핀다. 예상하겠지만 정체된 개인 목표에 통찰력을 제시할 만한 연관성이 보이지 않았다. 비유가 행위를 이끌어내지 못할 때도 있는 법이니까. 그런데 푸틴은 고민할 가치가 있어 보이는 몇 가지 연관성을 재빨리 눈치챘다. 그는 장교들의 동기 부족은 그들이 어떤 일을 효과적으로 했을 때 긍정적인 피드백을 충분히 받지 못한다는 뜻일 수도 있다는 생각이 들었다. 피드백은 대부분 연간 평가에 나오는데, 그것은 마치 하키 시즌이 끝난 뒤에야 각 팀의 골 기록이 나오는 것과 같았다(세너터스 417, 레인저스 287, 메이플리프스 38 등). 실제 하키에서는 골이 들어갈 때마다 그 자리에서 빨간불이 켜지거나 전광판에 그 장면이 재생돼 곧바로 동기부여가 되는데 연간 평가는 그렇지 못했다. 그리고 훌륭한 장교들은 좋은 팀워크를 발휘해도 인정받지 못했고 그렇게 시간이 흐르다 보면 사기가 떨어지는 게 아닐까 생각했다. 그는 "장교들과의 불화"를 하키에서의 어시스트 개념과 연결지었다. 어시스트도 해당 선수의 성적으로 기록되는데, 점수 통계에서 득점만큼이나 중요한 비중을 차지한다. 득점 기회를 만든 자신의 공로를 전혀 인정받지 못한 채 다른 선수의 득점을 인정하려면 다소 환멸을 느낄 수 있다.

푸틴 대령은 이런 생각을 한 다음 "사기 진작 목표"를 재구성했다. 하급 장교들이 목표를 성취했을 때 더 자주 피드백을 주고, 연간 평가에서는 각 장교에게 자신을 도와준 장교를 표시하게 하는 식이다. 창조적 비유 분석이 푸틴에게 일상이 되리라고 말하면 과장일 수 있지만, 그는 실제로 이 두 가지 변화를 실천했고 긍정적인 결과를 얻었다. 그런데 이보다 더 고무적인 사실은 똑같은 비유가 그의 다른 핵심 목표에도 마찬가지로 적용된다는 걸 깨달았다는 점이다. 바로 그의 아들인데, 아들은 대학 학비를 모을 동안 집에서 지내는 중이었다. 대령은 아들에게도 이 전략을 적용해 성공에 자주 피드백을 주고, 그가 가족에게 얼마나 소중한 존재인지 인정해주면 좋을 것이란 결론을 내렸다. 이 목표가 어떻게 진행되었는지는 알 길이 없지만, 일과 관련해 개인 목표를 실천했을 뿐인데 아버지와 아들의 관계에도 긍정적인 영향을 미쳤을지 모른다는 사실에 가슴이 뭉클했다.

지금 자신을 어떤 사람이라고 생각하는가? 다시 생각하는 개인 구성개념

핵심 목표를 좀 더 지속 가능하게 만드는 또 다른 방법은 우리가 목표를 평가할 때 기준으로 사용하는 개인 '구성개념'을 바꾸는 것이다. 1장에서 개인 구성개념이 어떻게 사건을 예측하는 잣대도 되고 우리를 가두는 족쇄도 되는지 이야기했던 것을 기억해보라. 켈리의 개인 구성개념 이론에서 나온 창조적 치료법의 하나로 '고정 역할 치료법Fixed Role Therapy'이 있다.[6] 그 치료를 받는 느낌이 어떨지 궁금하다면, 아내나 남편이 꾀는 바람에 지역 극장이 제작한 연극 〈업턴 수도원〉에서 집사 역을 맡았다고 상상해보자. 연출자는 '메소드 연기'를 열렬히 신봉하는 사람이어서, 그 역에 최대한 깊숙이 몰입하라고 주문한다. 그 주문에 따라 평소에도 조용히 말하고, 세세한 부분에 신경 쓰고, 공손하면서 신중하고, 극도로 세심하게 배려하며, 모든 게 당연한 듯 완벽해 보이도록 티 안 나게 손을 쓰려고 늘 신경을 곤두세웠다. 그리고 깨닫기 시작한다. 이 새로운 역할이 무대 밖의 진짜 삶까지 넘보기 시작했다는 것을. 진짜 삶에서는 좌충우돌이 일상이었는데 그 삶과 정반대인 집사 역을 하다 보니 전에는 미처 눈치채지 못했던 것들이 눈에 들어온다. 가만 보니, 사람들이 '나'를 대하는 방식도 달라졌다. 사람들은 내 말에 귀를 더 기울이고 내게 마음을 더 잘 열며, 대학 농구나 맥주 이외의 소재에 대해서도 내 의견을 묻는다. 연극이 끝나고 집사 역을 내려놓은 뒤 적어도 한동안은 선뜻 예전의 나로 돌아가고 싶다는 생각이 들지 않는다.[7]

고정 역할 치료법도 과정이 똑같다. 우선 의뢰인에게 한두 페이지로 자기를 설명해보라고 한다. 5장에서 "자신을 어떤 사람이라고 생각하는가?"라는 질문에 답했던 인물 묘사와 비슷하다. 치료사들이 이 자기 묘사에 나타나는 주제를 토대로 가상의 인물을 만들면, 의뢰인은 2주 동안 그 역을 해야 한다. 이 각본은 어떤 의미에서는 "당신일지도 모르는 사람"이 되어보라는 제안이다. 그리고 의뢰인이 전형적으로 가지고 있는 개인 구성개념과 '정반대'의 구성개념이 필요하도록 세심히 고안된다. 그리하여 효용성이 사라진 지 오래인 구성개념을 붙들고 우왕좌왕하는 의뢰인에게 아예 새로운 방향을 제시하는 것이다. 의뢰인과 치료사는 이 역할극을 하면서 마주치게 될 상황이나 일상을 점검하고, 의뢰인이 직접 연기할 준비가 될 때까지 연기와 반응을 연습한다. 의뢰인은 연기를 시작하면서 새로운 특수 안경으로 세상을 바라보는 법을 배운다. 고정 역할 치료법의 목적은 의뢰인의 성격을 영원히 바꾸는 게 아니다. 오히려 그 반대로, 의뢰인에게 그동안 살아온 길에서 벗어나게 해줄 새로운 자아를 시도할 능력이 있다는 사실을 보여주는 것이다.

예를 들어 '바보 대 천재'라는 개인 구성개념만으로 자기를 설명하는 사람이 있다고 해보자. 이 사람은 이 구성개념을 자신과 타인에게 모두 적용한다. 평소에 용어를 쓰는 방식도 그런 식이어서, 이것 아니면 저것이다. 이런 구성개념은 목표를 추구하는 자유의 폭을 제한한다. 이 사람은 자신을 영원히 바보라고 못 박고, 그 연장선의 반대 끝에 놓인 천재 쪽으로는 옮겨갈 생각을 안 한다. 그리고 선택된 소수에게만 천재 자리를 내주는데, 기업 전문 변호사인 어머니, 똑똑하면서도 아주 괴상한 남동생, 그리고 스티븐 호킹 정도다. 이 말은 그가 만나는 모든 사람이 바보라는 뜻인데, 그가 사람들을 만날 때 이런 견해가 드러난다. 이 사람에게 적절한 각본은 그가 자신과 타인을 이해할 때 '능숙한/능숙치 않은'의 기준을 적용하도록 하는 것이다. 좀 더 세분화된 이 구성개념은 그의 목표 추구에서 좀 더 많은 가능성을 열어놓을 것이다. 누구나 타인보다 더 능숙한 영역이 있을 테고, 능숙함은 천재와 달리 노력으로 얻을 수 있다. 이처럼 좀 더 현실적인 구성개념을 적용한다면, 자신과 타인에게서 모두 변화와 발전 가능성을 찾을 수 있을 것이다.[8]

자기 목표: 조화, 성장, 자기 결정

2장과 3장에서 비교적 고정된 특성과 자유 특성 모두 우리 삶의 질에 어떻게 중요한 영향을 미치는지 이야기했다. 이제는 그것이 핵심 목표를 지속적으로 추구하는 것과 어떻게 연관되는지 살펴보자.

첫째, 사람들은 자신의 성격 특성과 개인 목표가 "딱 들어맞을 때" 좀 더 즐겁게 목표를 추구한다. 예를 들어 성실한 사람은 공부, 건강, 사교 등 다양한 영역에서 의미 있고 효과적인 개인 목표를 추구하는 성향이 있는 반면, 신경과민인 사람은 그와 같은 영역에서 어려움을 느낀다. 한편 외향적인 사람은 그들만의 특별한 유형이 있어서, 친구들과 놀러 간다거나 사람들과 즐길 때처럼 대인관계가 포함되는 목표를 추구할 때는 행복하고 목표 달성 가능성도 높지만 공부와 관련한 목표에는 쉽게 흡수되지 않는다. 사람들은 성격 특성에 맞는 개인 목표를 추구할 때, 즉 개인 목표와 삶에 등장하는 이야기가 어울릴 때 가장 큰 행복을 느낀다. 예를 들어, 우리 연구에 따르면, 사교적인 사람은 대인관계와 관련한 목표를 추구하고 타인과의 관계를 보여주는 이야기로 자기를 표현할 때 가장 행복했다.[9] 따라서 자신의 고정된 성격 특성을 제대로 파악하는 것은 그 자체로도 중요하지만 성공 가능성과 지속 가능성이 높은 목표를 찾아내는 데도 도움이 된다.

나는 삶의 행로를 이해하려면 비교적 고정된 특성만으로는 부족하다고 생각한다. 자유 특성도 알아야 한다. 우리는 앞에서, 핵심 목표를 수행하려면 성격을 벗어나 행동해야 할 때도 있다고 이야기했다. 신경과민인 사람도 자기 전문 분야에서는 안정된 모습을 보일 수 있고, 내향적인 교사라도 수업 시간에는 외향적인 사람처럼 행동할 수 있으며, 친화성이 높은 지역사회 조직 관리자라도 사회적 부당함에 보복하기 위해서는 전략적으로 무뚝뚝한 모습이나 심지어 험악한 모습을 보일 수 있다. 자유 특성을 이용해 원래 성격과 다르게 행동한다면 핵심 목표가 결실을 맺을 가능성이 높아진다. 자유 특성은 우리를 확장시키고 성장시킨다. 이를테면 최근 연구에서 내향적인 사람에게 외향적인 사람처럼 행동하라고 주문했더니 기분도 더 긍정적으로 바뀌었고 삶의 질도 높아졌다. 성격과 다르게 행동할 때의 이점을 보여주는 흥미로운 사례다.[10] 그런데 이런 행동을 드러내는 시간이 지나치게 길어지면 손해가 될 수 있다는 게 내 생각이다.

성격을 벗어난 행동은 오래가지 못할 수 있다. 그렇다면 성격을 벗어나 행동할 때의 부작용을 줄이려면 어떻게 해야 할까? 앞에서 회복 틈새를 찾아내는 것이 중요하다고 이야기했다. 원래의 성격으로 돌아가 생물 발생적 자아를 마음껏 드러낼 수 있는 틈새다. 하지만 성격을 벗어난 행동이 상황에 맞춘 일시적 행동으로 끝나지 않는다면 어떻게 해야 할까? 성격 특성을 아예 바꾸기로 결심하고 자기 변화를 목표로 세워 "내 주장 굽히기", "좀 더 외향적인 사람 되기", "또라이 짓 그만두기" 등을 실천한다면 어떤 일이 생길까? 이런 개인 내면의 목표, 간단히 말해 자기 목표는 삶의 질에 중요하면서도 역설적 효과를 낸다. 핀란드와 북아메리카에서 독자적으로 진행된 연구에 따르면, 자기 목표를 추구하는 사람은 다른 목표를 추구할 때보다 더 우울해지는 성향이 있었다.[11] 자신을 '개선'하려는 사람은 왜 우울해질까? 그런 목표는 보통 깊은 생각에 빠지게 한다는 것도 한 가지 이유지만, 자기 목표는 전형적으로 성취 가능성에서 낮은 점수를 받는다는 것도 또 다른 이유다. 우리는 그 목표를 성공적으로 달성할 수 있을지 의심스러워한다. 목표를 달성할 수 있다는 확신이 삶의 질 향상에 핵심이다 보니 자신과 타인에게 "괜히 심각한 척하지 마"라고 충고하고 성공 가능성이 높은 다른 목표에 초점을 맞추고 싶어진다. 하지만 그런 훈계는 조심해야 한다. 자기 목표는 창조성과도 관련된다. 창조적인 사람일수록 자기 목표를 더 잘 받아들이고 그것을 우울한 짐이라기보다 모험으로 이해한다.[12]

왜 어떤 사람은 자신과 힘들게 싸워야 하고 어떤 사람은 자아 탐색이 신명 날까? 그 답은 자기 목표의 출발점에서 찾을 수 있을지도 모른다. 두 사람이 "좀 더 외향적인 사람 되기"라는 똑같은 개인 목표를 추구한다고 가정하자. 한 사람은 그 목표가 외부에서 시작되었다. 영업부 상사에게서, 판매 실적이 낮고 고객을 만날 때마다 생기가 없으니 변해야 한다는 권고를 받았기 때문이다. 상사는 그녀에게 "생각이 없다"고 잔인하게 말했다. 그녀는 내향적인 성격에 맞는 다른 일을 찾을 수도 있고, 자신을 변화시킬 수도 있다. 선택의 문제다. 좀 더 외향적인 사람이 되자는 똑같은 목표를 가진 또 한 사람을 보자. 이 여자의 경우, 본인에게 중요한 많은 일을 해내려면 타인과의 관계에 머뭇거리는 원래의 성격을 극복하고 좀 더 외향적인 방향으로 나아가야 했다. 결국 그것이 가능한지 시험 삼아 잠깐 도전해보았고 결과는 성공적이었다. 그녀는 이 목표를 자신을 확장하는 흥미로운 과정으로 보았고, 만족스러웠다. 그리고 이제는 이 목표를 핵심 목표로 여긴다. 그녀의 선택이었다.

두 경우 중 첫 번째는 외부에서 강요된 "그러지 않으면"이라는 조건을 내포한 선택이다. 두 번째는 당사자 안에서 비롯했다. 내면에서 나온 자기 표현이다. 내면에서 나온 목표가 외부에서 주어진 목표보다 훨씬 낫다고 믿을 만한 근거는 분명하다. 그 설명은 자기 결정이론에서 나온다. 성격과 동기에 관한 대단히 영향력 있는 이론으로, 내부에서 자율적으로 규제하는 목표와 외부에서 규제하는 목표를 비교한다.[13] 내부에서 직접 만들어진 목표는, 외부에서 부여되어 나를 통제하는 목표보다 오래 지속되고 정신적, 육체적 삶의 질에 더 크게 기여한다. 따라서 자기 목표는 우울한 감정과 창조성에 모두 연관성이 있다는 언뜻 모순된 현상은 목표가 어디서 나왔는지에 달렸을 수 있다. 자아를 바꾸거나 자아에 도전하는 목표가 외부에서 시작된 것이 아니라 자신이 직접 시작한 것이라면, 그 목표는 더욱 의미 있고, 관리 가능하며, 오래 지속되기 쉽다.

맥락 관찰: 상황을 살피고, 찾아내고, 구성하기

핵심 목표를 지속적으로 추구하기 위한 이런 초기 전략에는 목표를 재구성하거나 창조적으로 재해석하기, 그리고 삶의 질을 높일 수 있는 자기 변화 목표 세우기가 포함된다. 본질적으로, 이런 전략은 오직 한 개인에게만, 그러니까 나 자신에게만 초점을 맞춘다. 그러나 자신에게만 초점을 맞춘 채 삶의 주변 환경을 무시한다면 지나치게 제한적이다. 따라서 이 책 중간에서는 삶의 주변 환경이라는 맥락에 주목해 핵심 목표를 추구하는 상황, 장소, 도시, 사회적 생태 등을 살폈다.

우리는 조절력 인식 또는 행위 동력 인식이 삶에 미치는 미묘한 영향력을 살펴보고 그것이 정신적, 육체적 삶의 질에 어떻게 기여하는지 알아보았다. 조절력 인식은 대개 긍정적인 영향을 미쳤다. 하지만 그러려면 삶이 속한 실제 환경에서 발생할 수 있는 일들을 정확히 읽어야만 했다. 단추에 전원이 연결되었는가? 열망의 바탕이 되는 착각은 최적의 수준인가? 간단히 말해, 우리는 문맥을 제대로 살폈는가?

처음 대학으로 떠난 아들이 있다고 해보자. 아들에게 조언도 해주고, 전폭적인 사랑과 응원을 (그리고 물론 현금도) 보낸다는 핵심 목표를 가지고 있다. 그런데 그 핵심 목표를 지속적으로 유지하려면 주변 상황을 자세히 살펴야 한다. 이제 12월에 접어든 지도 한참인데, 지금 생각하는 아들은 9월에 떠난 그 아들 그대로일까? 혹시 아들의 생각은 많이, 아주 많이 달라지지 않았을까? 아들에게 새 친구가 생기지는 않았을까? 그 친구가 아들에게 도움이 될까, 아니면 짐이 될까? 아들이 중세사에 푹 빠졌는데도 여전히 아들에게 직업과 관련 있는 수업을 들으라고 잔소리하지는 않는가? 변하는 상황을 계속 주시하지 않으면, 우리 목표가 애초의 열망에 맞을지는 몰라도 사회 상황이 변한 탓에 지속적으로 추구하기 어려울 수도 있다. 간단히 말해, 상황을 정확히 살펴야 목표를 추구할 힘도 생기고 목표의 생명력도 길어진다.

맥락은 제약만 하는 게 아니다. 더러는 우리에게 중요한 일을 추진할 힘을 주기도 한다. 앞에서 살펴본 바에 따르면 상황은 목표와 욕구를 실현할 각본을 만들어주기도 하는데, 자기 점검 성향이 높은 사람이 특히 그런 상황에 민감하다. 그리고 우리가 끌리는 도시나 지역도 이런 기능을 대규모로 수행한다. 여기서도 우리는 개인이 자신의 성격과 핵심 목표 그리고 환경 사이에서 어떻게 적극적으로 자신에게 맞는 자리를 찾는지 보았다.

틈새 개념은 사람, 목표, 장소의 관계를 이해하는 데 도움이 된다. 우리는 앞에서 성격과 다르게 행동해야 하는 사람이 위안을 찾을 필요성을 이야기하면서, 그리고 생물 발생적 본성을 되찾을 회복 틈새의 가치를 이야기하면서 틈새를 언급했다. 회복 틈새는 좀 더 일반적인 틈새 가운데 상황에 적응하기 위한 틈새이며(이를 '정체성 틈새'라고 부르자), 우리 관심사와 성격, 열망, 그리고 그것을 표현할 장소 사이에서 찾아낸 최적의 지점이다. 자극을 추구하는 외향적인 사람이 활기찬 대도시로 이사하기로 결정한다거나 근심 많은 내향적인 사람이 안전하고 방음이 잘 되는 도서관을 특별한 장소로 여긴다면, 이들은 틈새 찾기를 실천한 것이다.

그러나 적어도 생태학자가 말하는 틈새에는 이 상황과 관련 있는 또 하나의 특징이 있다. 이들이 '적소'라고도 부르는 틈새는 경쟁이 일어나는 곳이다. 생태적 적소는 하나의 종이 점령해 다른 종이 접근하지 못하게 막는 게 일반적이지만, 같은 종끼리도 틈새에 접근하려고 경쟁을 벌이는 때가 종종 있다. 이런 역학 관계는 인간의 가족 안에서도 일어난다. 혹시 형제끼리 성격이 왜 이렇게 다른지 고개를 갸우뚱하면서, 같은 엄마한테서 태어났지만 아버지는 서로 다르지 않을까 의심한 적이 있지는 않은가? 프랭크 설로웨이Frank Sulloway는 《타고난 반항아Born to Rebel》에서, 가족 역학은 자녀들이 부모의 자원을 두고 경쟁을 벌이는 가운데 틈새를 점령하고 지키는 것이라는 논리를 발전시켰다.[14] 이 이론에 따르면 첫째 아이는 틈새를 선점하는 반면 막내는 자기만의 틈새를 만들고 찾아야 한다. 첫째는 성실성과 신경성 같은 보수적인 성격 특성을 보이는데, 규칙을 지키고 부모의 가치를 물려받는 경우가 많다는 뜻이다. 나중에 태어난 아이들은 궁지에 몰린다. 부모의 관심과 자원을 두고 자기보다 크고 강한, 그리고 어느 면에서는 동생들에게 부모 비슷한 역할도 할 수 있는 손위 형제와 경쟁을 벌여야 한다. 그런데 손위 형제가 먼저 점령한 틈새를 놓고 직접 경쟁하기가 어렵다 보니 다른 전략을 구사하는데, 그것은 바로 자기만의 틈새를 만드는 것이다. 그러면서 성실하고 주의 깊고 틀에 박힌 아이가 되기보다는 모험을 추구하고 규범에 저항하며 반항적 기질을 품은 아이가 된다.

그런데 이 가족 틈새 역학 이론이 옳다면, 재미있는 질문이 하나 생긴다. 나중에 태어난 아이의 생물 발생적 성향이 주의 깊고 신중하고 고분고분하다면? 첫째가 틈새를 이미 차지했다면 나중에 태어난 아이는 성격에서 벗어난 행동으로 새 틈새를 만들어야 할 것이다. 그렇다면 이들에게는 타고난 고정된 기질을 자연스럽게 표현하기보다 자유 특성을 장기적으로 발휘하는 틈새 전략이 필요하다. 그 결과 나중에 태어난 아이들은 성격을 벗어나 행동한 대가를 줄이기 위해 회복 틈새를 찾아야 할 필요성이 손위 형제보다 더 커진다. 동생의 비밀 장소를 차지하려 할 때 동생이 왜 그렇게 격렬히 저항하는지, 동생에게 혹시 집안의 진짜 반항아가 아니냐고 물을 때 동생이 왜 그렇게 신경을 곤두세우는지 이제 그 이유가 어느 정도 이해가 갈 것이다.

자기 성찰: 화해와 활력소

자, 이제 마무리할 시간이다. 그동안 어떤 이야기를 했는지 잠깐 살펴보자. 우선 개인 구성개념을 이야기했다. 우리가 경험한 것의 형태를 잡아주기도 하지만, 벗어나야 하는 족쇄가 되기도 하는 개념이다. 그리고 비교적 고정된 성격 특성이 삶의 중요한 결과와 어떤 관계가 있는지 탐색했고, 삶에서 우리에게 가장 중요한 문제를 진척시키기 위해 자유 특성을 어떤 식으로 발휘할 수 있는지도 보았다. 더불어 삶에서 행위 동력이 어떻게 긍정적인 결과를 가져오는지 살폈고, 그런 결과는 주변 상황이라는 현실에 관심을 기울일 때라야 나타난다는 것도 보았다. 삶에 지나치게 열정적이면, 놀이라는 생각으로 열정을 완화하지 않는 한 건강에 해로울 수 있다고도 경고했다. 한편 상황에 따라 필요하다 싶을 때 자기 표현 방식을 바꾸는 사람이 있는가 하면 그렇지 않은 사람이 있다는 것도 알 수 있었다. 그리고 창조성을 발휘하려면 대담한 상상력으로 과감하게 몰두해야 할 뿐 아니라 드러나지 않는 타인의 공을 인정할 줄도 알아야 한다는 이야기도 했다. 우리는 지역과 성격이 어떻게 서로 얽히는지, 특정 성격이 어떻게 특정 도시나 지역에 잘 들어맞는지도 조사했다. 그런가 하면 개인 목표가, 특히 핵심 목표가 삶에 의미와 체계를 부여하고 사람들과 접촉할 기회를 제공하며 감정을 풍부하게 한다는 점, 그리고 그것이 얼마나 중요한지도 아울러 생각해보았다. 그리고 그런 목표가 어떻게 의미를 잃고, 변질되고, 다시 회복될 수 있는지도 보았다.

이제 남은 일은 한 걸음 물러서서 자신이 어떻게 행동하고 있는지 스스로 묻는 것이다. 이 책을 읽으면서 자신의 삶을 되돌아보았는가? 아마 그랬을 것이다. 그리고 앞으로도 자신의 성격과 지나온 삶을 돌아볼 기회가 생길 것이다. 그런 성찰을 하게 되는 순간은 삶에서 큰 전환점에 이르렀을 때다. 졸업, 결혼, 이혼, 승진, 실업, 퇴직 등은 우리가 어떻게 지내고 있고, 어디로 가고 있으며, 어떻게 나아가고 있는지 돌아보게 하는 순간이다. 이런 사건들은 생애의 서로 다른 단계와 연결되며, 늘 바람직하지는 않더라도 현대의 삶에서 얼마든지 일어날 수 있는 일이다. 이 밖에도 자신을 돌아보는 좀 더 미묘한 순간들이 있다. 친구와 조용히 이야기를 나누던 중에 친구가 '정말로' 어떻게 지내느냐고 묻는데, 흠칫 놀라 한참 대답을 못하고 머뭇거린다. 그런가 하면 친구가 죽고 추도사를 부탁 받았는데 추도사를 읽다 보니 눈물이 흐른다. 슬퍼서만은 아니다. 죽음을 애도하는 글에서 자꾸 자신이 보이기 때문이다. 또, 아침에 회의를 엉망으로 만든 짜증나는 여자를 욕하느라 한숨도 못 잔다. 그 여자는 왜 주제 파악도 못할까? 그리고 그 여자가 사실은 자신이라고 인정한다. 서로 다른 두 자아를 새벽 두 시에 어떻게 화해시킬 수 있을까?[15]

이런 생각을 하다 보면 나와 나 자신이 서로 다른 배역을 연기한다는 느낌이 들기도 한다. 나는 개인 구성개념으로 자아를 해석하고, 내가 해석한 자아는 갇힌 채 밖으로 나갈 엄두를 내지 못할 수도 있다. 아니면 원래 성격과 다르게 행동하면서 편안한 원래의 나를 버릴 수도 있다. 또는 원치 않는 강압적 상황에 떠밀려 내 참모습과 전혀 다르게 행동하는 경우도 있다. 어쩌면 '나는 원래 이런 사람'이라는 생각을 바꾸는 핵심 목표에 몰두하다가 새로운 자아가 만들어질 수도 있다. 나와 나 자신 사이에 이런 일들이 벌어진다면 유익할지언정 힘들어질 수 있다. 나와 나 자신은 어떤 식으로든 화해가 필요하다.[16]

성격과 삶의 질을 깊이 고민한 저명한 철학자 오웬 플래너건Owen Flanagan은 《자기 표현Self Expressions》이라는 학술서에 실린 두 쪽짜리 맺음말에서 자기 화해라는 주제를 설명했다. 그는 이 화해의 순간을 '나'와 내가 관찰하는 자아의 마지막 춤에 비유한다. 그리고 자신을 향한 기도로 끝맺는다. 천천히 소리 내어 읽으면 시라고 착각할 만한 글이다.

> 그대, 나 자신이여, 그대가 마지막 춤을 나와 함께 추는 건 필연이자 나의 소망. 서투르면 어떤가. 지금까지 우리는 서로를 잘 아는걸. 서로 끌어안고 소중함을 느낄 수 있기를…. 그렇다면 낭만적이면서 이성적이겠지.
> 하지만 사랑의 열병에 그치면 곤란해. 이건 정말 중요한 일이어야 해. 그건, 그러니까 이 삶은 의미가 있어야 한다고.
> 자기지시적 존중일지언정 존중은 필수. 마음은 평온하고, 편안하고, 성실과 노력이 느껴지면 좋겠지. 조금 즐겁기도 하다면 좋을 거야. 잊지 마. 누군가 너를 안다면, 너를 진짜로 기억하고 안다면, 특히 네가 어떻게 춤추는지 안다면, 그건 바로 나라는 것을. 나, 오직 나, 나뿐이야. 차, 차, 차.[17]

위 글은 이번 마지막 장을 시작한 주제인 시간 여유가 있을 때 삶을 돌아보며 정리한다는 이야기를 조금 비장하게 다루긴 했다. 하지만 이를 슬프거나 우울한 이미지로 생각할 필요는 없다. 사실은 정반대다. 자신과의 춤은 언제든지 출 수 있다. 늙고 힘 빠질 때까지 기다렸다가 우리를 자신과 화해시킬 필요는 없다. 그리고 자기 성찰이 화해로 시작하더라도 우리 삶에 다시 생기를 불어넣는 추진력이 될 수도 있다. 독자들은 새로운 개인 구성개념으로 자신과 타인을 생각하며, 자기 인식이 더욱 심오해진 채, 이미 자신과 춤을 추면서 이렇게 생각할지도 모른다. "그게 나야, 그게 바로 나 자신이야."

플래너건의 춤은 내부의 나, 그리고 살면서 내가 만들고, 키우고, 종종 싸우기도 했던 내 역할의 자아가 함께 추는 2인조 춤이다. 그것은 화해이자 이제까지 잘 살아온 삶을 돌아보는 기분 좋은 회상이다. 다시 천천히 읽어보라. "성실과 노력"을 즐거움과 함께 나열한 것이 내게는 매우 매력적이다. 우리 삶이 의미 있으려면 핵심 목표에 몰입해 그것을 열정적으로 추구해야 한다. 하지만 경쾌하고 엉뚱한 것으로 그 열정의 균형을 잡아줄 필요도 있다. 그러지 않으면 모험 전체를 망칠지도 모른다.

춤 비유를 확대해 자아의 서로 다른 두 영역을 포함할 수도 있다. 우선, 고려할 자아가 여럿인 사람이 많다. 자기 점검 정도가 높은 사람이라면 이제 자기가 어떤 사람인지 알 것이다. 그리고 우리 자아 중에는 한 번도 소개된 적이 없는 자아도 많다. "전문직 여성"으로서의 나와 일요일 아침에 침대에서 식은 피자를 먹으며 셀카를 수없이 찍어대는 맛이 간 내가 함께 출 춤을 짤 수 있을까? 이처럼 서로 다른 두 자아가 같이 탱고를 추지는 못할지언정 적어도 손을 잡을 수 있지 않을까? 또는 가장 좋아하는 자아가 "배짱도 있고 성공한" 남자인데, 소심한 자아가 불쑥 고개를 내밀어 잘 만들어놓은 이미지를 망쳐버리지는 않을지 걱정스러울 수도 있다. 쉽게 상처받는 성향과 남자다움을 합칠 방법은 없을까?

그리고 우리 춤에 두 번째로 초대되는 사람들은 그동안 우리에게 중요했던 다른 사람이어야 한다. 우리에게 기대를 심어주고, 우리 모험을 응원하고, 우리도 모르는 사이에 우리를 사랑하는 사람. 자, 건배하자! 당신을 위하여, 누가 뭐라 해도 당신 자신을 위하여! 그리고 '우리'를, 당신의 인생 여정을 함께할 우리를 위하여! 당신의 성격을 만드는 데 일조하고, 당신의 삶의 질을 높이고, 당신의 농담에 웃고, 가장 절실한 순간에 당신을 꼭 붙잡아주는 우리 모두를 위하여!

| 감사의 글 |

이 책을 시작한 것은 2000년 하버드 대학교 래드클리프 고등연구소 Radcliffe Institute for Advanced Study에서 첫 수업을 시작한 때였다. 래드클리프 연구소의 응원과 자극에 깊이 감사드린다. 이 책은 여러 해 동안 진행한 강의를 바탕으로 했다. 그동안 내 집필 작업을 격려해준 칼턴 대학, 하버드 대학, 맥길 대학, 케임브리지 대학 학생들, 그리고 큰 응원을 보내준 동료들에게 감사한다. 특히 칼턴 대학 사회생태실험실, 하버드 대학 해피HAPPI 그룹, 케임브리지 대학 사회생태연구팀SERG 학생들의 격려에 고마움을 전한다.

얼마 전에는 고맙게도 케임브리지 시드니 서식스 칼리지에서 특별 연구원 자격을 받았다. 그것을 가능하게 해준 마이클 램에게 감사한다. 마이클 램은 케임브리지 사회발달심리Social and Developmental Psychology 그룹에서 훌륭한 지도력을 발휘하기도 했다. 펠리샤 후퍼트Felicia Huppert 교수는 이 책의 내용에 전폭적인 지지를 보내주었다. 동료로서, 친구로서 그에게 가장 큰 고마움을 전한다. 나는 운 좋게도 케임브리지 대학에서 펠리샤 교수가 만들어 지휘하는 웰빙연구소Well-being Institute에서 연구할 기회를 얻었는데, 성격학과 잘사는 기술이 어떻게 서로 영향을 주고받는지 계속 연구할 수 있기를 기대한다.

퍼블릭어페어스에서 이 책의 편집을 맡은 리사 카우프먼은 내가 이 책을 집필하면서 품었던 다양한 바람을 한데 모으는 고된 작업을 맡아, 이 모험의 각 단계마다 사려 깊고 세심한 조언을 해주었다. 리사, 무엇보다도 독자를 항상 잊지 않게 해주고, 소중한 우리 학생들을 수시로 불러내어 책을 도배하려드는 내 성향을 억눌러줘서 고마웠습니다. 저작권 대리인 하비 클링거에게도 각별한 도움을 받았는데, 그가 내 자아에서 나를 구해준 게 여러 번이다. 하비, 전문가다운 충고와 힘을 주는 격려, 고마웠습니다. 집필 작업 초기에 디에나 웰런은 활달하고 꼼꼼한 연구 조교가 되어 나를 도왔다. 작업을 마무리하는 단계에서는 사이먼 쿨롬의 도움을 받는 행운을 누렸다. 그는 성실성과 너그러움을 완벽하게 배합한 인물이다.

그리고 가족에게 고마움을 전하게 되어 특히 기쁘다. 돌아가신 부모님은 무척 지혜롭고 따뜻한 분이었는데, 내가 책을 끝냈다는 걸 안다면 얼마나 좋아하실까. 여섯 살 때부터 이래저래 실패하는 모습, 또는 실패할 것 같은 모습만 지켜보셨으니 지금 살아 계신다면 무척 기뻐하셨을 것이다. 마거릿 누나는 맨 처음부터 동생이 하는 일을 믿어주었으니 두고두고 고마워할 일이다. 우리 아이들 힐러리와 벤저민은 그들만의 놀라운 방식으로 내 삶과 이 책을 풍요롭게 하면서, 조언과 격려와 끝없는 이야기보따리를 안겨주었다.

아내 수전 필립스는 이 책을 쓰는 동안 가장 큰 영감의 원천이 되어 주었다. 일이 잘 풀리지 않을 때는 아낌없이 격려해주고, 일이 순조롭게 진행될 때는 기쁨을 함께했다. 그런가 하면 내 생각의 논리를 잡아주고, 생각을 명확히 해주었으며, 내게 자신감을 불어넣고, 내가 조바심을 낼 때면 참고 견디는 법을 보여주었다. 아내는 영특하고 멋진 사람이며 내 평생의 연인이다.

| 미주 |

들어가는 말

1 나는 '각주'를 신봉한다. 이 점에서 대니얼 길버트Daniel Gilbert 교수와 대조된다. 《행복에 걸려 비틀거리다Stumbling on Happiness》(2006)를 쓴 독보적인 길버트 교수는 첫 번째 주를 달면서, 뒤이은 수백 개의 주 가운데 읽어볼 만한 유일하게 중요한 주라고 했다. 하지만 이 책에 나온 주는 독자들이 모두 읽었으면 좋겠다. 미묘한 의미 차이나 원문에 담지 못한 좀 더 대담한 주장을 주에 실었기 때문이다. 길버트 교수의 글에는 그런 것이 없다는 의미는 결코 아니다. 독자들은 2장을 읽고 나면 왜 내가, 그리고 어쩌면 독자들도, 깨알 같은 주를 좋아하는지 감을 잡을 것이다. 지금 이 주를 읽는 우리는 이곳을 읽지 않는 독자들과 다르다. 어떻게 다른지는 짐작할 것이다. 자, 그럼 참고 자료를 찾아 이곳에 눈을 돌린 독자들에게 관련 자료를 소개한다. 최근에 급성장한 긍정심리학 분야의 권위 있는 글은 셀리그먼Seligman(2011)을 참고하라. 나 역시 성격학과 긍정심리학의 관계에 대해 글을 썼으니 리틀Little(2011)을 참고하라.

CHAPTER 1 첫인상을 의심하라 : 타인을 바라보는 방식은 어떻게 내 삶을 바꾸는가

1 개인 구성개념을 "잣대이자 족쇄"라고 표현한 것은 라일Ryle(1975)에서 따왔다.

2 행동 원인을 설명하는 글은 켈리Kelley와 미셸라Michela(1980)의 초기 설명을 참고하라.

3 낯익은 모르는 사람과 냉각 관계를 다룬 이 부분은 스탠리 밀그램Stanley

Milgram(1970)의 독창적 설명에 크게 의존했다.

4 댄 맥애덤스Dan McAdams(1995)는 성격이 특성, 개인적 관심사(또는 목표), 이야기라는 점층적인 세 구조로 이루어진다고 설득력 있게 설명한다. 이 3단계에 맞춰 조지 W. 부시를 분석한 글은 매우 흥미로워서 꼭 한번 읽어볼 만하다(맥애덤스, 2010).

5 켈리의 개인 구성개념 이론은 대담하고 대단히 획기적인 성격 연구 방법이었다. 적어도 10년 안에 심리학에서 인식의 전환이 일어난다고 예고한 이 이론은 지금도 성격심리, 임상심리, 조직연구에 영향을 미치고 있다. 개인 구성개념 이론과 이 이론의 적용을 포괄적으로 검토한 글은 프랜셀라Fransella(2003)나 워커Walker와 윈터Winter(2007)를 참고하라. 나는 학부생 시절에 신경심리학 참고 서적을 찾다가 우연히 켈리가 쓴 책을 보게 됐다. 내가 찾던《뇌 입체 해부도Stereotaxic Atlas of the Brain》는 없고, 그 자리에 엉뚱하게 켈리의《개인 구성개념의 심리학》이 꽂혀 있었다. 나는 도서관 바닥에 앉은 채로 책을 훑어보기 시작해 네 시간 뒤에 켈리의 추종자가 되었고, 박사 과정 연구 분야도 신경심리학에서 성격심리학으로 바꾸었다. 나중에 다시 이야기하겠지만, 이런 우연한 만남이 우리 삶에서 의미심장한 순간이 되기도 한다(리틀Little, 2007).

6 개인 구성개념에서 감정의 역할은 레스터Lester(2009)를 참고하라.

7 적대감은 공격성과 구별된다. 켈리(1955)에 따르면 공격성은 자신의 구성개념 체계가 적극적으로 만들어낸 것이다. 이런 점에서 본다면, 삶에서 일어나는 일을 창조적이고, 적극적이고, 탐구하는 자세로 바라보는 태도가 나쁜 것이 아니듯, 공격성도 성격의 부정적인 측면이라 볼 수 없다.

8 핵심 구성개념, 풍부한 암시, 변화 거부에 대한 독창적 글은 데니스 힌켈Dennis Hinkle(1965)을 참고하라. 개인 구성개념 논문의 고전이다.

9 이 책에서 개인이나 조직을 예로 들 때 이름, 세부 내용, 상황을 바꿔 익명성을 유지했다.

10 사람/사물 지향과 전문 분야 이론에 관한 자세한 내용은 리틀Little(1972, 1976)을 참고하라.

11 상반되는 두 접근법이 성격학에서 어떻게 작동하는가에 관한 논의는 리틀Little(2005)을 참고하라.

12 평가센터의 기능과 유효성을 포괄적으로 검토한 최근 자료는 덩컨Duncan, 잭슨Jackson, 랜스Lance, 호프먼Hoffman(2012)을 참고하라.

13 '개인 목표 분석'은 9장과 10장에서 더 자세히 다룬다.

14 로빈 발레커Robin Vallacher와 댄 웨그너Dan Wegner(1987)는 우리 연구와 별도로, '행위식별이론action identification theory'으로 똑같은 문제를 연구했다.

15 리틀(2005)을 참고하라.

16 자기만의 개인 구성개념을 깊이 분석해 보려는 사람에게 유용한 평가 기술이 몇 가지 있다. 개인 구성개념을 평가하는 방법인 구성개념 격자 배열법repertory grid도 그중 하나인데, 이에 관한 훌륭한 자료는 영국 하트퍼드셔 대학이 운영하는 인터넷 사이트www.centrepcp.co.uk.에서 볼 수 있다.

CHAPTER 2 서른 살이 되면 성격이 석고처럼 굳어지는가: 고정된 성격 특성

1 그 기원은 소크라테스 이전의 그리스까지 거슬러 올라간다. 듀몬트Dumont(2010) 그리고 윈터Winter와 바렌바움Barenbaum(1999)을 참고하라.

2 특히 심리 유형에 관한 융의 논문에서 가장 큰 영향을 받았다. 카를 융(1921)을 참고하라.

3 MBTI에 관한 자세한 이야기는 마이어스Myers, 매콜리McCaulley, 퀜크Quenk, 해머Hammer(1998)를 참고하라.

4 MBTI 검사의 신뢰성과 유효성 문제는 피텐저Pittenger(1993)를 참고하라.

5 폴Paul(2004)은 이 문제를 크게 비판한 바 있다.

6 젬크Zemke(1992)에서 인용.

7 칼 샤이브Karl Scheibe(2010)는 MBTI 워크숍이 어떻게 마술 공연 비슷한 극적인 상황을 연출하는지 잘 설명한다.

8 성격의 5대 특성을 설명한 훌륭한 글을 네틀Nettle(2007)을 참고하라. 나를 생물학적으로 내향적인 사람이라고 판단한 근거는 아이젱크Eysenck(1967)의 초기 모델인데, 이 모델은 신피질의 흥분 정도를 기준으로 내향적인 사람과 외향적인 사람

을 구분했다. 그러나 이보다 최근의 연구는 신경 전달 물질의 활동이 내향적 또는 외향적인 성향에 미치는 영향에 더 주목한다. 드영DeYoung(2010)을 참고할 것.

9 신 성격 검사NEO PI-R 최신판과 성격 연구에 많이 사용하는 요약판은 코스타Costa와 매크레이McCrae(1992)를 참고하라. NEO PI-R에는 성격의 주요 특성마다 여섯 가지 항목이 있고, 요약판은 '5대 특성'만을 다룬다. 오리건연구소Oregon Research Institute의 루이스 골드버그Lewis Goldberg는 국제성격항목모음IPIP: The International Personality Item Pool으로 알려진 훌륭한 공용 자료를 개발했다(ipip.ori.org). IPIP는 많은 성격 검사를 제공하는데, 좀 더 전문적인 검사에 관심 있는 사람에게 유용하다. IPIP에 근거해 자신의 5대 특성을 평가하고 싶은 사람은 존 존슨John A. Johnson의 사이트(http: //www.personal.psu.edu/j5j/IPIP/ipipneo120.htm)가 매우 유용하다.

10 성격 특성의 5대 요소 이론의 발생과 영향을 간단히 설명한 훌륭한 글이 몇 편 있다. 최근에 나온 권위 있는 글은 존John, 나우만Naumann, 소토Soto(2008)를 참고하라.

11 일란성쌍둥이와 이란성쌍둥이를 대상으로 NEO PI-R를 실시한 연구에서, 유전적 영향의 정도는 다음과 같이 추정되었다. 신경성(41%), 외향성(53%), 개방성(61%), 친화성(41%), 성실성(44%).(장Jang, 리브슬리Livesley, 버넌Vernon, 1996.)

12 성격 특성이 성취도, 건강, 행복 같은 다양한 삶의 질에 미치는 중대한 영향을 검토한 훌륭한 글은 오저Ozer, 베넷 마티네즈Benet-Martinez(2006)를 참고하라.

13 보그Bogg와 로버츠Roberts(2004), 배릭Barrick과 마운트Mount(1991)를 참고하라.

14 성실한 학생과 파티광 학생의 서로 다른 삶의 궤도를 설명한 글은 맥그레거McGregor, 맥애덤스McAdams, 리틀Little(2006)을 참고하라.

15 프리드먼Friedman 외(1993)를 참고하라.

16 네틀Nettle(2007)을 참고하라.

17 밥 호건Bob Hogan과 조이스 호건Joyce Hogan(1993)을 참고하라.

18 이 부분은 포크너Faulkner와 베커Becker(2009)의 대단히 유익한 책을 참고했다. 서로 모르는 뮤지션들이 만나 매끄러운 연주를 해야 할 때가 많은 재즈 뮤지션과 하우스밴드의 소통을 연구한 책이다.

19 데이비드 버스David Buss(2009)가 진화심리학을 주제로 쓴 훌륭한 글을 참고하라. 좀 더 일반적인 친화성 연구에 관한 권위 있는 논평은 그라지아노Graziano와 토빈Tobin(2008)을 참고하라.

20 저지Judge, 리빙스턴Livingston, 허스트Hurst(2012)를 참고하라.

21 말라마키Mahlamäki(2010)를 참고하라.

22 베어푸트Barefoot와 보일Boyle(2009)을 참고하라.

23 부스 큘리Booth-Kewley와 비커스Vickers(1994)를 참고하라.

24 모스코위츠Moskowitz와 코트Coté(1995)를 참고하라.

25 스틸Steel, 슈미트Schmidt, 슐츠Shultz(2008)를 참고하라.

26 최근의 신경성 연구에 대한 자세한 분석은 위디거Widiger(2009)를 참고하라.

27 동일 집단을 시간을 두고 여러 차례 연구하는 종적 연구를 해보면, 신경성이 장기적으로 육체적 건강에 영향을 미친다는 증거가 나온다. 찰스Charles, 갇츠Gatz, 케이토Kato, 페더센Pedersen(2008)을 참고하라.

28 새뮤얼Samuel과 위디거Widiger(2011)는 강박 성격 장애는 '평범한' 특성인 성실성의 극단적 형태라는 증거를 제시했다. 내 생각에 신경성은 그 진행을 더욱 부추기지 않나 싶다.

29 각 성격 요소의 진화와 적응 의미에 관해서는 버스Buss(1991)와 네틀Nettle(2006)을 참고하라.

30 경험 개방성에 관한 자세한 분석은 매크레이McCrae와 서틴Sutin(2009)을 참고하라.

31 매크레이McCrae(2007)는 털 세움과 경험 개방성의 연관 관계를 처음 보고했다.

32 케인은 현재 미국 사회에서 내향적인 사람이 맡은 역할이 근대 여성 운동이 시작될 때 여성이 맡았던 종속적 역할과 똑같다고 본다. 케인은 내향적인 사람의 저력을 생기 있게 묘사했고, 그것이 인기를 끌어 "조용한 혁명"이 일었다. 케인Cain(2012)을 참고하라.

33 외향성을 설명하는 신피질 흥분 모델을 처음 제시한 사람은 아이젱크Eysenck(1967)다. 외향성 연구에 관한 최근의 권위 있는 글은 윌트Wilt와 레벨Revelle(2009)

을 참고하라.

34 루Loo(1979)를 참고하라.

35 린Lynn과 아이젱크Eysenck(1961)를 참고하라. 반스Barnes(1975)의 결과는 좀 더 모호하다.

36 레벨Revelle, 험프리스Humphreys, 사이먼Simon, 길리런드Gilliland(1980), 그리고 윌트Wilt, 레벨Revelle(2009)을 참고하라.

37 그랜트Grant(2013)를 참고하라.

38 이후 내용의 상당 부분은 윌슨Wilson(1978)에 나온 외향성에 관한 포괄적 검토를 참고했다.

39 카페인과 외향성 그리고 기억력의 연관 관계에 관해 최근에 나온 훌륭한 설명은 스미스Smith(2013)를 참고하라.

40 맥애덤스McAdams(2009)를 참고하라.

CHAPTER 3 왜 나는 가정과 직장에서 전혀 다른 사람이 되는가: 나답지 않은 행동에 대하여

1 고슬링Gosling(2009)을 참고하라.

2 반기질적 행동에 관해서는 젤렌스키Zelenski, 산토로Santoro, 웰런Whelan(2012)을 참고하라.

3 이에 관한 훌륭한 논평은 로버츠Roberts와 델베치오DelVecchio(2000)를 참고하라.

4 3장은 나와 매리언 조지프Maryann Joseph가 함께 쓴 부분을 많이 참고했다(Little & Joseph, 2007).

5 드영DeYoung(2010)을 참고하라.

6 엘리엇Elliott(1971)을 참고하라. 외향적 부모에게서 태어난 신생아는 내향적 부모에게서 태어난 신생아보다 청각 자극을 더 좋아한다는 증거도 있다(브래그Bagg와 크룩스Crookes[1975]).

7 이 방법을 처음 발표한 사람은 아이젱크Eysenck(1967) 부부다. 이때 농축 레몬주스를 사용해야 하는 이유는 하워스Howarth와 스키너Skinner(1969)를 참고하라.

8 라스 폰 크노링Lars von Knorring, 앤리스 폰 크노링Anne-Liis von Knorring, 몬스타드Mornstad, 노드런드Nordlund(1987)를 참고하라.

9 성격 특성의 생물발생적 기반에 관한 논평과 연구 과제는 드영DeYoung(2010)을 참고하라.

10 코건Kogan 외(2011)를 참고하라.

11 미국과 서유럽 국가는 내향성/외향성을 일본 같은 나라와는 다르게 본다는 사실은 널리 알려져 있지만, 이에 대한 심리학적 증거는 그리 많지 않다. 그러나 서양에서 외향성을 편애하는 증거는 슈미트Schmitt 외(2007)에서 찾을 수 있다.

12 트리앤디스Triandis와 수Suh(2002)를 참고하라.

13 리틀Little(1996), 그리고 리틀Little과 조지프Joseph(2007)를 참고하라.

14 램버트Lambert(2003)를 참고하라.

15 맥그레거McGregor, 맥애덤스McAdams, 리틀Little(2006)을 참고하라.

16 로버츠Roberts와 로빈스Robins(2003)를 참고하라.

17 캔토르Cantor, 노렘Norem, 니덴탈Niedenthal, 랭스턴Langston, 브라우너Brower(1987)를 참고하라.

18 항공기 승무원의 감정노동에 관한 선구적 연구는 사회학자 알리 호쉴드Arlie Hochschild(1983)를 참고하라.

19 이 부분은 제이미 페니베이커Jamie Pennebaker가 《털어놓기와 건강Opening Up》(1990)에서 밝힌 흥미로운 연구 결과에 크게 의존했다.

20 페니베이커Pennebaker, 키콜트글래서Kiecolt-Glaser, 글래서Glaser(1988)를 참고하라.

21 고인이 된 댄 웨그너Dan Wegner는 심리학계에서 대단히 재능 있고 창조적인 연구자였다. 그의 훌륭한 저서 《흰곰과 원치 않는 생각들White Bears and Other Unwanted Thoughts》(1989)을 참고하라.

1 스나이더M. Snyder와 갠제스테드S. Gangestad(1986). 〈자기 점검의 본질: 평가의 문제, 유효성의 문제On the nature of self-monitoring: Matters of assessment, matters of validity〉, Journal of Personality and Social Psychology, 51(1), p. 137. American Psychological Association, Washington, D.C.

2 내게 최신 성인용 검사를 제공해준 마크 스나이더Mark Snyder에게 감사한다.

3 스나이더Snyder(1974, 1979)를 참고하라.

4 나는 이 방법을 리처드 와이즈먼Richard Wiseman이 올린 괴상한 동영상에서 처음 보았다.("당신은 선의의 거짓말쟁이인가? 5초 만에 알아보는 법." 유튜브 동영상(www.youtube.com/watch?v=yRAmvLV_EmY&list=PLy9A-KHMzTjh9CY4JafXD7fsJey25Awzd)) 동영상에서는 Q자를 썼지만, 와이즈먼은 E자로 똑같은 실험을 했던 해스Hass(1984)의 앞선 기사를 인용한다.

5 미셸Mischel(1968)을 참고하라.

6 미셸은 1장에서 다룬 개인 구성개념 이론을 만든 조지 켈리의 제자였다. 처음에는 성격보다 상황을 강조하는 것이 미셸 논문의 핵심으로 인식되었지만, 사실 미셸은 사람들이 스스로의 삶을 해석하는 방식의 중요성에도 마찬가지로 관심을 보였다. 켈리의 영향이 분명히 드러나는 부분이다.

7 성격과 상황의 상대적 중요성을 측정할 때 생기는 복잡한 문제를 자세히 다룬 성격/상황 논쟁에 관한 논평은 아가일Argyle과 리틀Little(1972), 엔들러Endler와 매그너슨Magnusson(1976), 리틀Little(1999a)을 참고하라.

8 스나이더Snyder(1974)를 참고하라.

9 이 연구와 많은 후속 연구는 스나이더의 훌륭하고 대단히 재미있는 《보이는 모습, 감춰진 현실: 자기 점검의 심리학Public Appearances, Private Realities: The Psychology of Self-Monitoring》(1987)을 참고하라.

10 스나이더Snyder와 갠제스테드Gangestad(1986)를 참고하라.

11 스나이더Snyder, 갠제스테드Gangestad, 심슨Simpson(1983)을 참고하라.

12 스나이더Snyder와 심슨Simpson(1984, 1987)을 참고하라. 자기 점검과 대인관계 연

구에 관한 포괄적 논평은 리안Leone과 호킨스Hawkins(2006)를 참고하라.

13 킬더프Kilduff와 데이Day(1994)를 참고하라.

14 위와 같음.

15 위와 같음.

16 이 연구는 월리스Wallace(1966)가 쓴 독창적이고 혁신적인 기사에 실렸다. 폴허스Paulhus와 마틴Martin(1987)의 연구도 참고하라.

17 터너Turner(1980)를 참고하라.

18 머리Murray의 고전《성격 탐구Explorations in Personality》(1938)에 소개되었다.

19 이 연구에 독창적 조언을 해준 맥스 그윈Max Gwynn과 한스 데 흐로트Hans de Groot에게 감사한다.

20 저명한 정신과 의사 비비안 레코프Vivian Rakoff가 정치적 맥락에서 사용한 말이지만, 나는 이 개념이 특히 자기 점검 이론에서 더욱 폭넓게 적용될 수 있다고 본다.

CHAPTER 5 삶을 스스로 조절할 수 있다는 믿음에 대하여: 주도적 삶의 모순

1 이 개인 조절Personal Control 검사는 델 폴허스Del Paulhus의 '조절 범위Spheres of Control' 도구에서 인용했다Paulhus(1983). 사용을 허락해준 폴허스에게 감사한다. Paulhus, D. L. (1983). '영역별 조절 인식도 측정Sphere-specific measures of perceived control.' Journal of Personality and Social Psychology, 44(6), 1253 −265. American Psychological Association, Washington, D.C.

2 로터Rotter(1966)는 조절 중심에 관한 고전적 논문을 썼다. 5장에서는 파레스Phares(1965)와 레프코트Lefcourt(1982)의 포괄적 논평을 참고했다. 최근에 나온 훌륭한 논평은 펀햄Furnham(2009)을 참고하라.

3 애시Asch(1940)를 참고하라.

4 크라운Crowne과 리버런트Liverant(1963)를 참고하라.

5 이 흥미로운 연구는 비온도Biondo와 맥도널드MacDonald(1971)를 참고하라.

6 플랫Platt(1969)을 참고하라.

7 레프코트Lefcourt(1982)를 참고하라.

8 맥도널드MacDonald(1970)를 참고하라. 이 실험은 지금보다 피임법이 훨씬 변동이 많던 시대에 실시되었다는 점에 주목하라.

9 콜먼Coleman 외(1966)를 참고하라.

10 응Ng, 소렌슨Sorensen, 에비Eby(2006)를 참고하라.

11 시먼Seeman(1963)을 참고하라.

12 미셸Mischel, 에베슨Ebbesen, 자이스Zeiss(1972)를 참고하라.

13 케이시Casey 외(2011)를 참고하라.

14 이 고전적 연구를 진행한 사람은 글래스Glass와 싱어Singer(1972)다.

15 랭거Langer와 로딘Rodin(1976)을 참고하라.

16 슐츠Schulz와 하누사Hanusa(1978)를 참고하라.

17 줄리 노렘Julie Norem은 장밋빛 환상에 빠진 낙관론과 공격적 회의론의 차이를 다룬 중요한 연구를 진행했다. 노렘(2002)을 참고하라.

18 착각의 긍정적 효과에 관한 결정적 연구는 타일러Taylor와 브라운Brown(1988)을 참고하라.

19 이 부분은 피터 골비처Peter Gollwitzer와 그의 동료의 중요한 연구를 참고했다 (Gollwitzer와 Kinney(1989) 참고). 이들은 '심사숙고하는 사고방식' 대 '실행하는 사고방식'이 착각에 미치는 영향을 조사했다. 내가 보기에 이 둘은 목표 추구의 '시작 단계' 대 '실행 단계'와 비슷한 구분이다.

CHAPTER 6 **강인하고 건강하게:** 성격과 건강

1 〈사회 재적응 평가 검사The Social Readjustment Rating Scale〉, Thomas H. Holmes and Richard H. Rahe, Journal of Psychosomatic Research, Volume 11, Issue 2, August 1967, pages 213–18. Copyright © 1967. Published by Elsevier

Science, Inc. All rights reserved. Elsevier의 허가로 게재.

2 비노쿠르Vinokur와 셀저Selzer(1975)를 참고하라.

3 매디Maddi와 코바사Kobasa(1984)를 참고하라.

4 카버Carver와 쉐어Scheier(1992)에 실린 사진을 이곳에 싣도록 허락해준 미카엘 쉐어Michael Scheier에 감사한다.

5 적대감과 A유형 성격에 관한 연구를 설명한 권위 있고 포괄적인 글은 배어푸트Barefoot와 보일Boyle(2009)을 참고하라.

6 댄 웨그너Wegner(1994)를 참고하라.

7 안토놉스키Antonovsky(1979)를 참고하라.

8 캐스피Caspi와 모피트Moffitt(1993)를 참고하라.

CHAPTER 7 **나 홀로 영웅의 허상:** 창조적인 사람은 행복할까

1 레이디 가가가 창조적 음악 제작에 관해 더블린에서 《블렌더Blender》 잡지에 보낸 문자 내용인 듯하다. 사라 자신제이콥슨Sarah Zashin-Jacobson의 "블렌더에 실린 레이디 가가"를 참고하라. Examiner, March 10, 2009. www.examiner.com/article/lady-gaga-blender.

2 고프Gough, H. G.(1979)를 참고하라. 형용사로 알아보는 창조적 성격 검사. Journal of Personality and Social Psychology, 37(8), 1398-405. American Psychological Association, Washington, D.C.

3 성격평가연구소의 연구 결과를 요약한 출판물이 몇 가지 있다. 7장은 매키넌MacKinnon(1962)과 배런Barron(1963)에 소개된 결과를 많이 참고했다.

4 곤칼로Goncalo, 플린Flynn, 김Kim(2010)에 실린 자기 도취와 창조성의 관계를 추적한 연구를 참조했다.

5 케네스 렉스로스Kenneth Rexroth, "My head gets tooken apart," The Nation, December 14, 1957.

6 스트롱직업흥미검사SVIB: Strong Vocational Interest Blank를 지금은 스트롱흥미검사

Strong Interest Inventory라고 부르는데, 이 검사는 자신의 직업 흥미를 다른 분야에서 성공한 사람들과 비교해보려는 사람을 위한 훌륭한 검사다. 새로 직업을 찾거나 직종을 바꾸고 싶은 사람에게 특히 유용하다. 인터넷으로도 검사가 가능하며, 자신의 유형을 해석하고 그 결과를 이용해 직업을 선택하는 데 유용한 지침이 된다. 〈당신의 삶의 행로와 스트롱흥미검사Your Life's Path, Strong Interest Inventory〉(http://www.yourlifespath.com/?view=Assessments_strong)를 참고하라.

7 성격평가연구소는 여성을 대상으로도 창조성을 연구했다. 여성 수학자들을 대상으로 주목할 만한 연구를 진행한 사람은 라베나 헬슨Ravenna Helson이다. 헬슨Helson(1971)을 참고하라.

8 남성성과 여성성을 따로 측정하는 심리적 양성성 연구를 개척한 사람은 벰Bem(1974)이다. 창조성과 양성성의 관계는 옌손Jönsson과 칼손Carlsson(2000)을 참고하라.

9 앞에서 케네스 렉스로스가 성격평가연구소의 창조성 연구에 참가했던 경험을 비판했다고 한 이야기를 기억하는가? 그는 MBTI를 고안한 사람들에 대해 이렇게 말했다.
"융을 추종하는 두 여성이 만들 수 있는 최고의 자기 분석이 아닐까? 나는 그들을 실제로 알고 싶은 마음은 없다. 그들은 사람들과 섞여 있으면 심각할 정도로 부끄러워한다. 사람들과 어울릴 때는 엉뚱한 소리를 해놓고 오밤중에 땅을 치고 후회한다. 자기네 생김새도 마음에 안 들어한다. 남자도 싫어한다. 카를 융도 마찬가지다. 대책 없는 사람들이다. 설문지를 보면 뻔하지 않은가? 황당한 설문지만 봤지, 직접 만나지 않은 게 얼마나 다행인가."
렉스로스는 당시에는 흔했던 성차별적 발언을 서슴지 않았을 뿐 아니라 심리평가에도 한없이 무지했다. 하지만 그의 견해에는 짚어봐야 할 부분이 분명히 있다. 일부 사람은 특정 유형의 심리 검사를 노골적으로 불신하는데, 고도로 창조적인 사람들도 대개는 그런 부류다.

10 3장에서 사회적 교류가 더러는 사람을 쇠약하게 만들 수 있다는 문제를 깊이 다루었다. 고도로 창조적인 사람에게는 이 문제가 어떤 식으로 적용되는지는 리틀Little(2007)을 참고하라.

11 위크스Weeks와 제임스James(1995)를 참고하라.

12 MMPI의 '자아 강도Ego-Strength' 검사는 배런Barron(1953)이 심리 치료에 적합한 사람과 그렇지 않은 사람을 구별하기 위해 개발했다. 자아 강도에서 높은 점수를 받은 사람은 여러 긍정적 특징 가운데 특히 상황에 적극 대처할 줄 알고 적절한 사교술을 가진 사람이다. 반면에 낮은 점수를 받은 사람은 스트레스를 받으면 상황에 스스로 대처하기 힘들 수 있다.

13 피터슨Peterson, 스미스Smith, 카슨Carson(2002)을 참고하라.

14 카슨Carson, 피터슨Peterson, 히긴스Higgins(2003)를 참고하라.

15 매키넌MacKinnon(1965)을 참고하라.

16 창조성의 바탕이 되는 내면의 동기, 그리고 추가적 외부 유인의 역효과에 관한 주목할 만한 연구는 헤네시Hennessey, 아마빌레Amabile(1998)를 참고하라.

17 다윈의 질병에 대한 피커링의 설명은 피커링Pickering(1974)을 참고하라.

18 다윈이 HMS 비글호 항해를 마치고 고향으로 돌아온 뒤 몇 년이 지나 비글호를 지휘했던 로버트 피츠로이Robert Fitzroy 선장에게 보낸 편지(1843. 3. 31.)에 담긴 내용이다. 피커링Pickering(1974, p. 74)에서 재인용.

19 팀 베라Tim Berra가 다윈의 가족 생활에 관해 쓴 훌륭한 글에서 따왔다(Berra, 2013, p. 22)

CHAPTER 8 나는 어디에 있는가: 성격과 장소의 궁합

1 알렉산더Alexander(1964)를 참고하라.

2 〈건축에서 조화를 뜻하는 상반된 개념들: 크리스토퍼 알렉산더와 피터 아이젠만의 1982년 논쟁Contrasting Concepts of Harmony in Architecture: The 1982 Debate Between Christopher Alexander and Peter Eisenman〉, Katarxis No 3, www.katarxis3.com/Alexander_Eisenman_Debate.htm을 참고하라.

3 알렉산더Alexander(1970)를 참고하라.

4 원문은 밀그램Milgram(1970)에 실렸다. 도시를 정의하는 이 두 개념의 차이에 대해 내가 쓴 글도 있다(리틀Little, 2010).

5 레빈Levine, 린치Lynch, 미야케Miyake, 루시아Lucia(1989)의 'A유형 도시Type A city'에 나오는 연구를 참고하라.

6 밀그램이 지하철 연구를 하게 된 개인적인 사연을 자세히 설명한 글은 마이클 루오Michael Luo의 다음 글을 참고하라. "실례지만, 자리 좀 양보해주시겠어요?Excuse Me. May I Have Your Seat?" New York Times, September 14, 2004, www.nytimes.com/2004/09/14/nyregion/14subway.html?pagewanted=all&_r=0.

7 나는 성격심리학과 환경심리학의 관계를 자세히 분석한 글에서, 8장에 나오는 많은 주제를 다루었다(Little, 1987b).

8 McKechnie, G. E. (1977). 〈환경 반응 검사 응용The Environmental Response Inventory in application〉. Environment and Behavior, 9(2), 255 –76.

9 플로리다Florida(2008)를 참고하라. 플로리다의 《후즈 유어 시티Who is your city?》 인터넷 사이트(www.creativeclass.com/_v3/whos_your_city)에는 자신의 환경 취향을 자세히 알고 싶은 사람을 위한 흥미로운 자료가 많다.

10 렌트프로우Rentfrow, 고슬링Gosling, 포터Potter(2008)를 참고하라.

11 노스다코타에서 석유가 대량 생산된 결과를 진지하게 연구한 결과는 로잰 크로프먼Rosanne Kropman의 다음 글을 참고하라. 〈프래킹이 가난에 찌든 초원 마을을 어떻게 바꿔놓았는가How Oil Fracking Transformed a Poverty-Hit Prairie Town〉, Telegraph, February 21, 2014, www.telegraph.co.uk/earth/environment/10651934/How-oil-fracking-transformed-a-poverty-hit-prairie-town.html. 노스다코타의 윌리스턴 같은 소도시는 갑작스럽게 인구가 증가했는데, 이중 남자가 압도적으로 많다는 사실에도 주목해야 한다.

12 파고-무어헤드 홈페이지를 참고하라. "언제나 따뜻한 곳! Always Warm!" 파고-무어헤드 연합 관광국Fargo-Moorhead Convention and Visitors Bureau(www.fargomoorhead.org/index.php).

13 그레첸 루슬링Gretchen Ruethling의 다음 글을 참고하라. 〈독감 백신이 남아도는 미네소타In Minnesota, Flu Vaccines Go Waiting〉, New York Times, November 12, 2004, www.nytimes.com/2004/11/12/national/12flu.html.

14 연결된 개인주의에 관한 자세한 내용은 웰먼Wellman(2002) 그리고 레이니Rainie와 웰먼Wellman(2012)을 참고하라.

15 온타리오 북부의 샤플로 마을을 포함해 여러 공동체의 삶에 첨단 기술이 미친 영향에 관한 자세한 보고는 다음을 참고하라. 〈사이버 사회의 출간물Cyber Society Publications〉, NETLAB, http: //groups.chass.utoronto.ca/netlab/publications/cyber-society.

16 이 부분은 새너 밸서리 팰슐리Sanna Balsari-Palsule(2011)와 진 알트Jean Arlt(2011)의 논문을 참고했다.

17 자세한 내용은 '캐나다 사회학 인문학 연구 위원회Social Sciences and Humanities Research Council of Canada'에 제출된 보고서(리틀Little, 1988)를 참고하라.

18 미즈라Misra와 스토콜스Stokols(2012)를 참고하라.

CHAPTER 9 목표가 행복과 불행에 관여하는 방식 : 목표 추구와 행복

1 나는 개인 목표를 성격을 들여다보는 수단으로 소개했었다(리틀Little[1983]). 이 주제를 다룬 초기 출판물은 펄리스Palys와 리틀Little(1983) 그리고 리틀Little(1989) 등이 있다. 개인 목표에 관한 자료를 가장 포괄적으로 제시한 글은 리틀Little, 새멀라아로Salmela-Aro, 필립스Phillips(2007)다.

2 다소 전문적인 이야기지만, 행위action, 의도intention, 목표project를 구별할 필요가 있다. 행위는 의도적인 면이 있는 반면에 행동behavior은 꼭 그렇지는 않다. 눈을 빠르게 감았다 뜨는 것을 생각해보자. 단순한 '깜빡거림' 즉, 의도하지 않은 단순한 행동일 수 있다. 하지만 한쪽 눈을 깜빡거렸다면 윙크로 볼 수 있다. 전자는 반사적 행동이고, 후자는 의도적 행위다. 좀 더 구체적으로, 시력을 측정하는 사람이 환자에게 안약을 효과적으로 사용하는 법을 설명한다고 해보자. 이때 눈을 올바르게 깜빡이는 법을 시범한다면, 그것은 행위이지 반사적 행동이 아니다.

3 자세한 내용은 리틀Little과 지Gee(2007)를 참고하라.

4 성격의 '타고난' 측면과 '행동'에 나타난 측면에 관해서는 낸시 캔토르Nancy Cantor(1990)를 참고하라.

5 헨리히Henrich, 하이네Heine, 노렌자얀Norenzayan(2010)을 참고하라.

6 체임버스Chambers(2007)를 참고하라.

7 리틀Little과 쿨롬Coulombe(2015)을 참고하라.

8 이 자료는 맨 처음 리틀Little(1987a)에 발표했다.

9 삶의 질을 예측하는 개인 목표의 여러 요소에 관한 실험 연구 결과는 리틀Little, 새멀라아로Salmela-Aro, 필립스Phillips(2007)를 참고하라.

10 나는 이 문제를 리틀Little(1998)에서 자세히 다루었다.

11 목표 추구에서 의미와 성취 가능성의 공존 중요성을 설득력 있게 제시한 글은 셸던Sheldon과 카세르Kasser(1998)를 참고하라.

12 이 분야 연구를 가장 포괄적으로 다룬 글은 새멀라아로Salmela-Aro와 리틀Little(2007)이다.

13 황Hwang(2004)을 참고하라.

14 타일러Taylor, 클레인Klein, 루이스Lewis, 그루네발트Gruenewald, 구룽Gurung, 업드그라프Updegraff(2000)의 '보살피고 친구 되기' 반응을 주제로 한 흥미로운 연구를 참고하라.

15 필립스Phillips, 리틀Little, 구딘Goodine(1997)을 참고하라.

16 매킨McKeen(1984)을 참고하라.

17 다우든Dowden(2004)을 참고하라.

CHAPTER 10 **서로 다른 두 자아와 잘사는 법:** 자아 성찰

1 황금사과상과 그 지침이 되는 철학에 대한 자세한 내용은 다음을 참고하라. '황금사과상: 미시간 대학 황금사과상Golden Apple Award: The University of Michigan Golden Apple Award' University of Michigan, 2014, http: //goldenappleumich.wordpress.com.

2 핵심 목표와 변화 거부의 관계를 고찰한 훌륭한 사례는 맥더미드McDiarmid(1990)를 참고하라.

3 스타블레인Stablein과 프로스트Frost(2004)에서 두 사람이 나오는 부분과 그들의 논평을 참고하라.

4 크럼Crum과 랭거Langer(2007)를 참고하라.

5 개념 짝짓기라 알려진 이 기술은 오래전부터 조직에서 '정체된' 문제를 창조적으로 해결할 방법을 찾는 데 이용되었다. 오스본Osborn(1953)을 참고하라.

6 고정 역할 치료를 가장 폭넓게 설명한 글은 켈리Kelly(1955)다. 엡팅Epting과 나자리오Nazario(1987)도 참고하라.

7 '집사'의 예는 개인 구성개념 심리학 분야의 초기 선구자인 한 보나리우스Han Bonarius(1970)가 고정 역할 치료법의 자기모순을 설명한 훌륭한 글에서 가져왔다.

8 이 사례는 개인 구성개념 치료법을 주제로 부어리Boeree(2006)가 인터넷에 올린 소중한 자료에서 가져왔다.

9 맥그레거McGregor, 맥애덤스McAdams, 리틀Little(2006)을 참고하라.

10 이처럼 반기질적 행동에 대한 연구가 최근에 유행하고 있다. 플리슨Fleeson, 맬러노스Malanos, 아킬Achille(2002), 웰런Whelan(2013), 젤렌스키Zelenski, 산토로Santoro, 웰런Whelan(2012)을 참고하라.

11 새멀라아로Salmela-Aro(1992)와 리틀Little(1989)을 참고하라.

12 멜리아고든Melia-Gordon(1994)을 참고하라.

13 자기 결정이론 연구는 현재 급성장하고 있다. 이 이론을 간단히 살피고 싶다면 데씨Deci와 라이언Ryan(2002)을 참고하라.

14 설로웨이Sulloway(1996)를 참고하라.

15 발레리 티베리우스Valerie Tiberius(2008)는 우리 삶을 돌아보는 과정에서 어떻게 이런 고민이 나타나는지를 인상적이고 통찰력 있게 분석했다. 이런 성찰을 배경으로 개인 목표를 다룬 그의 방식은 퍽 흥미롭다.

16 화해라는 개념은 자기 연민의 필요성에 관한 최근 연구와 밀접하게 관련된다. 이 연구에서, 자기 연민은 자긍심보다 더 유익한 효과가 있다고 밝혀졌다. 리어리Leary, 테이트Tate, 애덤스Adams, 앨런Allen, 핸콕Hancock(2007), 그리고 네프Neff(2003)를 참고하라.

17 플래너건이 쓴 흥미진진한 책 《자기 표현: 마음, 도덕, 그리고 삶의 의미Self Expressions : Mind, Morals, and the Meaning of Life》(1996) 마지막 장에 실린 글이다.

| 참고자료 |

Alexander, C. (1964). 《형태 통합에 관한 고찰(Notes on the Synthesis of Form)》. Cambridge, MA: Harvard University Press.

Alexander, C. (1970). 〈인간의 접촉을 지속하는 작동 체계로서의 도시(The city as a mechanism for sustaining human contact)〉. W. Ewald (Ed.), *Environment for man* (pp. 60–102). Bloomington: Indiana University Press.

Antonovsky, A. (1979). 《건강과 스트레스 그리고 그 대처법(Health, stress, and coping)》. San Francisco: Jossey–Bass.

Argyle, M., & Little, B. R. (1972). 〈성격 특성이 사회적 행동에 적용되는가?(Do personality traits apply to social behaviour?)〉. *Journal for the Theory of Social Behaviour*, 2(1), 1–33.

Arlt, J. (2011). 《사람들과의 접촉과 삶의 질: 페이스북에 나타난 감정적 친밀감과 성공적 목표 추구에 관하여(Human contact and well–being: Exploring emotional intimacy and successful project pursuit on Facebook)》. 미출간 석사 논문. Cambridge University, Cambridge, UK.

Asch, S. E. (1940). 〈판단과 태도의 원리에 관한 연구: II. 집단적 기준에 의한 판단과 자기 기준에 의한 판단(Studies in the principles of judgments and attitudes: II. Determination of judgments by group and by ego standards)〉. *Journal of Social Psychology*, 12(2), 433–465.

Bagg, C. E., & Crookes, T. G. (1975). 〈신생아의 소음 반응과 부모의 성격과의 관계(The responses of neonates to noise, in relation to the personalities of their parents)〉. *Developmental Medicine & Child Neurology*, 17(6), 732–735.

Balsari–Palsule, S. (2011). 《인간의 접촉과 개인 목표 그리고 사회연결망(Human connection, personal projects and social networking sites)》. 미출간 석사 논문. Cambridge University, Cambridge, UK.

Barefoot, J. C., & Boyle, S. H. (2009). 〈적대감과 분노(Hostility and proneness to anger)〉. 출처: M. R. Leary & R. H. Hoyle (Eds.), 《사회적 행동에 나타난 개인차(Handbook of individual differences in social behavior)》 (pp. 210–226). New York: Guilford.

Barnes, G. E. (1975). 〈외향성과 고통(Extraversion and pain)〉. *British Journal of Social and Clinical Psychology*, 14(3), 303–308.

- Barrick, M. R., & Mount, M. K. (1991). 〈5대 성격 특성과 직업 선호도: 메타 분석(The Big Five personality dimensions and job performance: A meta-analysis)〉. *Personnel Psychology*, 44(1), 1-26.

- Barron, F. (1953). 〈심리 치료 반응을 예측하는 자아 강도 검사(An ego-strength scale which predicts response to psychotherapy)〉. *Journal of Consulting Psychology*, 17(5), 327-333.

- Barron, F. (1963). 《창조성과 정신 건강: 개인의 활력과 창조적 자유의 기원(Creativity and psychological health: Origins of personal vitality and creative freedom)》. Princeton, NJ: Van Nostrand.

- Bem, S. (1974). 〈심리적 양성성 측정(The measurement of psychological androgyny)〉. *Journal of Consulting and Clinical Psychology*, 42(2), 155-162.

- Berra, T. M. (2013). 《다윈과 자녀들: 다윈의 또 다른 유산(Darwin and his children: His other legacy)》. New York: Oxford University Press.

- Biondo, J., & MacDonald, A. P. (1971). 〈내적 조절 중심과 외적 조절 중심 그리고 외부 영향에 대한 반응(Internal-external locus of control and response to influence attempts)〉. *Journal of Personality*, 39, 407-419.

- Boeree, C. G. (2006). George Kelly. http: //webspace.ship.edu/cgboer/kelly.html.

- Bogg, T., & Roberts, B. W. (2004). 〈성실성과 건강 관련 행동: 사망률에 영향을 미치는 주요 행동에 관한 메타 분석(Conscientiousness and health-related behaviors: A meta-analysis of the leading behavioral contributors to mortality)〉. *Psychological Bulletin*, 130(6), 887-919.

- Bonarius, J. C. J. (1970). 〈고정 역할 치료: 이중의 모순(Fixed role therapy: A double paradox)〉. *British Journal of Medical Psychology*, 43(3), 213-219.

- Booth-Kewley, S., & Vickers, R. R. Jr. (1994). 〈주요 성격 요소와 건강한 행동(Associations between major domains of personality and health behavior)〉. *Journal of Personality*, 62(3), 281-298.

- Buss, D. M. (1991). 〈진화로 본 성격심리학(Evolutionary personality psychology)〉. *Annual Review of Psychology*, 42, 459-491.

- Buss, D. M. (2008). 《진화심리학: 새로운 정신과학(Evolutionary psychology: The new science of the mind)》. Boston: Pearson.

- Cain, S. (2012). 《콰이어트: 시끄러운 세상에서 조용히 세상을 움직이는 힘(Quiet: The power of introverts in a world that can't stop talking)》. New York: Crown.

- Cantor, N. (1990). 〈생각에서 행동으로: 성격과 인지 연구에서 '본성'과 '행동'(From thought to behavior: "Having" and "doing" in the study of personality and cognition)〉. *American Psychologist*, 45(6), 735-750.

- Cantor, N., Norem, J. K., Niedenthal, P. M., Langston, C. A., and Brower, A. M. (1987). 〈삶의 전환기에서 삶의 과제와 이상적 자아상 그리고 인지 전략(Life tasks, self-concept ideals, and cognitive strategies in a life transition)〉. *Journal of Personality and Social Psychology*, 53(6), 1178-1191.

- Carson, S. H., Peterson, J. B., & Higgins, D. M. (2003). 〈성취도 높은 개인의 경우 잠재적 억제력 감소는 창조적 성과 증가와 관련된다(Decreased latent inhibition is associated with increased creative achievement in highfunctioning individuals)〉. *Journal of Personality and Social Psychology*, 85(3), 499-506.

- Carver, C. S., & Scheier, M. F. (1992). 《성격을 보는 시각(Perspectives on personality)》(2nd ed.). Boston: Allyn and Bacon.

- Casey, B. J., Somerville, L. H., Gotlib, I. H., Ayduk, O., Franklin, N. T., Askren, M. K., et al. (2011). 〈40년 뒤에 나타난 만족 미루기의 행동적, 신경적 상관관계(Behavioral and neural correlates of delay of gratification 40 years later)〉. *Proceedings of the National Academy of Sciences*, 108(36), 14998-15003.

- Caspi, A. & Moffi tt, T. E. (1993). 〈개인 차는 언제 문제가 되는가? 성격 일관성의 모순 이론(When do individual differences matter? A paradoxical theory of personality coherence)〉. *Psychological Inquiry*, 4(4), 247-271.

- Chambers, N. C. (2007). 〈행동으로 옮길 것: 목표 표현에 암시된 정서(Just doing it: Affective implications of project phrasing)〉. 출처: B. R. Little, K. Salmela-Aro, & S. D. Phillips (Eds.), 《개인 목표 추구: 목표와 행위 그리고 인간의 번영(Personal project pursuit: Goals, action, and human flourishing)》 (pp. 145-169). Mahwah, NJ: Lawrence Erlbaum.

- Charles, S. T., Gatz, M., Kato, K., & Pedersen, N. L. (2008). 〈25년 뒤의 육체적 건강: 신경성의 예측력(Physical health 25 years later: The predictive ability of neuroticism)〉. *Health Psychology*, 27(3), 369-378.

- Coleman, J. S., Campbell, E. Q., Hobson, C. J., McPartland, J., Mood, A. M., Weinfeld, F. D., & York, R. L. (1966). 《교육 기회의 평등(Equality of educational opportunity)》. Washington, DC: US Department of Health, Education, and Welfare Office of Education.

- Costa, P. T., & McCrae, R. R. (1992). 《전문가용 신 성격 검사 지침서(NEO PI-R professional manual)》. Odessa, FL: Psychological Assessment Resources.

Crowne, D. P., & Liverant, S. (1963). 〈다양한 개인적 믿음에 따른 순응성(Conformity under varying conditions of personal commitment)〉. *Journal of Abnormal and Social Psychology*, 66(6), 547 - 555.

Crum, A. J., & Langer, E. J. (2007). 〈문제는 마음가짐: 운동과 위약 효과(Mind-set matters: Exercise and the placebo effect)〉. *Psychological Science*, 18(2), 165 - 171.

Deci, E. L., & Ryan, R. M. (2002). 〈자기 결정 연구: 자기 성찰과 미래의 향방(Self-determination research: Reflections and future directions)〉. 출처: E. L. Deci & R. M. Ryan (Eds.), 《자기 결정 연구(Handbook of self-determination research)》 (pp. 431 - 441). Rochester, NY: University of Rochester Press.

DeYoung, C. G. (2010). 〈성격신경학과 성격특성생물학(Personality neuroscience and the biology of traits)〉. *Social and Personality Psychology Compass*, 4(12), 1165 - 1180.

Dowden, C. (2004). 《자유 관리하기: 기업가에게 나타나는 성격, 개인 목표, 삶의 질(Managing to be "free": Personality, personal projects and wellbeing in entrepreneurs)》. 미출간 박사 논문. Carleton University, Ottawa, Canada.

Dumont, F. (2010). 《성격심리학의 역사: 헬레니즘부터 21세기까지의 학설, 과학, 연구(A history of personality psychology: Theory, science, and research from Hellenism to the twenty-first century)》. New York: Cambridge University Press.

Duncan, J., Jackson, R., Lance, C. E., & Hoffman, B. J. (Eds.). (2012). 《평가센터의 심리학(The psychology of assessment centers)》. New York: Routledge.

Elliott, C. D. (1971). 〈어린이에게 나타나는 소음 참을성과 외향성(Noise tolerance and extraversion in children)〉. *British Journal of Psychology*, 62(3), 375 - 380.

Endler, N. S., & Magnusson, D. (1976). 〈상호작용하는 성격심리학을 향하여(Toward an interactional psychology of personality)〉. *Psychological Bulletin*, 83(5), 956 - 974.

Epting, F. R., & Nazario, A., Jr. (1987). 〈고정 역할 치료 계획하기: 주제, 기술, 수정(Designing a fixed role therapy: Issues, technique, and modifications)〉. 출처: R. A. Neimeyer & G. J. Neimeyer (Eds.), 《개인 구성개념 심리 치료 사례집(Personal construct psychotherapy casebook)》 (pp. 277 - 289). New York: Springer.

Eysenck, H. J. (1967). 《성격의 생물학적 기초(The biological basis of personality)》. Springfield, IL: Thomas.

Eysenck, S. B. G., & Eysenck, H. J. (1967). 〈레몬주스 침 반응으로 알아보는 내향성(Salivary response to lemon juice as a measure of introversion)〉. Perceptual and Motor Skills, 24(3c), 1047 - 1053.

Faulkner, R. R., & Becker, H. S. (2009). 《"이거 알죠?": 재즈의 즉흥 연주("Do you know . . . ?": The jazz repertoire in action)》. Chicago: University of Chicago Press.

Flanagan, O. (1996). 《자기 표현: 마음, 도덕, 그리고 삶의 의미(Self Expressions: Mind, Morals, and the Meaning of Life)》. New York: Oxford University Press.

Fleeson, W., Malanos, A. B., & Achille, N. M. (2002). 〈외향성과 긍정적 감정의 관계에 접근하는 개인의 내적 과정: 외향적으로 행동하는 것은 외향적인 사람이 되는 것만큼이나 '좋은가'?(An intraindividual process approach to the relationship between extraversion and positive affect: Is acting extraverted as "good" as being extraverted?)〉 *Journal of Personality and Social Psychology*, 83(6), 1409–1422.

Florida, R. (2008). 《후즈 유어 시티(Who's Your City? How the creative economy is making where to live the most important decision of your life)》. Toronto: Random House of Canada.

Fransella, F. (Ed.). (2003). 《개인 구성개념 심리학의 국제 안내서(International handbook of personal construct psychology)》. Chichester, UK: Wiley.

Friedman, H. S., Tucker, J. S., Tomlinson-Keasey, C., Schwartz, J. E., Wingard, D. L., & Criqui, M. H. (1993). 〈어린 시절의 성격이 수명을 예견하는가?(Does childhood personality predict longevity?)〉 *Journal of Personality and Social Psychology*, 65(1), 176–185.

Furnham, A. (2009). 《조절 중심 그리고 내부 지향과 외부 지향(Locus of control and attribution style)》. 출처: M. R. Leary & R. H. Hoyle (Eds.), 《사회적 행동에 나타난 개인 차(Handbook of individual differences in social behavior)》 (pp. 274–287). New York: Guilford.

Gilbert, D. (2006). 《행복에 걸려 비틀거리다(Stumbling on Happiness)》. New York: Alfred A. Knopf.

Glass, D. C., & Singer, J. E. (1972). 〈예측 불능, 통제 불능의 불쾌한 사건이 행동에 미치는 여파(Behavioral aftereffects of unpredictable and uncontrollable aversive events)〉. American Scientist, 60(4), 457–465.

Gollwitzer, P. M., & Kinney, R. F. (1989). 《심사숙고하는 사고방식과 실행하는 사고방식이 조절 착각에 미치는 영향(Effects of deliberative and implemental mind-sets on illusion of control)》. *Journal of Personality and Social Psychology*, 56(4), 531–542.

Goncalo, J. A., Flynn, F. J., & Kim, S. H. (2010). 〈자기 도취에 빠진 사람은 하나보다 둘이 낫다? 자기 도취, 창조성 인식, 창조적 업무 수행의 관계(Are two narcissists better than one? The link between narcissism, perceived creativity, and creative performance)〉. *Personality and Social Psychology Bulletin*, 36(11), 1484–1495.

Gosling, S. D. (2009, September/October). 〈뒤섞인 신호(Mixed signals)〉. *Psychology Today*,

42(5), 62 – 71.

- Gosling, S. D., Rentfrow, P. J., & Swann Jr, W. B. (2003). 〈5대 특성 단순 측정법(A very brief measure of the Big-Five personality domains)〉. *Journal of Research in Personality*, 37(6), 504 – 528.

- Gough, H. G. (1979). 〈형용사로 알아보는 창조적 성격 검사(A creative personality scale for the Adjective Check List)〉. *Journal of Personality and Social Psychology*, 37(8), 1398 – 1405.

- Grant, A. M. (2013). 〈영업에는 외향적인 사람이 좋을까? 양향성의 이점(Rethinking the extraverted sales ideal: The ambivert advantage)〉. *Psychological Science*, 24(6), 1024 – 1030.

- Graziano, W. G., & Tobin, R. M. (2009). 〈친화성(Agreeableness)〉. 출처: M. R. Leary & R. H. Hoyle (Eds.), 《사회적 행동에 나타난 개인차(Handbook of individual differences in social behavior)》 (pp. 46 – 61). New York: Guilford.

- Hass, R. G. (1984). 〈관점 선택과 자기 인식: 이마에 E자 쓰기(Perspective-taking and self-awareness: Drawing an E on your forehead)〉. *Journal of Personality and Social Psychology*, 46(4), 788 – 798.

- Helson, R. (1971). 〈여성 수학자와 창조적 성격(Women mathematicians and the creative personality)〉. *Journal of Consulting and Clinical Psychology*, 36(2), 210 – 220.

- Hennessey B. A., & Amabile, T. M. (1998). 〈현실, 본능적 동기, 창조성(Reality, intrinsic motivation, and creativity)〉. *American Psychologist*, 53(6), 674 – 675.

- Henrich, J., Heine, S. J., & Norenzayan, A. (2010). 〈세상에서 가장 괴상한 사람?(The weirdest people in the world?)〉 *Behavioral and Brain Sciences*, 33(2 – 3), 61 – 83.

- Hinkle, D. N. (1965). 《구성개념 암시 이론으로 본 개인 구성개념 변화(The change of personal constructs from the viewpoint of a theory of construct implications)》. 미출간 박사 논문. Ohio State University, Columbus, OH.

- Hochschild, A. R. (1983). 《관리되는 감정: 인간 감정의 상업화(The managed heart: The commercialization of human feeling)》. Berkeley: University of California Press.

- Hogan, J., & Hogan, R. (1993). 《성실성의 양면성(Ambiguities of conscientiousness)》. '8차 산업 조직 심리학 연차 회의(8th Annual Conference of the Society for Industrial and Organizational Psychology)'에 제출된 자료. San Francisco, CA.

- Holmes, T. H., & Rahe, R. H. (1967). 〈사회 재적응 평가 검사(The social readjustment rating scale)〉. *Journal of Psychosomatic Research*, 11(2), 213 – 218.

- Howarth, E., & Skinner, N. F. (1969). 〈내향성을 알려주는 심리적 지표로서의 타액(Salivation as a physiological indicator of introversion)〉. *Journal of Psychology*, 73(2), 223-228.
- Hwang, A. A. (2004). 《네 것, 내 것, 우리 것: 가까운 관계에서 공동 개인 목표의 역할(Yours, mine, ours: The role of joint personal projects in close relationships)》. 미출간 박사 논문. Harvard University, Cambridge, MA.
- James, W. (1902). 《종교적 체험의 다양성(The varieties of religious experience)》. London: Longmans, Green.
- Jang, K. L., Livesley, W. J., & Vernon, P. A. (1996). 〈5대 성격 특성의 유전 가능성: 쌍둥이 연구(Heritability of the Big Five personality dimensions and their facets: A twin study)〉. *Journal of Personality*, 64(3), 577-591.
- John, O. P., Naumann, L. P., & Soto, C. J. (2008). 〈5대 특성의 통합적 분류의 패러다임 변화: 역사, 측정, 개념적 문제(Paradigm shift to the integrative Big-Five Trait Taxonomy: History, measurement, and conceptual issues)〉. 출처: O. P. John, R. W. Robins, & L. A. Pervin (Eds.), 《성격 안내서: 이론과 연구(Handbook of personality: Theory and research)》 (pp. 114-158). New York: Guilford Press.
- Jönsson, P., & Carlsson, I. (2000). 〈양성성과 창조성(Androgyny and creativity)〉. *Scandinavian Journal of Psychology*, 41(4), 269-274.
- Judge, T. A., Livingston, B. A., & Hurst, C. (2012). 〈멋진 남자, 멋진 여자가 정말 최후의 승자일까? 성별과 친화성이 수입에 미치는 영향(Do nice guys—and gals—really finish last? The joint effects of sex and agreeableness on income)〉. *Journal of Personality and Social Psychology*, 102(2), 390-407.
- Jung, C. G. (1921). 《심리 유형(Psychological types)》. Princeton, NJ: Princeton University Press.
- Kelley, H. H., & Michela, J. L. (1980). 〈원인 귀속 이론과 연구(Attribution theory and research)〉. *Annual Review of Psychology*, 31, 457-501.
- Kelly, G. A. (1955). 《개인 구성개념의 심리학(The Psychology of Personal Constructs)》. New York: Norton.
- Kelly, G. A. (1958). 〈인간의 자기 대안 구성(Man's Construction of his Alternatives)〉. 출처: G. Lindzey (Ed.), 《인간 동기 평가(The assessment of human motives)》 (pp. 33-64). New York: Van Nostrand.
- Kilduff, M., & Day, D. V. (1994). 〈카멜레온이 앞선다? 관리직에서 자기 점검 효과(Do Chameleons Get Ahead? The Effects of Self-Monitoring on Managerial Careers)〉. *Academy*

of Management Journal, 37(4), 1047 – 1060.

Kluckhohn, C., & Murray, H. A. (Eds.). (1953). 《본성, 사회, 문화에 나타난 성격(Personality in Nature, Society and Culture)》. New York: Knopf.

Kogan, A., Saslow, L. R., Impett, E. A., Oveis, C., Keltner, D., & Saturn, S. R. (2011). 〈옥시토신 수용체(OXTR) 유전자 연구, 그리고 친사회적 기질 평가와 표현(Thin-slicing study of the oxytocin receptor (OXTR) gene and the evaluation and expression of the prosocial disposition)〉. *Proceedings for the National Academy of Sciences*, 108(48), 19189 – 19192.

Lambert, C. (2003, July/August). 〈지브롤터의 특성? 풀려난 내향성(Traits of Gibraltar? Introversion unbound)〉. *Harvard Magazine*, 12 – 14.

Langer, E. J., & Rodin, J. (1976). 〈선택과 개인적 책임 증가가 노인에게 미치는 효과: 시설에서의 현장 실험(The effects of choice and enhanced personal responsibility for the aged: A field experiment in an institutional setting)〉. *Journal of Personality and Social Psychology*, 34(2), 191 – 198.

Leary, M. R., Tate, E. B., Adams, C. E., Allen, A. B., & Hancock, J. (2007). 〈불쾌한 자기 관련 사건에 대한 반응과 자기 연민: 자신을 자상하게 대하는 것의 의미(Self-compassion and reactions to unpleasant self-relevant events: The implications of treating oneself kindly)〉. *Journal of Personality and Social Psychology*, 92(5), 887 – 904.

Lefcourt, H. M. (1982). 《조절 중심: 이론과 연구에 나타난 최근 경향(Locus of control: Current trends in theory and research)》 (2nd ed.). Hillsdale, NJ: Lawrence Erlbaum.

Leone, C., & Hawkins, L. B. (2006). 〈자기 점검과 친밀한 관계(Self-monitoring and close relationships)〉. *Journal of Personality*, 74(3), 739 – 778.

Lester, D. (2009). 〈개인 구성개념 이론에서의 감정: 리뷰(Emotions in personal construct theory: A review)〉. *Personal Construct Theory & Practice*, 6, 90 – 98.

Levine, R. V., Lynch, K., Miyake, K., & Lucia, M. (1989). 〈A유형 도시: 관상동맥 질환과 삶의 속도(The Type A city: Coronary heart disease and the pace of life)〉. *Journal of Behavioral Medicine*, 12(6), 509 – 524.

Little, B. R. (1972). 〈과학자, 인문주의자, 전문가로서의 심리학자(Psychological man as scientist, humanist and specialist)〉. *Journal of Experimental Research in Personality*, 6, 95 – 118.

Little, B. R. (1976). 〈환경 체험의 전문성과 다양성: 성격 패러다임 안에서의 경험적 연구(Specialization and the varieties of environmental experience: Empirical studies within the personality paradigm)〉. 출처: S. Wapner, S. B. Cohen, & B. Kaplan (Eds.), 《환경 체험하기(Experiencing the environment)》 (pp. 81 – 116). New York: Plenum.

- Little, B. R. (1983). 〈개인 목표: 조사 이유와 방법(Personal projects: A rationale and method for investigation)〉. *Environment and Behavior*, 15(3), 273 – 309.

- Little, B. R. (1987a). 〈개인 목표와 모호한 자아: 청소년기의 자아 정체성(Personal projects and fuzzy selves: Aspects of self-identity in adolescence)〉. 출처: T. Honess & K. Yardley (Eds.), 《자아와 정체성: 일생에 걸친 관점(Self and identity: Perspectives across the lifespan)》 (pp. 230 – 245). New York: Routledge.

- Little, B. R. (1987b). 〈성격과 환경(Personality and the environment)〉. 출처: D. Stokols & I. Altman (Eds.), *Handbook of environmental psychology* (pp. 205 – 244). New York: Wiley.

- Little, B. R. (1988). 《개인 목표와 분석: 이론과 방법 그리고 연구(Personal projects analysis: Theory, method and research)》. '캐나다 사회학 인문학 연구 위원회(Social Sciences and Humanities Research Council of Canada)'에 제출한 최종 보고서. Social Ecological Laboratory, Carleton University, Ottawa, Canada.

- Little, B. R. (1989). 〈개인 목표 분석: 사소한 목표 추구, 거대한 집착, 일관성 탐색(Personal projects analysis: Trivial pursuits, magnificent obsessions, and the search for coherence)〉. 출처: D. Buss & N. Cantor (Eds.), 《성격심리학: 최근 경향과 새로운 동향(Personality psychology: Recent trends and emerging directions)》 (pp. 15 – 31). New York: Springer-Verlag.

- Little, B. R. (1996). 〈자유 특성, 개인 목표, 그리고 특수 테이프: 3단 성격심리학(Free traits, personal projects and idio-tapes: Three tiers for personality psychology)〉. *Psychological Inquiry*, 7(4), 340 – 344.

- Little, B. R. (1998). 〈개인 목표 추구: 연속적 요소와 개인적 의미의 역동성(Personal project pursuit: Dimensions and dynamics of personal meaning)〉. 출처: P. T. P. Wong & P. S. Fry (Eds.), 《인간의 의미 추구: 심리 연구와 임상적 적용 안내서(The human quest for meaning: A handbook of psychological research and clinical applications)》 (pp. 193 – 212). mahwah, NJ: Lawrence Erlbaum.

- Little, B. R. (1999a). 〈개인 목표와 사회적 생태: 일생에 걸친 주제와 변주Personal projects and social ecology: Themes and variation across the life span)〉. 출처: J. Brandtstädter & R. M. Lerner (Eds.), 《행위와 자기계발: 일생에 걸친 이론과 연구(Action and self-development: Theory and research through the life span)》 (pp. 197 – 221). Thousand Oaks, CA: Sage.

- Little, B. R. (1999b). 〈성격과 동기: 개인적 행위와 능동적 진화(Personality and motivation: Personal action and the conative evolution)〉. 출처: L. A. Pervin & O. P. John (Eds.), 《성격 안내서: 이론과 연구(Handbook of personality: Theory and research)》 (2nd ed., pp. 501 – 524). New York: Guilford.

- Little, B. R. (2000). 〈자유 특성과 개인적 맥락: 질 높은 삶의 사회적 생태 모델 확장하기(Free traits and personal contexts: Expanding a social ecological model of well-being)〉. 출처: W. B. Walsh, K. H. Craik, & R. H. Price (Eds.), 《개인과 환경 심리학: 새로운 동향과 관점(Person-environment psychology: New directions and perspectives)》 (2nd ed., pp. 87-116). Mahwah, NJ: Lawrence Erlbaum.

Little, B. R. (2005). 《성격학과 개인 목표: 아침 식사 전에 할 수 없는 여섯 가지(Personality science and personal projects: Six impossible things before breakfast)》. *Journal of Research in Personality*, 39, 4-21.

Little, B. R. (2007). 〈촉발과 환경: 개인 목표 분석의 생성 문맥(Prompt and circumstance: The generative contexts of personal projects analysis)〉. 출처: B. R. Little, K. Salmela-Aro, & S. D. Phillips (Eds.), 《개인 목표 추구: 목표와 행위 그리고 인간의 번영(Personal project pursuit: Goals, action, and human flourishing)》 (pp. 3-49). Mahwah, NJ: Lawrence Erlbaum.

Little, B. R. (2010). 〈목표 추구를 위한 열린 공간: 행동 유도, 회복, 냉기(Opening space for project pursuit: Affordance, restoration and chills)〉. 출처: C. Thompson, P. Aspinall, & S. Bell (Eds.), 《풍경과 건강 연구의 혁신적 이해. 열린 공간: 인간의 공간2(Innovative approaches to researching landscape and health. Open space: People space 2)》 (pp. 163-178). New York: Routledge.

Little, B. R. (2011). 《성격학과 북쪽으로 기울기: 주어진 상황에서 최대한 긍정적으로(Personality science and the northern tilt: As positive as possible under the circumstances)》. 출처: K. M. Sheldon, T. B. Kashdan, & M. F. Steger (Eds.), 《긍정적 심리학 계획하기: 점검하고 나아가기(Designing positive psychology: Taking stock and moving forward)》 (pp. 228-247). New York: Oxford University Press.

Little, B. R., & Coulombe, S. (2015). 〈개인 목표(Personal projects)〉. 출처: 《사회과학과 행동과학의 세계 백과사전(International encyclopedia of social and behavioral sciences)》 (2nd ed.). Oxford, UK: Elsevier.

Little, B. R., & Gee, T. L. (2007). 〈개인 목표 분석 방법론: 네 가지 단위와 하나의 깔대기(The methodology of personal projects analysis: Four modules and a funnel)〉. 출처: B. R. Little, K. Salmela-Aro, & S. D. Phillips (Eds.), 《개인 목표 추구: 목표와 행위 그리고 인간의 번영(Personal project pursuit: Goals, action, and human flourishing)》(pp. 51-94). Mahwah, NJ: Lawrence Erlbaum.

Little, B. R., & Joseph, M. F. (2007). 〈개인 목표와 자유 특성: 가변적 자아와 삶의 질(Personal projects and free traits: Mutable selves and well beings)〉. 출처: B. R. Little, K. Salmela-Aro, & S. D. Phillips (Eds.), 《개인 목표 추구: 목표와 행위 그리고 인간의 번영(Personal project pursuit: Goals, action, and human flourishing)》 (pp. 375-400). Mahwah, NJ: Lawrence Erlbaum.

- Little, B. R., Salmela-Aro, K., & Phillips, S. D. (Eds.). (2007). 《개인 목표 추구: 목표와 행위 그리고 인간의 번영(Personal project pursuit: Goals, action, and human flourishing)》 Mahwah, NJ: Lawrence Erlbaum.
- Loo, R. (1979). 〈교통 신호 인식, 운전자의 신호 위반과 사고에 주요 성격 요소가 미치는 영향(Role of primary personality factors in the perception of traffic signs and driver violations and accidents)〉. *Accident Analysis and Prevention*, 11(2), 125-127.
- Lynn, R., & Eysenck, H. J. (1961). 〈고통 인내, 외향성, 신경성(Tolerance for pain, extraversion and neuroticism)〉. *Perceptual and Motor Skills*, 12(2), 161-162.
- MacDonald, A. P. (1970). 〈내적, 외적 조절 중심과 피임(Internal-external locus of control and the practice of birth control)〉. *Psychological Reports*, 27, 206.
- MacKinnon, D. W. (1962). 〈타고난 창조적 재능과 길러진 창조적 재능(The nature and nurture of creative talent)〉. *American Psychologist*, 17(7), 484-495.
- MacKinnon, D. W. (1965). 〈창조적 잠재력 발견과 성격(Personality and the realization of creative potential)〉. *American Psychologist*, 20(4), 273-281.
- Maddi, S. R., & Kobasa, S. C. (1984). 《강인한 경영자: 스트레스와 건강(The hardy executive: Health under stress)》. Homewood, IL: Dow Jones-Irwin.
- Mahlamäki, T. (2010). 《성격이 핵심 회계 관리자의 업무 수행력에 미치는 영향(Influence of personality on the job performance of key account managers)》. 미출간 박사 논문. Tampere University of Technology, Tampere, Finland.
- McAdams, D. P. (1995). 〈무엇으로 사람을 아는가(What do we know when we know a person?)〉 *Journal of Personality*, 63(3), 365-396.
- McAdams, D. P. (2009). 《사람: 성격심리학 입문(The person: An introduction to the science of personality psychology)》 (5th ed.). Hoboken, NJ: Wiley.
- McAdams, D. P. (2010). 《조지 W. 부시와 구원의 꿈: 심리적 자화상(George W. Bush and the redemptive dream: A psychological portrait)》. New York: Oxford University Press.
- McCrae, R. R. (2007). 〈아름다운 것을 체험했을 때 소름이 끼치는 것은 경험 개방성을 의미하는 보편적 표시(Aesthetic chills as a universal marker of openness to experience)〉. *Motivation and Emotion*, 31(1), 5-11.
- McCrae, R. R., & Sutin, A. R. (2009). 〈경험 개방성(Openness to experience)〉. 출처: M. R. Leary & R. H. Hoyle (Eds.), 《사회적 행동에 나타난 개인차(Handbook of individual differences in social behavior)》 (pp. 257-273). New York: Guilford.

- McDiarmid, E. (1990). 《몰농도, 목표의 교차 충돌, 그리고 개인 목표 체계에서의 변화 거부(Level of molarity, project cross-impact and resistance to change in personal project systems)》. 미출간 석사 논문. Carleton University, Ottawa, Canada.

- McGregor, I., McAdams, D. P., & Little, B. R. (2006). 〈개인 목표, 삶의 이야기, 행복: 성격 특성에 솔직하기(Personal projects, life stories, and happiness: On being true to traits)〉. *Journal of Research in Personality*, 40(5), 551 - 572.

- McKechnie, G. E. (1977). 〈환경 반응 검사 응용(The Environmental Response Inventory in application)〉. *Environment and Behavior*, 9(2), 255 - 276.

- McKeen, N. A. (1984). 《임신한 여성의 개인 목표(The personal projects of pregnant women)》. 미출간 학사 논문. Carleton University, Ottawa, Canada.

- Melia-Gordon, M. (1994). 《개인 목표 창조성의 측정과 의미(The measurement and meaning of personal projects creativity)》. 미출간 석사 논문. Carleton University, Ottawa, Canada.

- Milgram, S. (1970). 〈도시에서의 삶 체험(The experience of living in cities)〉. Science, 167(3924), 1461 - 1468.

- Mischel, W. (1968). 《성격과 평가(Personality and assessment)》. New York: Wiley.

- Mischel, W., Ebbesen, E. B., & Zeiss, A. R. (1972). 〈만족 미루기에 나타난 인식과 주의 집중 체계(Cognitive and attentional mechanisms in delay of gratification)〉. *Journal of Personality and Social Psychology*, 21(2), 204 - 218.

- Misra, S., & Stokols, D. (2012). 〈정보 과부하 인식의 심리적, 육체적 결과(Psychological and health outcomes of perceived information overload)〉. *Environment and Behavior*, 44(6), 737 - 759.

- Moskowitz, D. S., & Cote, S. (1995). 〈대인관계의 특징은 감정을 예측하는가? 세 가지 모델 비교(Do interpersonal traits predict affect? A comparison of three models)〉. *Journal of Personality and Social Psychology*, 69(5), 915 - 924.

- Murray, H. A. (1938). 《성격 탐구(Explorations in personality)》. New York: Oxford University Press.

- Myers, I. B., McCaulley, M. H., Quenk, N. L., & Hammer, A. L. (1998). 《MBTI 설명서: 마이어스-브릭스 유형 지표의 개발과 사용법 안내서(MBTI Manual: A guide to the development and use of the Myers-Briggs Type Indicator)》 (3rd ed.). Palo Alto, CA: Consulting Psychologists Press.

- Neff, K. D. (2003). 〈자기 연민 측정법 개발과 유효성(The development and validation of a scale to measure selfcompassion)〉. *Self and Identity*, 2(3), 223 - 250.

Nettle, D. (2006). 〈인간과 동물의 성격 변동 진화(The evolution of personality variation in humans and other animals)〉. *American Psychologist*, 61(6), 622 – 631.

Nettle, D. (2007). 《성격 : 나를 나답게 하는 것(Personality : What makes you the way you are)》. New York : Oxford University Press.

Ng, T. W. H., Sorensen, K. L., & Eby, L. T. (2006). 〈직장에서의 조절 중심 : 메타 분석(Locus of control at work : A meta–analysis)〉. *Journal of Organizational Behavior*, 27(8), 1057 – 1087.

Norem, J. K. (2002). 《부정적 사고의 힘 : 방어적 비관주의를 이용해 화를 다스리고 최고 컨디션일 때 업무 수행하기(The power of negative thinking : Using defensive pessimism to manage anxiety and perform at your peak)》. New York : Basic Books.

Osborn, A. F. (1953). 《응용 상상 : 창조적 문제 해결의 원칙과 절차(Applied imagination : Principles and procedures of creative problem–solving)》. New York : Charles Scribner's Sons.

Ozer, D. J., & Benet–Martinez, V. (2006). 〈성격 그리고 결말 예견하기(Personality and the prediction of consequential outcomes)〉. *Annual Review of Psychology*, 57, 401 – 421.

Palys, T. S., & Little, B. R. (1983). 〈삶의 만족 인식과 개인 목표 체계 조직(Perceived life satisfaction and the organization of personal project systems)〉. *Journal of Personality and Social Psychology*, 44(6), 1221 – 1230.

Paul, A. M. (2004). 《성격 숭배(The cult of personality)》. New York : Free Press.

Paulhus, D. L. (1983). 〈영역별 조절 인식도 측정(Sphere–specific measures of perceived control)〉. *Journal of Personality and Social Psychology*, 44(6), 1253 – 1265.

Paulhus, D. L., & Martin, C. L. (1987). 〈성격 능력 구조(The structure of personality capabilities)〉. *Journal of Personality and Social Psychology*, 52(2), 354 – 365.

Pennebaker, J. W. (1990). 《털어놓기와 건강 : 감정 표현의 치유력(Opening up : The healing power of expressing emotions)》. New York : Guilford.

Pennebaker, J. W., Kiecolt–Glaser, J. K., & Glaser, R. (1988). 〈정신적 외상 드러내기와 면역 기능 : 심리 치료의 건강 기능(Disclosure of traumas and immune function : Health implications for psychotherapy)〉. *Journal of Consulting and Clinical Psychology*, 56(2), 239 – 245.

Peterson, J. B., Smith, K. W., & Carson, S. (2002). 〈개방성과 외향성은 잠재적 억제 감소와 관련 있다 : 복제와 논평(Openness and extraversion are associated with reduced latent inhibition : Replication and commentary)〉. *Personality and Individual Differences*, 33(7), 1137 – 1147.

Phares, E. J. (1965). 〈사회적 영향력의 정도를 결정하는 내적/외적 조절(Internal–external control as a determinant of amount of social influence exerted)〉. *Journal of Personality and Social Psychology*, 2(5), 642–647.

Phillips, S. D., Little, B. R., & Goodine, L. A. (1997). 〈성별과 행정 재고하기: 관습적 연구를 뛰어넘는 5단계(Reconsidering gender and public administration: Five steps beyond conventional research)〉. *Canadian Public Administration*, 40(4), 563–581.

Pickering, G. W. (1974). 《창조적 질병: 다윈, 나이팅게일, 에디, 프로이트, 프루스트, 브라우닝의 삶의 질병과 마음의 질병(Creative malady: Illness in the lives and minds of Charles Darwin, Florence Nightingale, Mary Baker Eddy, Sigmund Freud, Marcel Proust and Elizabeth Barrett Browning)》. New York: Dell.

Pittenger, D. J. (1993). 〈MBTI 측정하기…… 그러나 아쉬운(Measuring the MBTI . . . and coming up short)〉. *Journal of Career Planning and Employment*, 54(1), 48–52.

Platt, E. S. (1969). 〈역할극 이후 흡연 변화를 예측하는 요소로서의 내적/외적 조절과 기대 효용 변화(Internal/external control and changes in expected utility as predictors of change in cigarette smoking following role playing)〉. '동부 심리학 연합 대회의(Eastern Psychological Association Convention)'에 제출된 자료. Philadelphia, PA.

Rainie, L., & Wellman, B. (2012). 《네트워크: 새로운 사회 작동 체계(Networked: The new social operating system)》. Cambridge: Massachusetts Institute of Technology.

Rentfrow, P. J., Gosling, S. D., & Potter, J. (2008). 〈심리적 특성에서 지리적 다양성의 발생, 지속, 표현 이론(A theory of the emergence, persistence, and expression of geographic variation in psychological characteristics)〉. *Perspectives on Psychological Science*, 3(5), 339–369.

Revelle, W., Humphreys, M. S., Simon, L., & Gilliland, K. (1980). 〈성격, 시간, 카페인의 상호작용 효과: 흥분 모델 시험(The interactive effect of personality, time of day, and caffeine: A test of the arousal model)〉. *Journal of Experimental Psychology: General*, 109(1), 1–39.

Roberts, B. W., & DelVecchio, W. F. (2000). 〈어린 시절부터 노년기까지 성격 특성의 순위 일관성: 종적 연구의 양적 리뷰(The rank-order consistency of personality traits from childhood to old age: A quantitative review of longitudinal studies)〉. *Psychological Bulletin*, 126(1), 3–25.

Roberts, B. W., & Robins, R. W. (2003). 〈사람과 환경의 궁합 그리고 그것이 성격 발달에 미치는 영향: 종적 연구(Person-environment fit and its implications for personality development: A longitudinal study)〉. *Journal of Personality*, 72(1), 89–110.

Rotter, J. B. (1966). 〈강화의 내적 조절 대 외적 조절에 대한 일반적 기대(Generalized expectancies for internal versus external control of reinforcement)〉. *Psychological Monographs: General and Applied*, 80(1), 1–28.

- Ryle, A. (1975). 《잣대와 족쇄: 인간을 이해하는 격자 배열법(*Frames and cages: The repertory grid approach to human understanding.*)》. Oxford, UK: International Universities Press.

- Salmela-Aro, K. (1992). 〈자기와의 싸움: 심리 상담을 찾는 학생들의 개인 목표(Struggling with self: The personal projects of students seeking psychological counselling)〉. *Scandinavian Journal of Psychology*, 33(4), 330-338.

- Salmela-Aro, K., & Little, B. R. (2007). 〈목표 추구에 영향을 미치는 대인관계(Relational aspects of project pursuit)〉. 출처: B. R. Little, K. Salmela-Aro, & S. D. Phillips (Eds.), 《개인 목표 추구: 목표와 행위 그리고 인간의 번영(Personal project pursuit: Goals, action, and human flourishing)》 (pp. 199-219). Mahwah, NJ: Lawrence Erlbaum.

- Samuels, D. B., & Widiger, T. A. (2011). 〈성실성과 강박 장애(Conscientiousness and obsessive-compulsive personality disorder)〉. *Personality Disorders: Theory, Research and Treatment* 2(3), 161-174.

- Scheibe, K. E. (2010). 〈배우로서의 인간과 인간으로서의 배우: 연극적 관점에서 본 성격(The person as actor, the actor as person: Personality from a dramaturgical perspective)〉. *Psicologia da Educação*, (31), 65-78.

- Schmitt, D. P., Allik, J., McCrae, R. R., Benet-Martínez, V., Alcalay, L., Ault, L. et al. (2007). 〈5대 성격 특성의 지리적 분포: 56개 국가에 나타난 자기 묘사의 유형과 개요(The geographic distribution of Big Five personality traits: Patterns and profiles of human self-description across 56 nations)〉. *Journal of Cross-Cultural Psychology*, 38(2), 173-212.

- Schulz, R., & Hanusa, B. H. (1978). 〈조절의 장기적 효과, 그리고 예측 가능성을 높이는 간섭: 연구 결과와 윤리적 문제(Long-term effects of control and predictability-enhancing interventions: Findings and ethical issues)〉. *Journal of Personality and Social Psychology*, 36(11), 1194-1201.

- Seeman, M. (1963). 〈소년원에서의 소외와 사회적 학습(Alienation and social learning in a reformatory)〉. *American Journal of Sociology*, 69(3), 270-284.

- Seligman, M. E. P. (2011). 《번영: 행복과 삶의 질을 이해하는 새로운 시각(Flourish: A visionary new understanding of happiness and well-being)》. New York: Free Press.

- Sheldon, K. M., & Kasser, T. (1998). 〈개인 목표 추구하기: 요령이 있으면 목표 추구가 진척되지만, 진척된다고 해서 다 유익한 것은 아니다(Pursuing personal goals: Skills enable progress, but not all progress is beneficial)〉. *Personality and Social Psychology Bulletin*, 24(12), 1319-1331.

- Smith, A. P. (2013). 〈카페인과 외향성 그리고 작업 기억(Caffeine, extraversion and working memory)〉. *Journal of Psychopharmacology*, 27(1), 71-76.

Snyder, M. (1974). 〈표현하는 행동에 나타나는 자기 점검(Self–monitoring of expressive behavior)〉. *Journal of Personality and Social Psychology*, 30(4), 526 – 537.

Snyder, M. (1979). 〈자기 점검 과정(Self–monitoring processes)〉. 출처: L. Berkowitz (Ed.), *Advances in experimental social psychology* (Vol. 12, pp. 85 – 128). New York: Academic Press.

Snyder, M. (1987). 《겉으로 드러나는 모습, 사적인 현실: 자기 점검의 심리학(Public appearances, private realities: The psychology of selfmonitoring)》. New York: W. H. Freeman.

Snyder, M., & Gangestad, S. (1982). 〈사회적 상황 선택하기: 자기 점검 과정에 대한 두 가지 조사(Choosing social situations: Two investigations of self–monitoring processes)〉. *Journal of Personality and Social Psychology*, 43(1), 123 – 135.

Snyder, M., & Gangestad, S. (1986). 〈자기 점검의 본질: 평가의 문제, 유효성의 문제(On the nature of self–monitoring: Matters of assessment, matters of validity . *Journal of Personality and Social Psychology*, 51(1), 125 – 139.

Snyder, M., Gangestad, S., & Simpson, J. A. (1983). 〈함께 즐길 상대 고르기: 자기 점검의 역할(Choosing friends as activity partners: The role of self–monitoring)〉. *Journal of Personality and Social Psychology*, 45(5), 1061 – 1072.

Snyder, M., & Simpson, J. A. (1984). 〈자기 점검과 데이트(Self–monitoring and dating relationships)〉. *Journal of Personality and Social Psychology*, 47(6), 1281 – 1291.

Snyder, M., & Simpson, J. A. (1987). 〈연애에서의 지향성(Orientations toward romantic relationships)〉. 출처: D. Perlman & S. Duck (Eds.), 《친밀한 관계: 발전, 역동성, 퇴보(Intimate relationships: Development, dynamics, and deterioration)》 (pp. 45 – 62). Newbury Park, CA: Sage.

Stablein, R. E., & Frost, P. J. (Eds.). (2004). 《연구 관행 새롭게 하기(Renewing research practice)》. Stanford, CA: Stanford University Press.

Steel, P., Schmidt, J., & Shultz, J. (2008). 〈성격과 주관적 행복의 관계 재정립하기(Refining the relationship between personality and subjective well–being)〉. *Psychological Bulletin*, 134(1), 138 – 161.

Sulloway, F. J. (1996). 《타고난 반항아: 출생 순서, 가족 역동성, 창조적 삶(Born to rebel: Birth order, family dynamics, and creative lives.)》 New York: Pantheon.

Taylor, S. E., & Brown, J. D. (1988). 〈착각과 삶의 질: 정신 건강을 바라보는 사회심리학적 관점(Illusion and well–being: A social psychological perspective on mental health)〉.

Psychological Bulletin, 103(2), 193 – 210.

- Taylor, S. E., Klein, L. C., Lewis, B. P., Gruenewald, T. L., Gurung, R.A.R., & Updegraff, J. A. (2000). 〈스트레스에 대한 여성의 생물 행동적 반응: '투쟁 또는 도피' 반응이 아닌 '보살핌 그리고 친구 되기' 반응(Biobehavioral responses to stress in females: Tend–and–befriend, not fight–or–flight)〉. *Psychological Review*, 107 (3), 411 – 429.

- Tiberius, V. (2008). 《성찰하는 삶: 한계와 함께 살기(The reflective life: Living with our limits)》. Oxford, UK: Oxford University Press.

- Triandis, H. C., & Suh, E. M. (2002). 〈성격에 영향을 미치는 문화(Cultural influences on personality)〉. *Annual Review of Psychology*, 53, 133 – 160.

- Turner, R. G. (1980). 〈자기 점검과 유머(Self–monitoring and humor production)〉. *Journal of Personality*, 48(2), 163 – 167.

- Vallacher, R. R., & Wegner, D. M. (1987). 〈사람들은 자기 행동을 어떻게 인식하는가? 행위 식별과 인간의 행동(What do people think they're doing? Action identification and human behavior)〉. *Psychological Review*, 94(1), 3 – 15.

- Vinokur, A., & Selzer, M. L. (1975). 〈바람직한 생활사건과 바람직하지 않은 생활사건: 스트레스와 정신적 고통에 미치는 영향(Desirable versus undesirable life events: Their relationship to stress and mental distress)〉. *Journal of Personality and Social Psychology*, 32(2), 329 – 337.

- von Knorring, L., von Knorring, A.–L., Mornstad, H., & Nordlund, A. (1987). 〈외향적인 사람의 충치 발생 위험(The risk of dental caries in extraverts)〉. *Personality and Individual Differences*, 8(3), 343 – 346.

- Walker, B. M., & Winter, D. A. (2007). 〈개인 구성개념 심리학 고찰(The elaboration of personal construct psychology)〉. *Annual Review of Psychology*, 58, 453 – 477.

- Wallace, J. (1966). 〈성격의 능력 개념: 성격 측정의 의미(An abilities conception of personality: Some implications for personality measurement)〉. *American Psychologist*, 21(2), 132 – 138.

- Weeks, D., & James, J. (1995). 《괴짜들: 온전한 정신과 낯선 행동 연구(Eccentrics: A study of sanity and strangeness.)》 New York: Villard.

- Wegner, D. M. (1989). 《흰곰과 원치 않는 생각들: 억제와 집착 그리고 정신 조절의 심리(White bears and other unwanted thoughts: Suppression, obsession, and the psychology of mental control)》. New York: Viking/Penguin.

- Wegner, D. M. (1994). Ironic processes of mental control)〉. *Psychological Review*, 101(1), 34 – 52.

Wellman, B. (2002). 〈작은 상자, 현지화, 네트워크로 연결된 개인주의(Little boxes, glocalization, and networked individualism)〉. 출처: M. Tanabe, P. van den Besselaar, & T. Ishida (Eds.), 《디지털 도시 II: 컴퓨터 접근법과 사회학적 접근법: 컴퓨터 공학 강의 노트(Digital cities II: Computational and sociological approaches: Lecture notes in computer science)》 (vol. 2362, pp. 10-25). Berlin: Springer.

Whelan, D. C. (2013). 《외향성과 반기질적 행동: 상황과 행동의 조화의 결과와 영향 탐구(Extraversion and counter-dispositional behaviour: Exploring consequences and the impact of situation-behaviour congruence)》. 미출간 박사 논문. Carleton University, Ottawa, Canada.

Widiger, T. A. (2009). 〈신경성(Neuroticism)〉. 출처: M. R. Leary and R. H. Hoyle (Eds.), 《사회적 행동에 나타난 개인차(Handbook of individual differences in social behavior)》 (pp. 129-146). New York: Guildford.

Wilson, G. (1978). 〈내향성/외향성(Introversion/extraversion)〉. 출처: H. London & J. E. Exner (Eds.), 《성격의 연속적 요소(Dimensions of personality)》 (pp. 217-261). New York: Wiley.

Wilt, J., & Revelle, W. (2009). 〈외향성(Extraversion)〉. 출처: M. R. Leary & R. H. Hoyle (Eds.), 《사회적 행동에 나타난 개인차(Handbook of individual differences in social behavior)》 (pp. 27-45). New York: Guilford.

Winter, D. G., & Barenbaum, N. B. (1999). 〈현대 성격 이론과 연구의 역사(History of modern personality theory and research)〉. 출처: L. A. Pervin & O. P. John (Eds.), 《성격 안내서: 이론과 연구(Handbook of personality: Theory and research)》 (2nd ed., pp. 3-27). New York: Guilford.

Zelenski, J. M., Santoro, M. S., & Whelan, D. C. (2012). 〈내향적인 사람이 외향적인 사람처럼 행동하면 더 잘 살까? 반기질적 행동의 감정적, 인지적 결과 탐구(Would introverts be better off if they acted more like extraverts? Exploring emotional and cognitive consequences of counterdispositional behavior)〉. *Emotion*, 12(2), 290-303.

Zemke, R. (1992). 〈MBTI 다시 생각하기(Second thoughts about the MBTI)〉. *Training*, 29(4), 43-47.

| 찾아보기 |

CHARACTER